U0739971

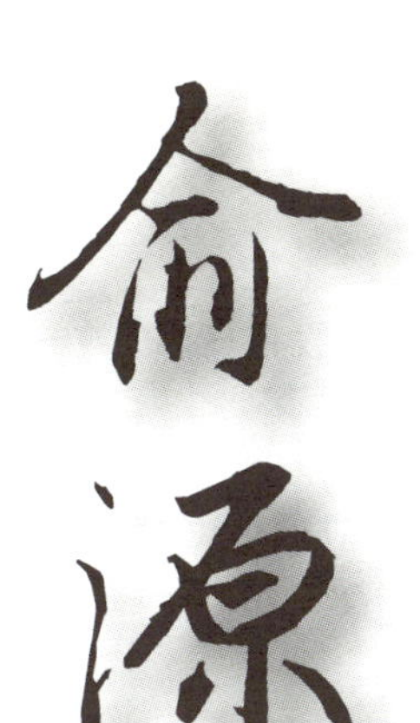

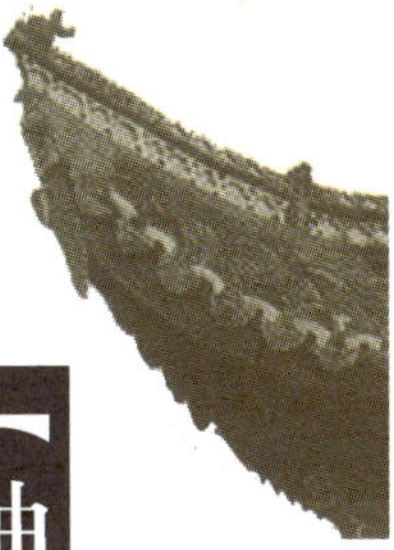

俞源

【神奇的太极星象村】

周志雄　汪本学◎著

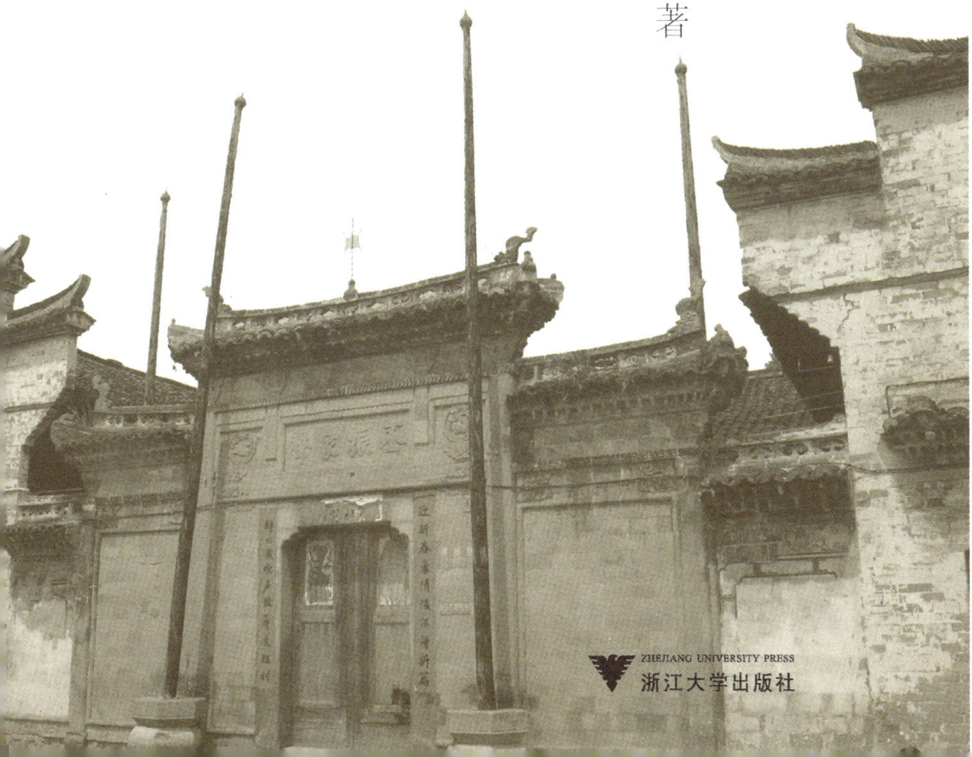

ZHEJIANG UNIVERSITY PRESS
浙江大学出版社

图书在版编目(CIP)数据

俞源：神奇的太极星象村/周志雄，汪本学著．—杭州：浙江大学出版社，2011.8

ISBN 978-7-308-08832-9

Ⅰ.①俞… Ⅱ.①周…②汪… Ⅲ.①村落—研究—武义县 Ⅳ.①K925.54

中国版本图书馆CIP数据核字(2011)第127899号

俞源：神奇的太极星象村

周志雄　汪本学　著

责任编辑　宋旭华
封面设计　项梦怡
出版发行　浙江大学出版社
（杭州市天目山路148号　邮政编码310007）
（网址：http://www.zjupress.com）
排　　版　杭州大漠照排印刷有限公司
印　　刷　杭州杭新印务有限公司
开　　本　880mm×1230mm　1/32
印　　张　10.5
字　　数　282千
版 印 次　2011年8月第1版　2011年8月第1次印刷
书　　号　ISBN 978-7-308-08832-9
定　　价　38.00元

浙江文化研究工程指导委员会

浙江文化研究工程成果文库总序

习近平

有人将文化比作一条来自老祖宗而又流向未来的河，这是说文化的传统，通过纵向传承和横向传递，生生不息地影响和引领着人们的生存与发展；有人说文化是人类的思想、智慧、信仰、情感和生活的载体、方式和方法，这是将文化作为人们代代相传的生活方式的整体。我们说，文化为群体生活提供规范、方式与环境，文化通过传承为社会进步发挥基础作用，文化会促进或制约经济乃至整个社会的发展。文化的力量，已经深深熔铸在民族的生命力、创造力和凝聚力之中。

在人类文化演化的进程中，各种文化都在其内部生成众多的元素、层次与类型，由此决定了文化的多样性与复杂性。

中国文化的博大精深，来源于其内部生成的多姿多彩；中国文化的历久弥新，取决于其变迁过程中各种元素、层次、类型在内容和结构上通过碰撞、解构、融合而产生的革故鼎新的强大动力。

中国土地广袤、疆域辽阔，不同区域间因自然环境、经济环境、社会环境等诸多方面的差异，建构了不同的区域文化。区域文化如同百川归海，共同汇聚成中国文化的大传统，这种大传统如同春风化雨，渗透于各种区域文化之中。在这个过程中，区域文化如同清溪山泉潺潺不息，在中国文化的共同价值取向下，以自己的独特个性支撑着、引领着本地经济社会的发展。

从区域文化入手，对一地文化的历史与现状展开全面、系统、扎实、有序的研究，一方面可以借此梳理和弘扬当地的历史传统和文化资源，繁荣和丰富当代的先进文化建设活动，规划和指导未来的文化发展蓝图，增强文化软实力，为全面建设小康社会、加快推进社会主义现代化提供思想保证、精神动力、智力支持和舆论力量；另一方面，这也是深入了解中国文化、研究中国文化、发展中国文化、创新中国文化的重要途径之一。如今，区域文化研究日益受到各地重视，成为我国文化研究走向深入的一个重要标志。我们今天实施浙江文化研究工程，其目的和意义也在于此。

千百年来，浙江人民积淀和传承了一个底蕴深厚的文化传统。这种文化传统的独特性，正在于它令人惊叹的富于创造力的智慧和力量。

浙江文化中富于创造力的基因，早早地出现在其历史的源头。在浙江新石器时代最为著名的跨湖桥、河姆渡、马家浜和良渚的考古文化中，浙江先民们都以不同凡响的作为，在中华民族的文明之源留下了创造和进步的印记。

浙江人民在与时俱进的历史轨迹上一路走来，秉承富于创造力的文化传统，这深深地融汇在一代代浙江人民的血液中，体现在浙江人民的行为上，也在浙江历史上众多杰出人物身上得到充分展示。从大禹的因势利导、敬业治水，到勾践的卧薪尝胆、励精图治；从钱氏的保境安民、纳土归宋，到胡则的为官一任、造福一方；从岳飞、于谦的精忠报国、清白一生，到方孝孺、张苍水的刚正不阿、慷慨就义；从沈括的博学多识、精研深究，到竺可桢的科学救国、求是一生；无论是陈亮、叶适的经世致用，还是黄宗羲的工商皆本；无论是王充、王阳明的批判、自觉，还是龚自珍、蔡元培的开明、开放，等等，都展示了浙江深厚的文化底蕴，凝聚了浙江人民求真务实的创造精神。

代代相传的文化创造的作为和精神，从观念、态度、行为方式和价值取向上，孕育、形成和发展了渊源有自的浙江地域文化传统和与时俱进的浙江文化精神，她滋育着浙江的生命力、催生着浙江的凝聚力、激发着浙江的创造力、培植着浙江的竞争力，激励着浙江人民永不自满、永不停息，在各个不同的历史时期不断地超越自我、创业奋进。

悠久深厚、意韵丰富的浙江文化传统，是历史赐予我们的宝贵财富，也是我们开拓未来的丰富资源和不竭动力。党的十六大以来推进浙江新发展的实践，使我们越来越深刻地认识到，与国

家实施改革开放大政方针相伴随的浙江经济社会持续快速健康发展的深层原因，就在于浙江深厚的文化底蕴和文化传统与当今时代精神的有机结合，就在于发展先进生产力与发展先进文化的有机结合。今后一个时期浙江能否在全面建设小康社会、加快社会主义现代化建设进程中继续走在前列，很大程度上取决于我们对文化力量的深刻认识、对发展先进文化的高度自觉和对加快建设文化大省的工作力度。我们应该看到，文化的力量最终可以转化为物质的力量，文化的软实力最终可以转化为经济的硬实力。文化要素是综合竞争力的核心要素，文化资源是经济社会发展的重要资源，文化素质是领导者和劳动者的首要素质。因此，研究浙江文化的历史与现状，增强文化软实力，为浙江的现代化建设服务，是浙江人民的共同事业，也是浙江各级党委、政府的重要使命和责任。

2005 年 7 月召开的中共浙江省委十一届八次全会，作出《关于加快建设文化大省的决定》，提出要从增强先进文化凝聚力、解放和发展生产力、增强社会公共服务能力入手，大力实施文明素质工程、文化精品工程、文化研究工程、文化保护工程、文化产业促进工程、文化阵地工程、文化传播工程、文化人才工程等“八项工程”，实施科教兴国和人才强国战略，加快建设教育、科技、卫生、体育等“四个强省”。作为文化建设“八项工程”之一的文化研究工程，其任务就是系统研究浙江文化的历史成就和当代发展，深入挖掘浙江文化底蕴、研究浙江现象、总结浙江经验、指导浙江未来的发展。

浙江文化研究工程将重点研究“今、古、人、文”四个方面，即围绕浙江当代发展问题研究、浙江历史文化专题研究、浙江名人研究、浙江历史文献整理四大板块，开展系统研究，出版系列丛书。在研究内容上，深入挖掘浙江文化底蕴，系统梳理和分析浙江历史文化的内部结构、变化规律和地域特色，坚持和发展浙江精神；研究浙江文化与其他地域文化的异同，厘清浙江文化在中国文化中的地位和与中国文化相互影响的关系；围绕浙江生动的当代实践，深入解读浙江现象，总结浙江经验，指导浙江发展。在研究力量上，通过课题组织、出版资助、重点研究基地建设、加强省内外大院名校合作、整合各地各部门力量等途径，形成上下联动、学界互动的整体合力。在成果运用上，注重研究成果的学术价值和应用价值，充分发挥其认识世界、传承文明、创新理论、咨政育人、服务社会的重要作用。

我们希望通过实施浙江文化研究工程，努力用浙江历史教育浙江人民、用浙江文化熏陶浙江人民、用浙江精神鼓舞浙江人民、用浙江经验引领浙江人民，进一步激发浙江人民的无穷智慧和伟大创造能力，推动浙江实现又快又好发展。

今天，我们踏着来自历史的河流，受着一方百姓的期许，理应负起使命，至诚奉献，让我们的文化绵延不绝，让我们的创造生生不息。

2006 年 5 月 30 日于杭州

《浙江文化研究工程》序

赵洪祝

浙江是中国古代文明的发祥地之一，历史悠久、人文荟萃，素称“文物之邦”，从史前文化到古代文明，从近代变革到当代发展，都为中华民族留下了众多弥足珍贵的文化遗产。勤劳智慧的浙江人民历经千百年的传承与创新，在保留自身文化特质的基础上，兼收并蓄外来文化的精华，形成了具有鲜明浙江特色、深厚历史底蕴、丰富思想内涵的地域文化，这是浙江人民共同创造的物质财富和精神财富的结晶，是中华文化中的一朵奇葩。如何更好地使这一文化瑰宝为我们所用、为时代服务，既是历史传承给我们的一项艰巨任务，也是时代赋予我们的一项神圣使命。深入挖掘、整理、探究，不断丰富、发展、创新浙江地域文化，对于进一步充实浙江文化的内涵和拓展浙江文化的外延，进一步增强浙江文化的创新能力、整体实力、综合竞争力，进一步发挥文化在促进浙江经济、政治和社会建设中的作用，具有重要的现实意义和深远的历史意义。

改革开放以来，历届浙江省委始终高度重视社会主义文化建设。早在1999年，浙江省委就提出了建设文化大省的目标；2000年，制定了《浙江省建设文化大省纲要》；2005年，作出了《关于加快建设文化大省的决定》。经过全省上下的共同努力，浙江文化大省建设取得了显著成效。

浙江文化研究工程是浙江文化建设“八项工程”的重要内容之一，也是迄今为止国内最大的地方文化研究项目之一。该工程旨在以浙江人文社会科学优势学科为基础，以浙江改革开放与现代化建设中的重大理论、现实课题和浙江历史文化为研究重点，着重从“今、古、人、文”四个方面，梳理浙江文明的传承脉络，挖掘浙江文化的深厚底蕴，丰富与时俱进的浙江精神，推出一批在研究浙江和宣传浙江方面具有重大学术影响和良好社会效益的学术成果，培养一支拥有高水平学科带头人的学术梯队，建设一批具有浙江特色的"当代浙江学术"品牌，进一步繁荣和发展哲学社会科学，提升浙江的文化软实力，为浙江全面建设惠及全省人民的小康社会和实现社会主义现代化，提供强大的精神动力、正确的价值导向和有力的智力支持，为提升浙江文化影响力、丰富中华文化宝库作出贡献。

浙江文化研究工程开展三年来，专家学者们潜心研究，善于思考，勇于创新，在浙江当代发展问题研究、浙江历史文化专题研究、浙江名人研究、浙江历史文献整理等诸多研究领域都取得了重要成果，已设立 10 余个系列 400 余项研究课题，完成 230 项课题研究，出版 200 余部学术专著，发表大量的学术论文，产生了广泛而深远的社会影响。这些阶段性成果，为加快建设文化大省提供了新的支撑力和推动力。

党的十七大突出强调了加强文化建设、提高国家文化软实力的极端重要性，并对兴起社会主义文化建设新高潮、推动社会主义文化大发展大繁荣作出了全面部署。为深入贯彻落实党的十七大精神，浙江省第十二次党代会提出"创业富民、创新强省"总战略，并坚持把建设先进文化作为推进创业创新的重要支撑。2008 年 6 月，省委召开工作会议，对兴起文化大省建设新高潮、推动浙江社会主义文化大发展大繁荣进行专题部署，制定实施了《浙江省推动文化大发展大繁荣纲要（2008—2012）》，明确提出：今后一个时期我省兴起文化大省建设新高潮、推动文化大发展大繁荣的主要任务是，在加快建设教育强省、科技强省、卫生强省、体育强省的同时，继续深入实施文明素质工程、文化精品工程、文化研究工程、文化保护工程、文化产业促进工程、文化阵地工程、文化传播工程、文化人才工程等文化建设"八项工程"，着力建设社会主义核心价值体系、公共文化服务体系、文化产业发展体系等"三大体系"，努力使我省文化发展水平与经济社会发展水平相适应，在文化建设方面继续走在前列。

当前，浙江文化建设正站在一个新的历史起点上，既面临千载难逢的机遇，也面对十分严峻的挑战。如何抓住机遇，迎接挑战，始终保持浙江文化旺盛的生命力，更好地发挥文化软实力的重要作用，是需要我们认真研究、不断探索的重大新课题。我们要按照科学发展观的要求，全面实施“创业富民、创新强省”总战略，以更深刻的认识、更开阔的思路、更得力的措施，大力推进浙江文化研究工程，努力回答浙江经济、政治、文化、社会建设和党的建设遇到的各种新问题，努力回答干部群众普遍关心的热点问题，努力形成一批有较高学术价值和社会效益的研究成果。

继续推进浙江文化研究工程，是一件功在当代、利在千秋的事业。我们热切地期待有更多的优秀成果问世，以展示浙江文化的实力，增强浙江文化的竞争力，扩大浙江文化的影响力。

2008 年 9 月 10 日于杭州

目录 CONTENTS

俞　源　：　神　奇　的　太　极　星　象　村

目录 CONTENTS

■ 俞源古村落实景图

■ 俞源古村落模型图

绪　言

村落的变迁是历史的缩影，因而对村落的研究成为一个经久不衰的话题。国内外对这方面的研究成果颇丰，而且研究涉及不同的学科领域，如社会学、历史学、地理学、经济学等，不同学科的研究丰富了村落研究的内容。中国乡村作为一个整体又极具生命力——巨大的传统力量始终维系着那些历经磨难而不易改变的基因，使我们仍能以现存的农耕聚落，清晰地看到历史的痕迹。村落是我国人群聚落的最大多数，无论从哪一个角度来衡量，它的过去、现在和未来，都是值得重视而应当深入研究的课题。

被称为古村落的村寨聚落，大多由一个庞大的家族组成，村寨里有创业始祖的传说，有家族兴衰的记载、有祖上的遗训祖规。这些古村落不仅遗存着古代文化印迹，贯通着中华民族千百年来的文化脉络，村寨的规划布局、建筑风貌、楹联碑记，甚至村名、街名，无不文情脉脉；而且见证了新中国尤其是改革开放以来中国乡村现代化的历史进程，是中国乡村社会变迁的活化石。

在浙江省域内，分布着大量古村落或古村落群，尤其是浙中、浙西南，本书的研究样本武义县俞源古村落就是其中的代表之一。俞源古村落是中国首批历史文化名村，坐落在武义县西南部，距县城20公里。该村从南宋末年俞姓祖先迁居俞源相传至今已历800余年，传32代。现在人口2000多，是全国规模最大的俞姓聚居地之一。从上个世纪80年代开始，俞源古村落所具有的历史、文化以及艺术价值逐渐被人们所发现、挖掘，并得到认同。俞源以其悠久的历史、深厚的文化底蕴、奇异的布局、罕见的古建筑群和精致的木雕、砖雕，以及一个个不解之谜吸引着国内外众多游客。开放两年多来，英、美、法、德、日、奥地利等 13 个国家的专家、学者纷纷慕名而来。俞源古村落凭借其独特的建筑风貌、重要的历史价值、深厚的文化积淀、浓郁的古韵氛围必将逐渐成为我国旅游业中独具魅力的新市场。

俞源有太极星象村的传说，村落布局奇异，充满神奇。据传，俞源村系明朝开国谋士刘伯温按天体星象“黄道十二宫二十八星宿”排列设计建造，村口设有直径 320 米、面积 120 亩的巨型太极图，村庄内主要的 28 幢古建筑是按天空中的星座排布的，村中还有防火、镇邪用的“七星塘”“七星井”，体现了人与自然和谐相处“天人合一”的理想境界。

俞源村文物古迹众多，古建筑有 395 幢，计 1072 间，占地 3.4 万平方米，以宋、元、明、清四朝古屋为主，现存有民居、宗祠、店铺、庙宇、书馆等。木雕、石雕、砖雕做工精细。其中宋代的洞主庙，元代的利涉桥，明代的古戏台等，均名扬四方，其中俞氏宗祠当时被誉为“处州十县第一祠”。古建筑体量大，做工精致，古屋、古桥保存完好，墙上壁画保存完好，木雕、砖雕、石雕精细，巧夺天工，将功能与艺术、实用与美化很好地结合在一起，并与建筑主体结构完美地融合起来，独具江南风格。

俞源村文化底蕴深厚。明清两朝的进士、举人、秀才多达 293 人；现存有关俞源的古诗百余首。宋谦、章溢、苏平仲、冯梦龙、凌濛初等名家与俞源均有不解之缘，明翰林院士苏平仲撰写的俞源《皆山楼记》被载入《四库全书》，有关俞源的许多故事被编入《二刻拍案惊奇》和《中国情史》。俞源曾出过多位画家、书法家、医术家。起源于明末清初的大型民间文化活动“擎台阁”流传至今。

俞源村还有许多不解之谜，自刘伯温为俞源改溪设太极河之后，600 余年来未发生过一次洪灾；“高坐楼”边有口井称“气象井”，天晴水清见底，井水变浑浊定要下雨；“声远堂”沿口桁条上九条木雕鲤鱼会随气候变化而变色；每年农历六月二十六是“圆梦节”，这天天降喜雨，即使大旱年头也不例外，等等。

俞源古村落的经济社会变迁具有典型代表性，在它身上既保留有古代文化优秀的一面，也残存着落后封闭的一面。历经800余年，俞源村荣耀、衰败、转变、转型的历程，不仅折射出中国的昨天和今天，而且让我们思考如何根据中国的国情、历史发展的内在脉络和轨迹，推陈出新，以指导社会主义新农村建设。因此，对俞源古村落的研究，既有一定的历史意义，又有一定的现实意义。

本书对俞源古村落的研究围绕着"村落人口、生产资料所有制、生产方式、集体经济、农户经济、典型人物和典型事件"等内容，以官修史书和先前研究成果为参照，系统梳理村落经济社会变迁的起点、历史线条、模型、规律和经验，研究当前村落经济社会发展面临的问题。本书首先对俞源古村落的历史沿革、布局结构和传统建筑活动进行考察，接着重点围绕古村落的土地制度、经济活动、组织制度和社会文化制度以及俞源古村落的价值、存在的问题和保护加以分析并对问题的求解。在研究的过程当中，本着理论联系实际的原则，重视系统研究问题的方法。通过文献资料研究和调查问卷相结合的研究，以及走访有关部门和当地的居民，对俞源古村落进行深入调查与客观评价，特别重视比较、实证等研究问题的方法。

古村落大都经历了数百年甚至上千年的波折动荡，它们大多依山傍水、人杰地灵，至今仍保存着完整的聚落形态和传统的建筑形式。我们剖析俞源古村落个案以揭示它的认知价值，审美价值与情感价值、使用价值。应该看到，古村落综合了社会、文化、经济三方面的错综复杂的关系，研究古村落就是从物质层面上探索民居聚落成长、发展、衰退的成因；二是要发掘出传统聚落本身所蕴含的价值；三是古村落还是研究中国乡土文化的重要组成部分，乡土文化的存在方式是村落，一个血缘村落，大体上是完整的生活圈。综合各种因素看，通过古村落的研究，我们可以发现在同一地域中生息劳作的家族依靠地缘关系组成村落共同体，构成以共同的风俗习俗和规范为纽带的自治群体，在内部实行自给自足的自然经济，是一个一切以传统为准绳的封闭、自律的社会生活组织，在这其中，宗法文化在不同的领域内支配着政治、经济、文化、宗教、道德教育、社会习俗等的发展。村落是民族文化的源头和根基，保护古村落就是保护荷载各种历史信息的真实遗存，也是保护一段看得见摸得着的老百姓自己的历史。

古村落是传统文化的载体，是当时社会的缩影，随着历史的前进，古村落也在不断变革以适应不同时代社会的需求，但其变革具有迟滞性。就现代社会而言，古村落发展的迟滞性更多体现在传统居住环境和日趋现代化的生活方式的不协调上。古村落必须抓住机遇，利用好古村落环境优美、文化底蕴深厚、历史文物众多这些特点，做到开发保护相结合，促进经济和社会的全面发展。希望本书的研究能够引起更多的学者关注古村落的研究。

■ 图-1　悬梁太极图

■ 图-2　墙体太极图

第一章　俞源古村落的形成发展

俞源古村落位于浙江武义县西部，是武义县俞姓聚居的大村。古村俞源地理位置十分重要，民间有“宣武咽喉，括婺要冲”之说。它地处括（丽水）婺（金华）交界，北去金华 45 公里，南往丽水 90 公里。因东西群山阻隔，括婺之间唯有一条南北通道，古时近道旱路往返二地必经俞源，俞源便成为客商、肩贩的集散地，由此一度带来俞源经济的繁荣，成就了俞源村的形成和发展。俞源村北经王宅镇距县城 20 公里，东连宣武乡，南界坦洪乡，西倚陶村，距延福寺 12 公里。俞源村庄呈北斗形，群山环抱，峙耸绵延，林木茂盛。村东村南有两条小溪，一条发源于清风岭，一条发源于九龙山，两溪在村头汇合，当地称之为俞源溪，向北绕村而过，流入武义江，

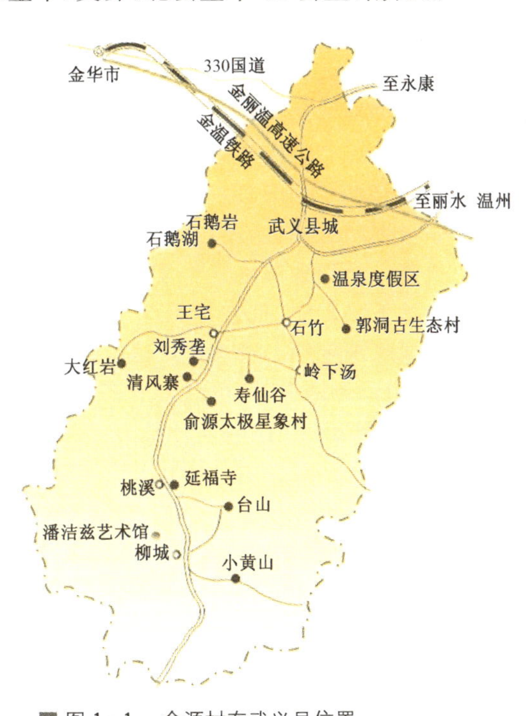

■ 图 1-1　俞源村在武义县位置

属钱江水系。村口溪呈S形，有300年以上古树70余棵，古朴苍劲。①

第一节 俞氏的兴起与宗族发展

一、俞氏宗族的渊源与早期发展

俞源俞氏宗族的渊源是个谜。记载族史、村史的权威典籍《俞氏宗谱》对俞源始祖有两种解释，一是"陷柩结藤"说，二是"雅爱山水"说。"陷柩结藤"说法依据的是俞氏22世孙、廪生俞大章在清乾隆四十九年（1784）修撰宗谱时所写的《增修宗谱序》的记载："盖自始祖讳德公者，原籍杭城，授官于松邑教谕，在任辞世，而行柩以回经宿于斯，昼夜之顷，柩遂陷地，紫藤结络，次日柩不果行即庐墓之。虽不敢云所居成聚，爰处数载家业渐兴，而人丁亦渐盛焉。"这段叙述所说的大致是，俞源的始祖俞德，原籍杭州，南宋时期在松阳县任儒学教谕，病逝于任上。其子俞义，护送父亲灵柩回故里，途经处州与婺州交界的朱颜村时，天色已晚，停柩投宿。没想到奇迹发生了，一夜之间，停放在溪边草地上的灵柩竟然下陷入地，且被紫藤缠绕起来。俞义暗参其中机缘，认为这是块风水宝地。围观村民也纷纷议论：这是天意！于是，俞义便留柩不行，置地卜葬，自己留下来守墓。丧期届满，俞义与当地女子成婚，繁衍后代。但这种说法支持者不多。

"雅爱山水"说在俞氏宗谱中则有多种版本记载。如明朝万历四十二年（1614）编撰的家谱中后序上写道："始祖处约府君德者……雅爱山水之奇，数游览括婺间，见婺界有所谓九龙山者，其下溪山秀丽，风气回环，欣然有卜居之想矣，仕无几何，辄尔脱却名利关，创此安乐境，则今俞氏千百世不拔之业实托始焉。"这段叙述大致说的是，俞德小时跟随在义乌任佥判的父亲一起生活，学业卓著，南宋时被"征辟"为松阳县儒学教谕（相当于现在的县教育局长的职务）。从俞德的家乡到松阳，当时只有一条山路，九龙山下的朱颜村是必经之地。屡次往返于此的俞德，十分喜爱这里的秀丽山水，他觉得反正“仕无几何”，便选择“脱却名利关，创此安乐境”。依笔者之见，这种说法似乎更有说服力。

原因之一：俞源俞氏家族的历史上，自明洪武廿八年（1395）首次修谱，至民国三十四年（1945）末修谱，共修谱 17 次，除乾隆四十九年（1784）所修宗谱以外，其余 16 次所修的俞氏家谱，都没有记载上述有关始祖的“陷柩结藤”之说，多种版本则记载了“雅爱山水”之说。

图 1-2　俞源村口牌坊及正、背面题字

原因之二：俞德将朱颜村选为托身之所，除了“雅爱山水”的因素，也有社会政治的因素。南宋末期，元朝已立，宋室偏安江南一隅，出现了继东晋之后又一次政治文化中心南移。在这一时代，对于长期饱受战争之苦的人们来说，为避世乱，寻求一处相对封闭安稳的“世外桃源”，是头等大事，特别是厌世求安的文人学士，更是如此。朱颜村地处古处州、婺州交界，四面环山，山水形胜，当然被俞德看中，身处兵乱浊世的俞德从此不事张扬地在九龙山下享受着偏僻山乡的清风明月。

原因之三：“陷柩结藤”之说多少带有一定程度的神话“天意”色彩，太过巧合，可信度不高。“雅爱山水”之说，更加人性化，更加贴近当时社会现实，因此可信度更大。

总之，有一点是一致肯定的，即俞德被认定为俞源俞族的一世祖。他的一次偶然选择，竟然演绎了俞源俞氏家族 800 余年的历史。

似乎是应了“天意”缘故，俞源村的前身本是朱村和颜村，但自俞姓定居后，人丁日渐兴旺，而朱、颜两姓却渐趋式微，直到绝嗣。俞源村现有俞氏宗祠左后侧三间老屋，相传是当年颜氏的古祠，被俞氏家族同样视为古记；坐落内坞口的朱氏太公的石质大坟，仍然被存留着；与朱颜两姓相关的颜背江、后朱路等地名，也一直被沿用至今。

如前所述，俞源村的前身是朱颜二村，朱村位于今俞源上宅。朱村有前朱、后朱之分，前朱在今内坞口一处，后朱在裕后堂一片。俞源村上宅双枫巷原定名“后朱巷”，民国初年才改称为双枫巷。从双枫巷到白虎山脚、裕后堂屋后的石子大路至今仍沿用古名后朱路。后朱路上端为金屏山脚，至今尚留存朱姓祠堂完整的墙脚，为一般溪滩石砌成，基上部垷筑在上世纪 50 年代被生产队掘去用于烧焦垷灰。俞源村口两溪合流处叫“颜背江”，下游为古代颜村，古村遗址现已建小学大楼。俞源四世祖俞仍娶妻颜氏，一半子女随母姓，故俞源也叫俞颜村。当时村落由于受水、旱、瘟疫等自然灾害，朱颜二姓人丁大减，大部分外迁。随着时间的推移，朱颜二姓逐渐衰退，直至最后消失。而俞氏由于社会交往广，

在松阳同行下代、杭州祖处亲房叔伯支持下，得到了钱财及医药的支持，从而度过了难关。由此，俞姓逐渐替代朱颜二姓，朱颜村变成了俞源村，这就是俞源的由来。

从俞源一世祖俞德起，三代单传，至第四世俞仍（字元八）才得有三子俞涞、俞浪、俞汪，人丁开始兴旺，以后愈衍愈繁。一百多年后，至明朝开国，俞源已经形成一个有一定社会影响的俞姓村落。

二、俞氏渊源

据《史记》记载："黄帝之时，有臣俞跗，后代以其名字中的俞为氏。"俞姓作为我国最古老的姓氏之一，出自上古时期，至今有4000多年的历史。

俞姓起源河内（今河南武陟县西南），祖宗俞跗。宗祠堂号一说：河内郡流水堂；一说：河涧郡流水堂。②

俞姓历史上出过许多名人。南朝宋有俞佥。唐代有俞文俊，武后时文俊上书说"陛下以女主居阳位，反易刚柔，故地气隔塞山变为灾，臣以为非庆也"③，这番大胆的奏言，激怒了女皇帝，文俊因此被流放到荒僻之地岭南。宋代有屯田郎中俞汝尚，武宁主簿俞君选，承议郎俞松，中书舍人俞烈文，诗人俞灏、俞琰。元代有学士俞弈会、翰林国史院编修俞述祖。明代有开国名将俞通海、抗倭名将俞大猷、山东参政俞泰。清代有小说家俞万春，著有长篇小说《荡寇记》；清末有学者俞樾，曾任翰林院编修、河南学政，先后主讲于苏州、上海、杭州等书院，授徒多人，著述500余卷，主要有《群经评议》、《诸子评议》、《古书疑义举例》等。

据俞源《俞氏宗谱》记载，俞氏宗祠堂名流水堂，出自春秋战国时期俞伯牙的传说。俞伯牙虽属楚人，官星却落于晋国，湖广荆州府之地，仕至大夫之位，因奉晋主之命，来楚国修聘，一日览胜探奇，行至汉阳江口，时当八月十五中秋之夜，命童子烧香罢，捧琴调弦，谱入琴声，其词云："可惜颜回命早亡，教人思想鬓如霜。只因陋巷箪瓢乐——"④到这一句时，就绝了琴弦，不曾弹出第四句来。钟子期在岸上接曰："留得贤名万古扬。"从此，俞伯牙

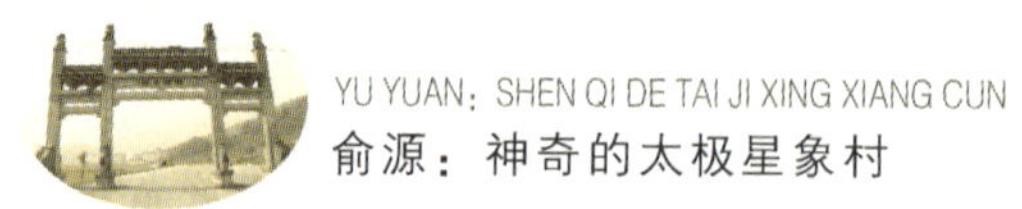

得高山流水遇知音——钟子期也。俞氏就以“流水”为堂名，一直沿用至今。

俞源俞氏宗祠堂号为河涧郡流水堂。《俞氏宗谱》序：(1) 洪武乙亥年，江夏黄池伯撰：“予闻俞氏出于姬姓之后，其始封分土在河涧，入春秋八十年，周襄王八年，鲁僖公十有七年，公有淮之会，未返而师灭。齐桓虽有讨于鲁，而不果，复其国。其后子孙多在鲁，而因封以为姓，历世相传，皆有显者。”(2) 万历甲寅年，中大夫宗善言撰：“俞氏实姬姓，后期始封分土在河间，食采于俞，其后子孙因以为姓，称河间郡，蔓延天下。”

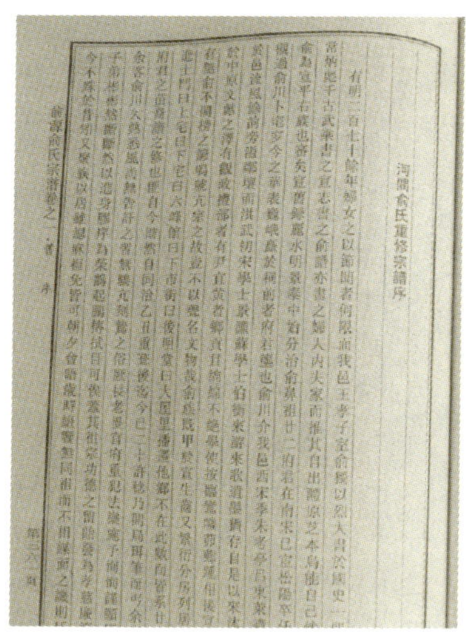
河間俞氏重修宗譜序

■ 图 1-3　俞源俞祠堂号

关于俞姓，在河内郡文中记载：黄帝之时，有臣俞跗。与河涧郡俞氏出于姬姓相符。由此可以肯定，俞源俞姓也是古老姓氏之一。为何有河内、河涧之别，有待进一步考证。

三、俞氏繁衍

据俞源《俞氏宗谱》记载，俞姓出于周姬之后，周封支子于俞为俞侯，因以为姓。春秋支分东鲁，至五代继入武林(杭州)，嗣后蔓延括、婺、明、越。俞源之族则从南宋开始。

始祖俞德的身世至今仍是一个谜，因谱牒遭兵毁之故，宗谱中有关俞德的身世没有明确记载。谱牒中虽有提到俞德的出处，但表述都极为模糊，难能自圆其说。如明万历四十二年谱序说："俞德的上世，其在钱塘者有允升父子兄弟，唐季董昌之乱徙居越城。"虽有此提却不明其实。又如明万历四十二年修谱中，在姓氏源渊一文中俞冲说："余尝闻祖父曰：予家于五季末，自钱塘迁居风林乡（义乌），再迁孝顺镇（金华）。"也就只说了这么一句笼统的话就断了线。俞冲是俞德第八代孙，明永乐名教授，其祖父就是善护。俞德的身世历史上没有定论，缘是过去交通不便，信息闭塞，未经详考或者谱毁查无结果之故。始祖身世尚待考证。

■ 图 1-4　始祖德公像及纪念碑

自从俞德创居后，人丁逐渐发展。俞德生义，义生至刚，至刚生仍，仍生涞、浪、汪三子为第五世。俞涞字巨川，号二泉，生四子：长子善卫，字原善，号西峰；次子善麟，字原瑞，号竹坡；三子善诜，字原礼，号石山；四子善护，字原吉，号皆山。俞浪字巨渊，号少川，生二子：长子善存，字原贞；次子善章，字原积。俞汪字巨源，号三峰，生二子：长子善伦，字原叙；次子善仁，字原性。

为了日后繁衍子孙序昭穆分伦次，元朝至正年间，刘伯温就为俞涞子孙排辈取字目，从第五世开始。首取行第字目十个字：敬、卫、恭、仪、像，权、衡、福、寿、昌。以后随着人丁日繁，又续取了三十个字：荣、华、成、礼、义，富、贵、遂、贤、良，孝、友、经、纶、焕，慈、祥、恺、悌、彰，修、齐、崇、正、直，长、幼、乐、安、康。至民国十四年葺谱，因嫌长、幼、乐、安、康的“康”与“坎”谐音，改作弘、毅。

下列九代世系为俞族前期繁衍情况：

一世祖俞德，字处约，二八府君。

二世祖俞义，行第五传。

三世祖俞至刚，字守学，行第无传。

四世祖俞仍，元八。

五世祖俞涞敬一；俞浪敬二；俞汪敬三。

六世祖、七世祖、八世祖列表如下：

恭十道珠——仪八、仪十三、仪十八、仪二三

- 敬一涞
  - 卫一 善卫
    - 恭二三道行——仪十四
    - 恭二五——无子
  - 卫四 善麟
    - 恭一道坚——仪一
    - 恭二道珍——仪三
    - 敬 恭四道奇——仪五、仪十、仪十六、仪二七
    - 恭敬八道希——仪十一、仪十九、仪二五、仪三五
  - 卫六 善诜
    - 恭十九继祖——仪四十九
    - 恭二四——仪三十九、仪四十、仪四十二
  - 卫七 善护
    - 恭六胜安——仪二、仪六、仪十七
    - 恭十二胜宗——仪九、仪三十、仪三四、仪三六
    - 恭十三密——无子
    - 恭二十窦——仪二六

敬二浪
- 卫二善存——恭三道达——仪四、仪三十一
- 卫八善章
  - 恭七道本——仪七、仪十二、
  - 恭十一道寄——仪十四、仪二一、仪二四、仪三二
  - 恭十四道震——仪三二、仪三八、仪四四
  - 恭二一道聪——仪四八

敬三汪
- 卫三善伦——无子
- 卫五善仁
  - 恭五道明——无子
  - 恭九道——无子
  - 恭十五——无子
  - 恭二二文治——仪三七、仪四一、仪四六

八世以下至三十二世可查俞氏宗谱，在此不作赘述。

俞族自南宋俞德开始至今已繁衍 32 代，历 800 余年。今天的俞源已是以俞姓为主聚居的一个大村。经考证，至今的俞族子孙是由涞和汪二支繁衍发展而来的，而浪公已断枝绝叶。涞公名下只有善麟、善护二支沿袭至今，善麟一支分布在上宅与下宅；善护一支分布在前宅下市街。汪公仅善仁一支，分布在前宅大屋里。

四、三姓睦居

俞姓定居繁衍，朱颜两姓逐渐消失，俞源村替代了朱颜村。尔后，俞氏家族一统俞源的状况，到明代洪武年间即 1370 年前后，被一位丽水青年改变了，他就是李彦兴。据李氏家谱记载，李彦兴系唐北海太守李邕的第 24 代孙。李彦兴只身来俞源创业，不久娶俞涞的孙女（俞善卫女儿）为妻，成家立业。李彦兴遂成为俞源李氏一世祖，至今已传 22 代，历 600 余年。现在，李姓居户在俞源约占 12%。清康熙年间即 1684 年前后，又有董姓人迁入，改变了俞源村俞、李一家亲的格局。俞源董姓始祖董洪

定居大王岭头，到现在已繁衍了 13 代，历 320 多年。李家古居在李宅，名曰“陇西旧家”，后向南延伸至六峰山麓一带。李宅有座傍山而建的环翠楼，今存《环翠楼记》有段精彩的描述：“以有形之翠为翠，以无形之翠为翠，不是目遇之翠为翠，而是心通之翠为翠。楼高望月，心旷神怡，宇明爽恺，神仙好居，天光云彩，万象皆翠。”⑤可惜，不到十年，这座精美的堂楼在清顺治十二年(1655)遭兵燹。始建于明万历元年的李氏宗祠，三遭兵毁，在

图 1-5　历经磨难的俞氏宗祠和李氏宗祠

乾隆、嘉庆年间重修后，又于同治年间毁于火灾，历经磨难的李氏宗祠，在光绪年间重建后，一直保存至今。李氏家族最知名的贤达，是贡元李嵩萃。他身为乾隆年间俞源首富，为公益事业竭心尽瘁，为蒙学立“家训阁”，为消遣建“八角亭”，为养老辟“养老轩”，其古迹至今犹存。为此，获得了邑侯雷公题赠的“急公好义”匾额。李姓家族曾一度兴盛，但还是比不上俞姓。全村现有人口中，俞姓人口十中有七，村内现存精美恢弘的古建筑，也大都是俞姓祖先所留。

第二节　俞源古村落的堪舆与选址

大凡显名的历史文化古村，在当地百姓传言或地方史籍记载

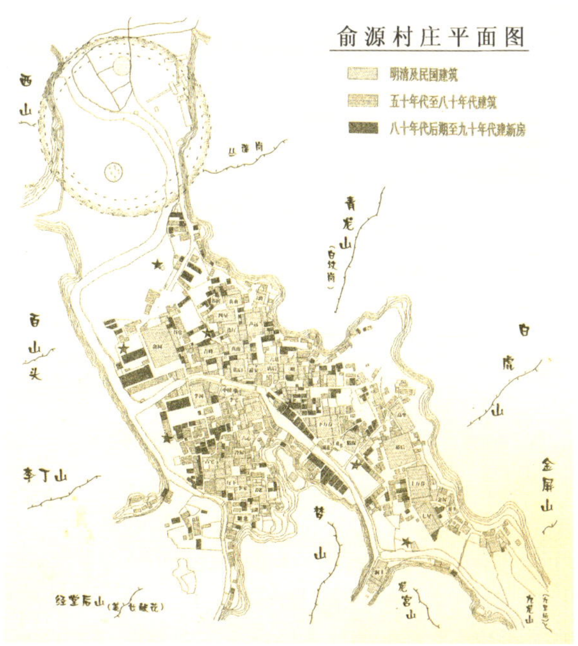

■ 图 1-6　俞源村平面图

中，往往是风水大师的杰作。兰溪诸葛村，始迁祖宁五公“堪天道、舆地理，上吉宅高隆上宅，聚族于斯”⑥，按八卦图形设计村庄布局，成为一奇。与俞源同时列为全国首批 12 个“中国历史文化名村”的武义郭洞村，始迁祖何寿之“相阴阳，观清泉，正方位”⑦，营造了酷似《内经图》形状的古生态村。被誉为“江南第一风水村”的安徽宏村，明朝堪舆大师何可达，根据村址地理形貌特点和优势，规划设计了牛形村落，成为独特一例。⑧ 与风水巨匠刘基相关，且被称为太极星象村的俞源，自然也不例外。

俞源前身朱颜村所在地，既然能被“雅爱山水”的俞德教谕看中，必然是一块风水宝地。村东南九龙山、六峰山为括苍山余脉。村庄四面环山，从北往西依次环列丛蓬岗、青龙山、白虎山、金屏山、九龙山、龙宫山、梦山、经堂山、李丁山、背山头、西山等，山峰最高海拔为 801 米。有银河溪和前宅溪，银河溪发脉于啸云坑、九龙坑和龙宫坑，前宅溪发源于大黄玲。两溪在村西汇合为俞源溪，在村口呈 S 形太极河向西北流出，注入熟溪，汇流武义江、钱塘江。银河溪将整个村庄分隔成前宅和后宅，后宅又分上宅和下宅。堪舆书《宅经》认为：“宅以形势为骨体，以泉水为血脉，以土地为皮肉，以草木为毛发……”俞源环村青山奇峰形成了健实的骨体，双溪绕村形成了丰沛的血脉，村北一片宽阔且平坦、肥沃的土地，是腴厚的皮肉，村周茂密的古林植被是森然毛发。所有这些都十分合乎古人对风水古宅的选址要求。

俞源村整体上坐北朝南，以笔架形的六峰山为朝山，馒头形的梦山为案山，高耸的李丁山为祖山。一般村落只有上、下水口，俞源却多一处中水口。上水口位于洞主庙前，是两条坑泉合一的上宅溪上游；下水口位于村北丛蓬外；中水口为大黄岭峡谷溪水入村处。刘基在《堪舆漫兴》中以七言诗论述了祖山、案山、朝山，其中认为：“两水夹来为特朝，朝山此格最清高。”如此说来，俞源的朝山可谓“清高”之山。《入山眼图说》则说：“凡水来处谓之天门，若来不见源流谓之天门开；水去处谓之地户，不见水去谓之地户闭。夫水本主财，门开则财来，户闭则财用不竭。”《地理大书·山法全书》也说：“去口宜关闭紧密，最怕直去无收。”对照这些要求，俞源村堪称上佳的风水所在。

■ 图 1-7 笔架形的六峰朝山及骑墙楼

在俞源人看来，俞氏宗族的兴旺发达，主要缘由是村庄风水好。尽管这种观念明显偏颇，但有利于增强族人对故土的依恋性和归属感，有利于宗族的团结与生存。现代建筑学泰斗梁思成，也如此说："风水等中国思想精神，寄托于建筑之上。"⑨ 俞源的祖先就是凭着自身对环境风光的审美观和选址定居的风水观，青睐朱颜村这片土地，但它也不是完全合乎古代风水学要求的。正因为如此，他们将自己的生活希望和风水理念，贯注到改造俞源生态环境之中，贯注到与众不同的“太极、星象”营造之中。以现在的科学常识来看，人们目前还难以完全解释村庄布局的“旺丁兴族”功能，于是往往只以“迷信之说”、“无稽之谈”评述之。至少，俞源祖先名贤的村落风水观，在相当程度上鼓舞了一代又一代子孙的生活信心，使他们持之以恒地改造环境，在原有水土基础上，创造出一个宜耕宜居的洞天福地。

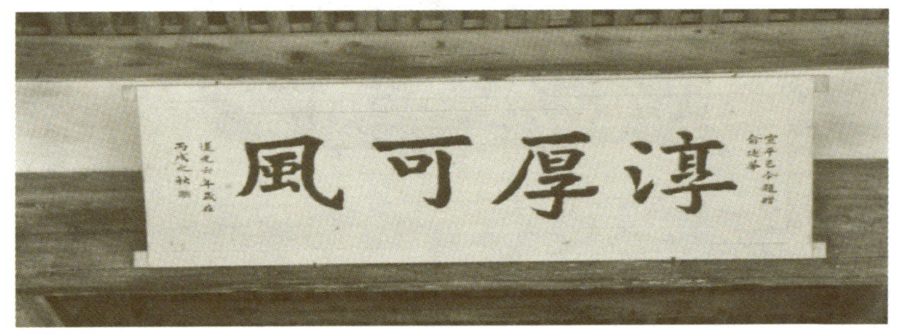

■ 图 1-8　现存于俞氏宗祠内匾额

第三节　古村落的兴盛与衰落

一、古村落隶属关系的演变

武义县始建于唐天授二年(691)，传武则天执政时，新设郡县均冠以“武”字，因县东有百义山，故以武义名县。后改名武成县，唐天元年(905)复名武义县，隶属处州府(丽水)治。明景泰年间，今丽水地区西部发生了较大规模的矿工起事。平息后，朝廷为了加强对这一山区的控管，于景泰三年(1452)将丽水县西面的三乡设为宣平县，俞源隶属于宣平。清末，实行区庄制，宣平分为六区，俞源属原宣平县集贤区。1930 年改村称镇属第 4 区，1935 年后设俞源乡，1949 年 6 月武义解放，设俞源乡。1956 年成立俞源

农业社。1958年，宣平县不单独建制，原属宣平的柳城、桃溪划属武义县，俞源村属跃进人民公社俞源管理区。1959年又并入永康县，1961年恢复武义县，原宣平县被分成两部分，南下乡区划并入丽水市，俞源村所在的北上乡区划属归武义县，建立俞源大队，属俞源人民公社。1985年成立俞源村委会，辖17个村民小组，隶属俞源乡，现在俞源村是乡人民政府所在地。现有村民730多户，2000余人口。其中，俞姓约500余户，约占总人口70%以上；李姓约90余户，约占12%；董、潘、林、陈、周等26姓总共约占18%。

二、俞源古村落的百年兴盛

自元朝至大元年(1308)俞涞出生至清末的600年中，俞源的发展变迁，大致经历了三个兴盛期。它的阶段性基本上是由国家政局的兴衰变化决定的。元末明初，从俞涞成年至永乐年间约100年，由俞涞及子、孙二代，创造了俞族第一个兴盛期。俞涞谙文墨，喜交社会贤达。受他的教育和影响，四个儿子也同样精通文墨，善于吟咏。他们与刘基、宋濂、章溢、苏平仲等一代名人结

图1-9　色彩丰富的俞源村庄

为布衣之交，使俞源成为当时婺处两州的一个文化艺术活动中心。其间，民居建筑从俞涞定居的前宅，向溪流东岸扩展，形成上宅、下宅等片区。更引后人赞叹的，还不在于此期所建的民居，而在于一大批公益性建筑。元末，俞涞捐建了村西的利涉桥和村东的康济桥。康济桥现已扩建为公路桥，利涉桥则形貌如初。人们看到这蛮石古拱桥，往往会脚底痒痒，禁不住轻步上桥，感觉一下祖先足迹的余温，设想当年俞涞携刘基赏桥吟诗的情形。

■图 1-10　历经六百余年沧桑的利涉桥雄姿可见

明洪武七年(1374)，俞涞四子为 17 年前逝世的父亲建了孝思庵；洪武年间，还建造了迎玩堂、皆山楼、崇本堂、团峰亭、静学斋等，使俞氏家族成为初具规模、文化设施齐全的名门望族。同时，俞族的科举人才也有了可喜开端。仪字辈的俞冲，永乐年间考取经明行修，征辟为福建邵武府教授；俞涞孙俞继祖，则由刘基推荐为南京锦衣卫镇抚，后由其儿子俞擎世袭，出任山西晋府典仗。

明永乐二十二年(1424)至成化十年(1474)的 50 余年，历洪熙、宣德、正统、景泰、天顺五代，俞源未曾建过堂楼，孝思庵毁于景泰三年(1452)的战火；明成化十年至嘉靖四十四年(1565)长达

90余年中，只在成化年间建造了急公好义宅和李家大厅。可见，这是俞源文化发展和村落建筑处于低潮的时期，由此可以推断，这一时期是俞源发展史上的一个衰落期。毁孝思庵的战火，是今丽水地区西部发生大规模的矿工起事燃起的⑩。

■ 图1-12 明朝丞相严讷题赠“壬林堂”匾额

明朝中期嘉靖年代，由于科举入仕众多和兴建大规模的俞氏宗祠，呈现出一个比较短暂，但奇峰独傲的鼎盛期。嘉靖年间，俞族可谓科举隆盛，人才辈出。如：进士俞大有，任礼部观政；贡生俞英，任建德县学谕；岁贡俞世美，授江西宜黄县令；间贡俞瓒，出仕四川富顺主簿；贡生俞款，担任山东青州左卫经历；俞施，官授礼部铸印儒士；贡生俞昭，任山西代府审理；武举人俞彬，任温州黄华关把总……短期内涌现如此之多的骄子，俞源村名声骤隆。俞氏家族在隆庆元年(1567)动工兴建婺处两州规模最大的家庙——俞氏宗祠，于隆庆六年(1752)竣工。为俞氏宗祠题赠“壬林堂”匾额的，竟是当朝丞相严讷。

自嘉靖之后的明后期隆庆、万历、泰昌、天启和崇祯五代，以及清前期的天命、天聪、崇德和顺治四代，长达近百年的时间，俞源俞氏家族的发展又处于低谷。其间，仅建筑一座声远堂后堂；俞氏宗祠的两廊两庑和前排门楼，则兵毁于顺治年间；科举入仕情况也大不如前，明末清初的60多年中，仅出一名岁贡，没有人入仕。

图1－13　内容丰富、技艺精湛的雕刻

第三个兴盛期，为太平盛世的清朝中期，历康熙、乾隆、嘉庆、道光四代近200年。此间，俞氏富户大兴土木，竞相建筑厅堂大厦。形成为俞源古建筑群的现存建筑物，大都建于这段时期。不妨罗列一下主要的民居建筑：康熙年间，建造了声远堂、六峰书馆；乾隆年间，建造了上、下万春堂、裕后堂、遗安堂、家训阁、养老堂、厅下楼等；嘉庆年间，建筑了高座楼、真贞楼、谷仓楼、书厅楼，修复了俞氏、李氏两座宗祠；道光年间，建造了精深楼、七星楼、六基楼、青峰楼、金层楼，并重修了俞祠和洞主庙。所建民居全部雕梁画栋，精致坚固宽敞明亮，至今雄姿不减。上述四朝，虽经历了清康熙十三年（1674）的耿精忠兵灾，但丝毫不伤俞族元气，除了康熙与乾隆之间的雍正当政的13年中没有作为，俞源俞氏以及李氏家族，在上述200年内都获得了相对持续的迅速发展。

■ 图1-14 能观天气变化的“气象井”

而到了道光之后清代末期的60余年，俞源便极少有新的建筑物出现，太平军临村时还毁了思忠厅、上宅厅和李祠。至于后继的民国年代，就鲜有像样的民居建筑落成了，也就是说，道光之后，是俞源经济文化发展的消退期。

“源之深者其流长”，⑪然而，古俞源的辉煌终于告结，留给后人的则是一处有特殊魅力的古生态文化经典遗存，一个以古建筑群著称的历史文化名村。

三、俞源古村落的战乱破坏

俞源地处括婺要冲，地理位置十分重要，是历代兵家必争之地。数百年来，战乱也曾给俞源古村落带来深重的灾难。

俞氏宗谱载，万历四十二年（1614），古董吴从周拜撰的一篇谱序中说："……俞嗣……是隐其德，不仕者三叶。至第五世敬一处士涞者，因地利藉世，资业擅素封者存康济。时元政衰乱，盗贼蜂起，因命四子纠集民兵保卫郡邑，又尽出其所积以赏卫士，卒赖保全。"其意是说：元末国家动乱时，山寇肆行，至正十四年（1354），俞涞组织民兵武装保卫郡邑，从而使得村落得以保全。明景泰年间，今丽水地区西部发生了较大规模的矿工起事，战火殃及俞源。谱载："明景泰三年（1452），山寇入境，人皆逃散，焚屋劫掠，宗祠东西二厅尽毁，谱牒散失。"孝思庵遭受破坏，寝庙东西二厅尽毁。寝庙东西二厅，至道光二十一年（1841）才得以重建。清顺治十二年（1655），祝融司晨旱寇为虐，民罹其困。第二年盗贼四起，老幼逃窜，房屋毁烬，毙于锋镝，陷于饥饿者百余人，宗祠前厅与两庑及戏台均遭毁坏，至嘉庆十六年（1811）才得以修建恢复。"清康熙十三年（1674），耿精忠叛乱，遍地若狂，踞府坐县，民不堪命，家囊殆尽，堂室萧条，谱牒散乱"。⑫

咸丰十一年（1861）五月，太平军李仁寿部占领永康，各乡民团拼命顽守，太平军时进时退。八月太平军数万人在天安萧大富率领下，占领县城。同治元年（1862）四月十一日，占领武义。谱载当时太平军势众"不知其几十万数，合邑乡村，此往彼来，无处不到"，"清咸丰十一年，同治元年，广西流寇蔓延两浙，蚁聚两岁之久，烧毁厅堂两所（俞思忠厅与上宅厅），被掳者、殉难者 30 余人"。（谱载广西流寇指太平军）

近代对俞源破坏最惨痛的是日本帝国主义在俞源所犯下的滔天罪行。1942 年 5 月中旬，日军发动了一场旨在摧毁衢州机场、武力侵占浙江新昌、嵊县、诸暨、东阳、义乌、武义、金华等七个县萤石产地的所谓"浙赣战役"，企图建立一个年供 15 万吨的萤石生产基地。为此，日军 70 师团于 1942 年 5 月 15 日拂晓，从奉化出犯。16 日陷新昌、嵊县、诸暨。20 日陷义乌、东阳。21 日陷永康。22 日夜民国武义县政府撤至岭上乡新宅村。23 日，日军从桐琴方向进陷武义城。次日撤出县城，出西门，经三角店和清塘村，与日军13旅团会合金华，进攻汤溪。是年端午节(6月18日)，日军22师团，于履坦方面窜袭武义城。19日，日军主力经徐村，出新宅，偷袭了丽水大港头兵工厂。7月6日，日军22师团一个后续大队，再陷武义，武义县城正式被日军侵占。日军分兵盘踞武义城乡，分布兵力，建筑工事，四出扫荡，杀害人民。侵占武义的日军先是70师团105大队，后是22师团85联队，联队司令部设童庐，系日寇在武义的最高侵略机关，辖3个大队。一个大队盘踞县城，守备壶山、溪南汤、双路亭、猫形、石龙岗、龙形及东西南城门各炮台；一个大队分踞与童庐毗邻的邵宅、后陈、东吴等地，拱卫童庐，并守备项村、羊角湾、上茭道及永康八字墙一带交通要道；一个大队盘踞履坦，与金华方向之日军取得联络，防守县境西北部，并戒备岩山炮台。各据点均配有便衣情报人员若干组，深入我方各地刺探军情及政治动态，抓捕军民。县城还有日军宪兵队和伪军一个大队，以担任巡逻，维持治安为主要任务。据记载，日军在武义的兵力常年保持近1000人，其中步兵常年保持700人以上，骑兵200人以上。此外，日寇还设有梅机关一处，驻白溪童庐，专事收容我方被俘官兵等特务活动。当时武义县辖25个乡镇(不包括原宣平县并入的区域)，几乎每个乡镇都受日军窜扰。⑬

俞源村内桥头，原有一幢木雕艺术在全县首屈一指的四合院式花厅(见注释专栏1.1)。可惜在63年前被侵占武义的日军烧毁。1942年农历七月十九日，烈日当空，酷暑未消。一股日军从松阳窜来，于下午2时左右在俞源宿营，日军及其战马、辎重陆续进入北厅堂，据当时守护北厅堂的俞大本、陈舍宜二人目睹，日军进入后，日酋在屋内浏览，还不时停住脚步仰望梁楣，站立窗前，对其中的雕刻艺术虎视眈眈。突然，他发出叽哩咕噜的一阵怪声，下令军士，搜来铁锤、斧头将所有门窗上的木雕敲毁，大概日军还认为破坏得不彻底，又放火焚烧。不到两个钟头，这座费时6年、落成才30年、用血汗智慧建造的艺术珍品化为灰烬。⑭

注释专栏 1-1

俞源花厅

该花厅始建于1906年，1912年落成，共21间，占地面积约为1000平方米。厅堂建筑物件上布满精湛的艺术雕刻，因而人们称其为花厅。上中堂的梁楣上各雕有“八仙过海”、“天官赐福”、“东周列国”、“三国演义”等传记人物。大房、厢房、进房及两厢二间小厅的窗户上雕有花草竹木、鱼虫鸟兽，一应俱全。我还记得左边大房的窗户上所雕的一幅是一群身穿古代服装、头留长垂髫的儿童在做老鹰抓小鸡的游戏，每个儿童的神态各异，表现得天真活泼，背景上衬映着芭蕉竹木、亭榭楼阁、嶙峋怪石，整个雕刻富有立体感，十分美观典雅。下厅前檐下马腿上两只呈现立体形的“狮子拿球”，刻工精细，神态栩栩，形象逼真。那狮子拿球，表面是古钱图案组成，十分精致，球心被凿剔空，图案古钱的孔又与球心穿通，圆球显得玲珑轻巧。其高超的造型艺术，精湛的工艺技巧，可称得上是鬼斧神工，看了令人叹服。

徐兆荣供稿

根据俞松发老人的回忆，我们可以了解到当时日军流窜俞源的暴行。俞松发回忆：

> 1942年8月30日（农历七月十九日）是我永远不会忘记的日子。这是日军践踏洗劫俞源，百姓遭受深重灾难的一天。
>
> 那年我才15岁，因战乱，读书停停读读。那年农历七月十九日，烈日当空，骄阳似火。我吃过午饭，就跟随哥哥到田里去挑稻草。一到田里，就见前面干活的人紧张地跑回来，说“日本兵”来了。我们远远一看大行岭，真的有很多人下岭来。那下岭来的一阵人愈来愈近时，看人数不多却都是轻装。大家纷纷往山上逃避。我与哥哥回到家里，哥嫂就抱着孩子去了。母亲像木头似的没有半点惊慌的感觉，她坚持待在家里不走。母亲呆着，我只好跟着在家。过不多久，日军进村来了，很快外面便传来了砰砰嘭嘭的敲门声，母亲这才惊慌起来，她一人躲进牛棚里去，我只得避到隔壁邻居处。隔壁邻居只有一老太在家，她是念经信佛的。听到急速的敲

门声，她顾自念经以镇定自己。我进去后一头就俯伏在她的经桌上，她默默地没说一句话，我头也不敢抬。霎时就进来了几个兵，他们翻柜倒箱，我一昂头拔腿跨出门外往山上跑。一口气爬上半山腰隐蔽处，那里东一堆西一群的已躲着很多人。在山上，我们远望村边的晒谷场上，净是马匹人头。过不多久，隐隐听有传来猪嚎的声音。又过片刻，大概是下午2时左右，村中浓烟滚滚，火光冲天，日军在放火烧房子。火光一直延烧了三个多小时才压下来。这一夜躲在山上的人几乎人人没有合眼。到凌晨4时左右，村里有人上山来告知，说日本兵已经走了。这时大家才放心下山来。一进村就闻到股股臭气。我回到家里喊叫母亲，她听到我的声音就从牛棚走出来，总算躲过了这场劫难。我见家里也被毁坏得一塌糊涂，抽屉开着，衣服摔在地上，栏里的猪没有了，鸡也不见了。村中一片狼藉，猪头、猪骨、猪内脏、鸡头鸡尾满地丢着。也不知被宰了多少猪，杀了多少鸡。人屎人尿满地拉，擦屁股的绸片到处丢。很多家里的衣箱以及缸、钵、罐里净是尿粪。连锅里饭中也是粪，鬼子真是禽兽不如。各家许多器物被砸坏，两座祠堂里集满了各家抢来的草席，有的也被拉上粪便。更惨的是：一座雕刻精致的大厅堂计24间全被烧毁，损失难以估价，还毗连烧毁两座土房。两位老人被害致死，一位是时年72岁的俞樟元老人，他呆在家里，敌军要他拿什么东西，因话语不懂一时迟疑就被一刀砍了肩膀，鲜血直流。另一位是时年66岁的俞嘉荣老人，人称硬汉，也呆在家里，他给敌军烧了两钵热热的茶水，敌军反而向要他凉开水，也因不懂话语，一时结巴，敌军就端起那滚烫的茶钵砸向他的头部，顿时满头血泡，肿胀睁不开眼。两位老人因伤势严重，创口腐烂，不久便离开了人世。十多位妇女被强奸，一位体弱的被十多个敌兵强奸后，一病不起，不久亡故。

时间虽已过去半个多世纪。当年亲历目睹的青少年现都已年过古稀，那场不共戴天的国耻，俞源的老人们将永远铭记在心，更不会忘记农历七月十九那一日。

四、俞源古村落在新时期的发展

1949 年 12 月俞源的解放，给古村落注入了新的生命与活力，俞源从此进入了一个新的发展时期。但在“文革”期间，俞源的社会经济发展受到了影响，特别是破“四旧”使得俞源村内的古建筑及历史文物又遭受了一次劫难。俞氏宗祠被征用为国家粮库；洞主庙被用作战备盐库，庙宇遭到严重破坏，塑像全毁。众多家谱、史料被作为“四旧”毁掉。我们现在所看到的古代《俞氏宗谱》是俞松发老人一个偶然的机会发现并精心保存下来的，这对我们了解俞源的村史具有十分重要的作用。

图 1-15　俞源古村新貌

俞松发老人回忆说：

我收藏俞源宗谱，有段鲜为人知的故事，说来是偶然的一次机遇所得。那是“文化大革命”的后期，1975 年的一个早上，我去自留地浇水，在村口的桥头见有一堆乱七八糟的东西，内露出有宗谱模样，那堆杂物是村口一户人家拆房改建扒出来的。于是我抱着好奇心，放下担子随手去捡出一本看了一下，便对主人说，宗谱不要烧掉，让我拿去看看。我一拨一捡竟有20多本，有道光、同治、光绪、民国四种版本，但鼠咬漏渍残破，都已残缺不全。我回想这些宗谱是我族房卫七公(即俞涞第四子善护)名下遗存下来的。“土改”因公房征收分配到户，而那放在楼上壁角的一箱宗谱却无人理会，屋主人也不知何用。长年累月，有时会去扯几张擦擦灰尘，或抽几本盖盖钵罐。今房子一旦拆建，就当废物丢弃了。我取回宗谱后，经过拉摺整理装订，使之便于翻阅。宗谱，我小时候一次在祠堂里见族长们晒谱看到过，但那时年小不懂事，不知何用。我当时取回宗谱还是破四旧的气候，有人劝我烧掉，也有人讽刺我是书腐，可我都不去听，认为看看可以陶冶自己的心情。宗谱全是文言文，没有标点，还有一些生僻的古体字、异体字。我经过一段时间的大致翻阅，看见谱里有刘伯温的名字。刘伯温是家喻户晓的，又听前辈说是卫七公的朋友，这使我更加发生了好感。

时光流逝，斗转星移，时间一晃二十多年过去。1997年，有一次俞步升来我店里，闲谈中向我借阅宗谱之事，谈起刘伯温都来了兴趣。俞步升拿去阅读以后，从中发现了更多从未所闻的东西，于是一传播就扬开了。到1998年县里的同志也有来索取观阅。此前俞源气功师俞森会发现了村口巨型太极图，武义马林先生听到消息到俞源考察古建筑，他又发现说俞源古村落是天体星象的布局，所以种种迹象似乎都与刘伯温有关。俞源发现了这么多的奥秘，这就引起了县领导的重视，媒体也竞相报道，于是无形中便揭开俞源神秘的面纱。名人效应，明清古建筑，巨型太极图，星象的布局，都有机地连成一体。为了振兴俞源，1998年俞源正式向外开放旅游。我接着为完整宗谱起见，又搜寻拾遗补缺，凑齐了道光廿一年和民国十四年两个版本。道光廿一年版本为县档案局取去代为保存，我手中留的是民国十四年的版本。以后宗谱为多个媒体单位和历史专家取阅。想不到一部尘封了半个多世纪的宗谱，一下子会发迹，涉足大江南北，去上海，去北京，还被国外复印，漂洋过海传进美国。

从俞松发老人保存下来的古谱记载中可以了解到俞源耕读文化的发展，田园生活的乐趣，尊礼重教的家训，敦厚勤劳的创业，养生长寿的提示，急公好义的慈善等等。这是俞源祖先留给后世的一笔宝贵文化遗产。

■ 图 1-16　俞源古村落历史文化积淀象征

目前，如何保护这笔遗产是俞源村的一件大事。早在 70 年代群众就为保护俞源的历史文物作出过努力。例如俞氏宗祠，那时本拟拆建为现代化的储粮库，后群众知道起来张贴大字报，强烈要求保护，才幸免于毁。又如圆梦胜地洞主庙，80 年代搬走备战食盐后，群众就自发筹资整修。正因群众的保护，今天的人们才得以欣赏到这些古建筑。但目前有些群众对保护文物的意识并不怎么强，认为房屋是公家保护，渗漏损坏，甚至倒坍，好像都

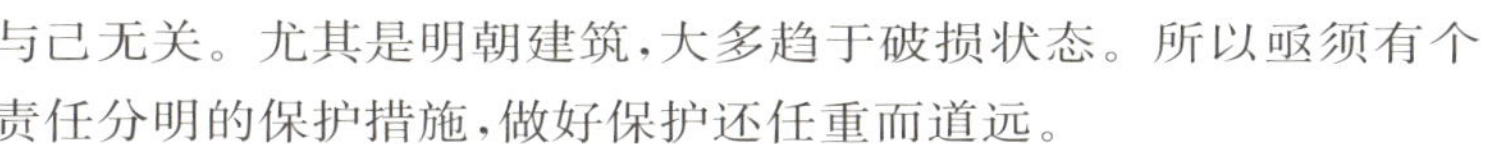

与己无关。尤其是明朝建筑，大多趋于破损状态。所以亟须有个责任分明的保护措施，做好保护还任重而道远。

为了发展农村经济，武义县针对俞源特点，决定在俞源发展旅游业。1998 年初，俞源乡政府成立了俞源旅游管理办公室，着手筹建俞源开发工作。1998 年"十一"黄金周，俞源旅游正式对外开放。如今已有 8 年的开发历史，当时有上百家媒体对村中的太极星象布局进行宣传、报道，太极星象图奇妙的构思和神秘的历史渊源吸引了国内外大量的旅客，澳大利亚学者对中国风水研究倍感兴趣，曾把俞源的太极星象布局作为一项课题进行研究。1999 年游客达到 2 万人次，2005 游客就增加到 4 万人次，总收入达到 68 万元，已有 70 多个国家的游客到此观光、调查，其中日本、韩国的游客比较多。如今，每年正月十三闹龙灯、"六月戏"和六月圆梦节都如期举行，高峰期都可达两三千人。

俞源村离武义县城近，交通便利，集旅游、观光、休闲于一体，正逐渐成为城市休闲度假的好去处。俞源村最初的游客主要来自周边地区，大多是怀着好奇心情来看太极星象的布局，后来随着宣传力度和宣传范围的扩大，游客范围扩展到华东三省，其余省市的游客则相对较少。俞源的旅游旺季主要集中于三个黄金

■ 图 1－17　山清水秀的村景

周以及农历六月二十六日前后，每一个旅游旺季的特色却各不相同，“五一”、“十一”以秀丽的风景和特色农家菜吸引游客，春节则以浓郁、古朴的春节氛围成为亮点，圆梦节则以圆梦、祈求平安为特色。当然，这些都以奇特的太极星象布局和气势宏伟、雕刻精美的古建筑为基础。俞源村是远近闻名的“长寿村”，村民俞道奇享寿百岁，村中70岁以上的老人共有159个，90岁以上的老人5个，为了发扬中华民族尊老爱幼的优良传统，每年重阳节（农历九月初九，又称老人节）所举行老年人的各种娱乐活动，也吸引了很多游客，这也有望成为一个新的旅游旺季。

旅游开发的管理人员认识到仅以太极星象图和古建筑来吸引游客是远远不够的。他们以旅游为契机充分利用当地的自然资源，大力发展地方休闲、度假产业，不断完善配套的基础设施，现已拓宽公路（宋村一俞源），新村建设，停车场，票房，公厕，牌门（庆丰门，宣武门，牌楼）的修建；各种古玩店、工艺品、农特产店不断增多，工艺品店和农特产品店铺的增多，带动了当地传统特色经济的发展，无形中提高了当地传统特色产品的知名度，村中旅馆的档次也不断提高，还开发了钓鱼、斗牛等各种娱乐活动。

■ 图1-18　古稀老人在从事来料加工

从整体上看，俞源村的旅游开发已形成规模，在发展中努力挖掘自己的亮点。但由于村里资金有限，配套设施建设方面相对

缓慢，在挖掘景区特点、亮点上相对比较滞后。同时，村中的旅游开发由县旅游局区管理处经营，俞源乡政府和村集体控股，主要由乡政府管理，这种政企不分的管理模式，违背了市场经济的发展规律。令人欣慰的是俞源乡政府已经认识到问题的症结，并在着手把管理权交还俞源村，村委决定通过招商引资的方式融入资金对现有旅游资源进行进一步的开发，在管理上也逐渐走向正规，进行商业化运作。

图 1－19　俞源村村口—宣武门

注　释：

① 1974 年，上海电影制片厂在这里拍摄过故事片《连心坝》外景。1989 年 11 月，由浙江省电视剧制作中心摄制，武义县婺剧团演出的电视戏曲片《梨园情话》又在此拍摄外景。

② 俞步升：《中国古村俞源》，俞源村内部资料，第 37 页。

③《中华之骨——中华民族姓氏略考》，http://zhummzyking. bokee. com/viewdiary. 11518704. html.

④ 俞步升：《中国古村俞源》，俞源村内部资料，第 36 页。

⑤ 武义俞源《俞氏宗谱》，2005 年修，第 34 页。

⑥ 兰溪《诸葛宗谱》，第 39 页。

⑦ 武义郭洞《何氏宗谱》，第 26 页。

⑧ 安徽宏村，http://www. chinavr. net/anhui/hongcun. htm.

⑨ 梁思成：《中国建筑史》，百花文化出版社，2005 年版，第 64 页。

⑩ 朱连法：《太极俞源》，上海人民出版社，2006 年版，第 35 页。

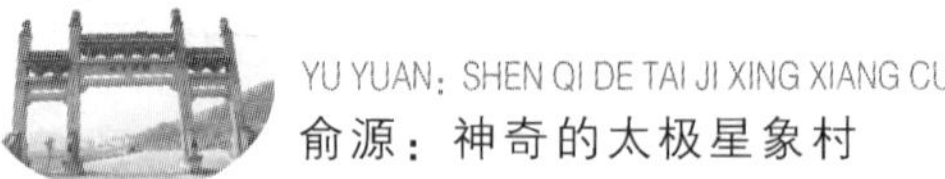

⑪《俞氏宗谱》,2005年修,第35页。

⑫《俞氏宗谱》,2005年修,第58页。

⑬ 以上参考 http://www.sino.uni-heidelberg.de/database/wenshi/htmfiles/Zhejiang/book/yt262/20/000035.pdg 所提供的的文史资料。

⑭ 以上根据俞源俞松发等人提供材料整理撰写。

第二章 俞源古村落的布局结构

俞源村呈北斗形，群山环抱，峙耸绵延，林木茂盛，高山泉水汇成的俞源溪流过村中心，把整个村划为东西两部分，村口溪呈S形。俞源村布局据传为明朝开国谋士刘伯温所设计，体现了道家的思想理念。

第一节 太极星象村之说

如果说，整个俞源村是一部载录古生态文化的典籍，那么其古籍的封面便是一幅太极图。当人们看到这带有神秘感、厚重感的封面，便可感受到它独到的历史文化气息。来到俞源，迎接你的首先是一个占地120亩、直径达320米的、由田地路河构成的巨型太极图。登上李丁山俯瞰村口这幅巨图，会觉得格外骋目畅怀。流经田畈中央的“S”形太极河，准确地勾画出太极阴阳双鱼；阴阳鱼眼准确合宜，并体现出“阴中有阳、阳中有阴”。阳鱼身上的阡陌田丘，由庄稼构成色块，显得分外明快清丽；阴鱼身上的古林，依然郁郁葱葱，富有生机。村落建筑中有少量的太极图案并非稀罕，像郭洞古城门、前童明经堂屋脊等等，都或雕或塑绘着太极图案。但像俞源这样由河流、田地构成的大自然太极图，并不多见，而且，当穿越村口这幅巨型太极图，漫步于俞源古村中时，便会更感到惊讶——俞源村的卵石路上，建筑物的墙面、梁柱和雀替、牛腿等构件上，以至梳妆盒、笔筒等等生活用品上，都雕绘

图2-1　俞源村口的太极图，位于阡陌田丘中的鱼眼清晰可见

着大大小小的千姿百态的太极图案。据初步统计，已发现的太极图有400多个，它们无不显露着神奇魅力和祥瑞之气。无所不在的太极图，可以说成了俞源古村的标志、村徽，是俞氏族人心中的图腾。六基楼堂屋雀替上，有着最精致的太极图。木构件上有精雕细刻的向日葵，那葵心就是一个直径仅1厘米的微型太极图，可谓匠心独具。村口古林中的伯温草堂内，供桌上雕着笔筒图形，其边上雕着一个极小的太极图，形似两只蠕动着的小蝌蚪，非常讨人喜欢。在谷仓楼前墙留存的古代壁画中，几位老叟轻舒一幅横式图卷，上画太极图。后人推测，这或许就是表达和纪念刘伯温为俞源村设计太极图。

■ 图2-2　千姿百态的太极图

对于神秘、玄乎的太极图，现代人并不陌生，因为它具有很高的出现频率。作为道教的标志，它可以在道教的宫观、道袍、书籍上看到；一些与传统文化有关的道教、气功、武术、中医等活动，也常出现太极图。1990 年 6 月 30 日中央电视台庆“七一”文艺晚会，以太极图作为会徽；2004 年中央电视台《东方时空》栏目一度以变形太极图作为标志；中央电视台四套的《中华医药》栏目，至今仍以变形太极图为标志；与中华文化渊源相通的韩国，则用太极八卦图作为国旗图案……尽管如此，太极图的来历与含义，总让人觉得高深莫测，那漩涡般动感的阴阳双鱼既讨人喜欢，又诱人思索。它，就似一道可以进入知识宝库的双扇大门，宛如一道可以打开智慧通道的开关，也像一个万通宝瓶的盖儿……它，赋予人们无尽的联想，也使俞源古村更加神秘与幽深，让我们不得不追溯它的源头。

“太极”一词的最早出处，通常认为是《易传·系辞》，上载：“易有太极，是生两仪，两仪生四象，四象生八卦。”在这段描写宇宙生成图式的文字里，太极被认为是世界万物的起源，不过，早期的太极学说还没有太极图。到了宋代，才开始出现太极图。太极图的起源，比较流传的说法是认为源自古人对自然事物的观察。比如，来自于黄河、洛河两水汇合处的景观，是大自然对人的启迪。据说，黄河壶口上游 50 多公里处的太极湾，相传是中华民族始祖太伏羲的诞生地，滔滔黄河在这里拐了个 S 形弯，伏羲据此创立了八卦。据传，南宋绍兴四年(1134)，学者朱震为宋高宗讲解《周易》，献上了陈抟绘制的太极图。陈抟(？—989)，亳州真源(今河南省鹿邑县)人，字图南，号扶摇子。考进士不第，隐居华山脚下云台观，人称“华山道士”，他常关门大睡，一睡就是一个多月，有“陈抟高卧”之称；至今乡间对沉睡的人，也称“睡得像陈抟一样”。陈抟的太极图属“无极图”。① 到北宋中期，演化为周敦颐的太极图。周敦颐，字茂叔(1007—1077)，官至国子监，他与程颢、程颐、朱熹，同为宋时期客观唯心主义哲学思想的代表人物。他著写了精彩简短的《太极图说》：“无极而为太极，太极动而生阳，动极而静；静而生阴，静极复动。一动一静，互为其根；分阴分阳，两仪立焉。阳变阴合，而生水火木金土，五气顺布，四时行焉。五行一阴阳也，阴阳一太极也，太极本无极也。五行之生也，各一其性。无极之真，二五之精，妙合而凝。乾道生男，坤道生女，二气交感，化生万物，万物生生而变化无穷焉……"[②]著文同时，周敦颐在陈抟的无极图基础上，用太极图形象地表达了自古以来就存在的阴阳五行对宇宙生成、变化的解释。不过，周敦颐绘的还不是现在所用的太极图。到明朝初年，赵伪濂在《六书本义》中第一次展示了今天俞源常见的这种阴阳太极图。《六书本义》的问世对社会产生了广泛而深远的影响，并衍生了许多太极图类别，最为著名的是将太极图同八卦方位结合，称"文王八卦太极图"(俞源村七星楼前窗木雕的就属于此图式)。1927 年，因建立互补原理而轰动世界的丹麦著名量子物理学家玻尔(N. H. D. Bohr)，在 1936 年到中国讲学时得见《易经》太极图时，惊叹道："中国人几千年前就有了互补的理论思想，并以图形表示。"他手捧《易经》如获至宝，将太极图定为其族徽勋章的标志图案。[③]孙中山曾用"太极"译西语"以太"，说："元始之时，太极动而生电子，电子凝而生成元素，元素合而成物质，物质聚而成地球，此世界进化之第一时期也。"(《孙文学说》)孙先生的观点正确与否暂且不论，太极文化对于历代社会产生的积极影响是一种不可否认事实。

■ 图 2-3　俞源村口的宣传牌——"俞源村之谜"

当然，太极对于普通百姓来说，主要是民俗意义上的功用，如化煞、拘妖、排秽、止邪、取瑞，以图吉祥如意；它像贴春联、挂红灯笼、墙嵌“石敢当”一样，表现出向往美好、平安、幸福生活的趋吉避凶心理。俞源古村遍布太极图的特殊现象，就是古人追求天地人谐和的思想体现，天地人合一，是中国传统文化中伟大而亘古相传的思想精髓。在早年人们的思想中，有一种阴阳调和、阴阳均势的追求，将中庸之道的哲学思想体现在日常生活中，凝留在建筑物件上。古人虽然未能把“阴阳”理论上升到现代哲学中“矛盾”的概念，但它以形象品格表述了对事物对立统一哲学原理的认识。太极俞源是古老的，而凝固在村巷锃亮可鉴的每一颗鹅卵石上的历史文化，却依然闪耀着先贤智慧的光芒；渗透在大大小小的太极之中。

这些新发现，俞源好像是太极图的世界。但这个奥秘，身在俞源的人，竟然都不知道。至于太极图是否与刘伯温有关，则议论纷纷莫衷一是。据宗谱记载，刘伯温到过俞源，于是认为可能就是刘伯温的遗迹。

那星象又是怎么回事呢？所谓星象，就是日、月、星辰的现象。俞源村落有七口水塘，像北斗七星排列，古宅房屋也按二十八宿星座布局，这也是一个新发现。揭开这个奥秘者，是武义县李纲纪念馆馆长马林先生。1998 年，马林到俞源考察古建筑群，退休干部俞步升向他介绍说俞源村中七口水塘叫七星塘。马林一听就明白“七”有着特别涵义，又问厅堂多少？“保存完好的尚有 28 座。”马林一听又是一个惊喜，又意味着“二十八”。为探个究竟，两人进行实地观察，发现七口水塘似北斗星排列，28 座厅堂鳞次栉比布局有序，深感俞源村落布局不凡。他回家以后细细研读俞氏宗谱，专注探讨“七”与“二十八”两个奇怪的数字，并结合村口的巨型太极图，寻找相关资料进行研究，经过一段时间的探讨，终于理出了一个头绪，从理论上概括出了一幅俞源星象布局的蓝图。有了设想，他便从理论上阐明，写出了论文《武义发现星象布局村落——俞源撩开神秘面纱》，刊登于《钱江晚报》。以后他又接连在报刊上发表了多篇文章，媒体记者也竞相报道，消息一下子传遍四海五湖。这一奇奥的现象，吸引众多专家学者前来考察。1998 年，俞源就以太极星象村头衔正式向外开放旅游。

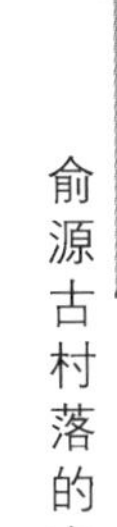

第二节 古村落布局④

俞源古迹众多，古建筑丰富，村落布局相传为刘伯温等人设计，村口有“巨型太极”。俞源古村落布局并非如有关专家所说的“八卦”，实际上是一幅“天体运行星象”，比“八卦”要复杂，即由二十八宿（青龙、白虎、朱雀、玄武）、北斗、黄道十二宫组成的星象图。

贯穿俞源古村的溪流是“赤道”，村内的七星塘（井）是“北斗”七星，有大小五组七星塘（井），大量的古建筑群即“二十八宿”，村口的“巨型太极”是环绕“大北斗”星宿距离最近的“黄道十二宫”之“双鱼宫”，即双鱼（阴阳鱼）星座。对照我国 1974 年在河北张家口市宣化发现的辽代砖墓“星象图”，俞源的村落布局与该图显示的“星象”一致。因此，俞源古建筑群是“天罡引二十八宿，黄道十二宫缠绕”的天象布局，是罕见的地上天体星象奇观。

俞源古建筑为什么要“群星拱北斗”，首先让我们来了解一下二十八宿和北斗。

战国中期（公元前 4 世纪）的占星家甘德和石申分别著有《天文星占》和《天文》二书，对二十八宿已有了明确的记载。二十八宿是将天球赤道附近的天空划分为二十八个不等的部分，每一部分作为一宿，用一个位于当时（即创立二十八宿时间）赤道附近的星座为标志，并且用这些星座中一个星座为距星，以便量度距离。二十八宿分四方，即东方青龙七宿（角、亢、氐、房、心、尾、箕），西方白虎七宿（奎、娄、胃、昴、毕、觜、参），南方朱雀七宿（井、鬼、柳、星、张、翼、轸），北方玄武七宿（斗、牛、女、虚、危、室、壁）。⑤

“宿”是过宿的旅舍的意思。最初二十八宿用来标志月亮在一个恒星月中的运动位置。恒星每月是 27.32 天，一个恒星月中月亮每晚在满天恒星中都有一个旅居的地方，一个月共宿二十七个或二十八个地方，所以叫做二十八宿。古代也叫二十八舍或二十八次。⑥

二十八宿是以赤道为准，采用赤道坐标以定天体在天球上的位置。

天体中有南北天极，中国古代特别重视北天极、极星和拱极星，是因为我国古代文化中心的黄河中游，纬度较世界其他文明古国巴比伦、印度为北，可以看到更多的拱极星。在离北天极最近，终年在地平线上常明不隐，即为北斗，北斗是拱极星，极星中较亮的星。古代曾用木杓所指以定四时，后来利用北斗以引向二十八宿的各星宿，尤其是较幽暗的星宿。以北斗为中心的中宫，后来演变为紫微垣，成语"紫微拱照"即常明不灭的意思。

俞源俞氏先祖松阳教谕德死后归葬俞源，靠这块当时被称作"颜背埂"的独特地形（风水）蕴育，子孙旺发，至第五代出了涞、浪、汪三昆仲以及善卫、善麟、善诜、善护等名流，与刘伯温、宋濂、苏平仲等人以文会友，纵情修禊。刘伯温是个对堪舆学、天文学极有造诣的占星术家，估计就在这个时候，俞源"有眼光"的先辈们为了使族聚不散、子孙旺盛并科举登第，利用俞源地形独特，和刘伯温共同创立了俞源奇景"天体星象"，巧妙地布置"紫微拱照"即北斗七星，按二十八宿位置营造建筑，如把俞氏宗祠的位置列于西方白虎之首（即奎宿），巧妙的是北斗象

图2-4　七星塘遗迹

个木杓，把俞氏宗祠装在“斗”内。

北斗[村内七星塘(井)]的作用应是预防火灾、大旱，其次民间避邪(故后来村内仍有人不断仿制)，后逐渐演变成今日俞源的“北斗群”有大小“七星”(五组)。

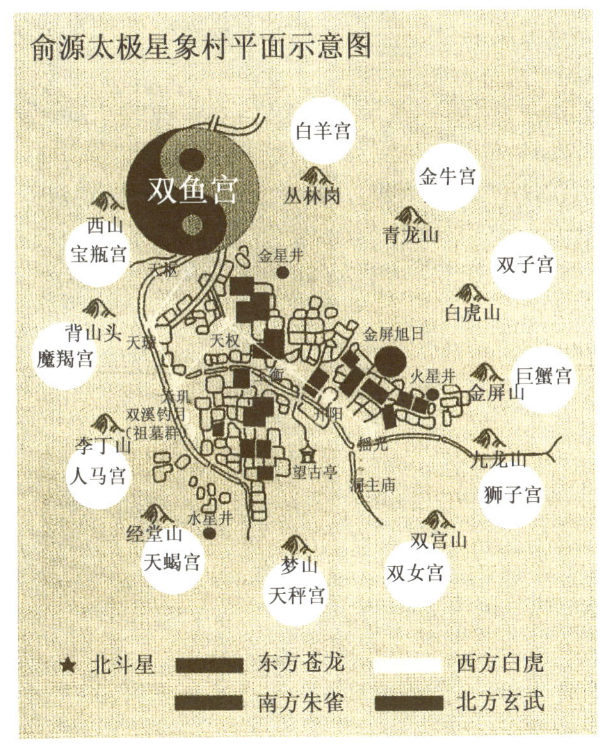

图2-5　俞源太极布局

再来看黄道十二宫与俞源“巨型太极”。黄道是地球上的人看太阳于一年内在恒星之间所走的路程(视路径)。黄道两侧各八度以内的部分，称为黄道带，共宽十六度，日、月及主要行星的径行路径，概在其中。古人为表示太阳在黄道上的运行位置，把黄道带等分为十二部分，叫做黄道带十二宫，便是太阳所经的行宫的意思。宫三十度，各用一个骑着黄道的星座为标识，叫做黄道带十二星座。古代的巴比伦和希腊用十二个图形作为十二宫的标志，称为黄道十二宫图形（pictorial representations of the signs of zodiac）。黄道十二宫在隋代就已传入我国，与佛教有关，是随着佛经的翻译传入我国的。我国现在可以见到的最早一幅是新疆吐鲁番出土的一件（原物已被盗到国外）。另外，在敦煌千佛洞的壁画中也可以见到黄道十二宫图形，这幅画在敦煌研究所编次的 61 号洞的甬洞两侧壁。

从宣化辽墓中显示的“星象”来看，双鱼宫是距北斗较近的星座，在古希腊的符号图形中为两条阴阳鱼。

俞源村口的“巨型太极”实际上是环绕俞源古建筑群最外面的一层黄道十二宫图形中双鱼，即（阴阳）双鱼星座，它与其他山冈（包括池塘、水库）合成“十二宫”（十二星次）“缠住”俞源整个村子。

“巨型太极”对俞源的主要作用是防御敌人，减少水土流失，过滤或阻挡外界侵入俞源的有“毒”气流（类似现代家居中的“玄关”），因此在无形中保护着整个村落。

注释专栏 2－1

一、《俞氏宗谱》记载：刘基曾为俞涞画像题辞，为俞源排辈分，后又推荐俞继祖任朱元璋贴身侍卫。相传明代初期刘基曾隐居俞源避祸，因为朱元璋统一天下后，擅杀功臣，在“君臣相安难”之际，刘基主动提出辞职归隐。刘基回乡，俞源是必经之地，俞涞设宴洗尘，约刘暂住，朱元璋对其尚不放心，派锦衣卫追随刺探。刘居住俞源期间在俞氏族人安排下，每日丝竹歌舞，苟且偷生。朱元璋耳目回去报告，皇帝以为刘基已确实不过问政治，遂消除恶念，刘基于是躲开了皇帝的追杀。另一种说法：刘基为俞源设天象，主要是算定自己“将星坠落”，唯有“俞源”可以补救自己，于是凭借俞源独特地理，制设了天机不可泄露“地现天象”，以此改变朱元璋的意念。这种做法既保全了自己，又报答了好友俞涞。朱元璋后来果真没有杀他。

二、古人造天象古村至今未留下点滴文字记载，依笔者之见其原因是：

(1) 天机不可泄露。(2) 天文星象在古代来说是高深又神秘的学问，掌握在皇帝和极少数大臣手中，平民百姓不得使用。为免遭灭族之祸，有关国家命运大事都要通过占星术来决定。未留下点滴文字记载亦情有可原。

三、很多人对"二十八宿"建筑群存有疑虑，依笔者之见，"二十八宿"只是一个"数量多"的概念数字，并不一定绝对要"二十八座建筑"，因为俞氏宗族繁衍扩大、朝代更替、生老病死等原因，绝对的数字是不可能的，也不现实，所以这只能说是古代人追求天、地、人合一的理想生存环境的一种向往。有关俞源的"星象"现象，待后来者考证。

第三节 古村落人文景观

一、"天人合一"

古村俞源，古意盎然。村中除了有众多的太极图之外，还现存各类宋元明清古建筑 395 幢，在全国也极为少见。这里几乎囊括了江南地区所有古建筑的形式，民居宗祠、寺庙、亭阁、牌坊、藏书楼一应俱全。元代建筑的大气，明代古楼的粗犷，清代民居的繁复细腻，诸多风格在此一一展现。

俞源古村落的布局有太极星象说暂且不论，它还是一个保存完好的古生态村。近年来俞源古生态文化遗存引起了专家、学者的极大关注。2004 年 7 月在武义召开的首届中华古生态文化旅游研讨会上，武汉城市建设学院的范勤年教授从中国传统的风水学角度对俞源村的选址布局与太极星象结构提出了自己的看法，并赋予现代科学的解释。他认为，俞源村的选址有利于利用自然山水之气，提高人居质量，刘伯温对俞源村的改造，着眼于使该村"藏风聚气"。而这种"气"实质上是一种物质的场所。"七星塘"的布局还含有"启发伦理和社会政治观念的意义"。杭州师范大学的叶志衡教授就俞源村建筑格局，根据古人的"风水"意识，认为"水是俞源村择址的根本依据，也是我国古代思想家构筑风水理论大厦的第一块基石”。中国“风水学”认为“气——风——水”有利于人体气场与自然气场的合理作用，浙江省旅游文化研究会秘书长陈明钊先生认为，刘伯温为俞源设计星象村落，既是其“重振乾坤”抱负的“寄托”，又是其“天人合一”世界观的体现与“天人合一”建筑意境的实施，其构筑实体也符合人与自然和谐的原则，具有科学性。他设计的巨型太极图既是按照自然法则改造水土的措施，又是改造人们观念的意象物，目的是使人们在教育的基础上懂得“阴阳之道”，并运用“阴阳之道”保护人与自然、人与社会的生态和谐。许多专家也都认为俞源是“道法自然，天人合一”的思想结晶。邓乔彬教授提出了俞源太极图是“物化天文学”的观点。杭州师范大学的王涤、周少雄教授还对俞源村的“长寿”现象人文资源进行了解，武义县一批实际工作者与专家对俞源村的生态环境作出了详细调查与研究，指出了俞源运用古生态文化思想的合理性、独特性。俞源的人文荟萃，追求“天人合一”，这也是中国古代哲学思想的一种体现。避开风水不论，这里的自然观也是俞源古村落所特有的。⑦

二、古林幽幽

俞源，一个在近代因交通的改变而几乎被人们遗忘的山村，在世纪之交却突然时来运转。旅游开发使它迅速扬名于世，引来了八方观光游人。其实，旅游在俞源已有数百年的历史。历代建造的迎玩堂、皆山楼、团峰林亭等，就是当年著名的旅游接待设施；现在仍悬挂在下万春堂望护门楣上的“惠及行旅”匾额，是清嘉庆元年(1796)武义县知事张荣堠题赠给屋主俞林檀的，用以表彰他热情为行旅者服务的行为。当然，那时的旅游并非今日的大众旅游，而是俞源先祖中乡土文人的隐逸生活和秀奇的山水风光，吸引了四乡八县的儒雅之士。在经常行游于俞源的知名文人中，刘基是最让俞氏后人思念的。据传，他曾倡导俞涞子孙在村周广植树木，如今的村口以及洞主庙后祠堂山的古树林，就是其遗荫后世的成果。

村口巨型太极图阴鱼身上的古树林，面积 50 余亩，有杜英、玉兰、香樟、罗汉松、枫香、苦槠、青冈栎、香榧、望春、黄檀等几十种，树龄高的已达五六百年，至今浓荫华盖，生机勃发。在参天古木中，有颗罕见的白栎树王特别引人注目。白栎树果子可食用，一般只长成大拇指般粗，而这棵白栎树竟以身体高大而载入地方志中："在俞源有一白栎，胸径 106 厘米，树高 21 米，材积 8 立方米，树龄 600 余年。"⑧并成为县志所列的武义县"古木资源"中"季军"荣膺者。俞源村口，因为有了这片千年古林而显得古意森然，村民出入村庄，都得穿过古林。人们出远门为之送行，并寄予一种深厚的期望，让子孙们在外人面前保持俞氏名门望族的气质；而当他们踏上归途，走进村口密林的古道时，就感觉已回到家族的怀抱，又似乎在接受古木的检阅，一种特别的情愫油然而生。

■ 图 2-6　村口古林古意森然

俞源能够拥有如此难得一见的古树林，族规功不可没。俞氏宗祠对村口的大祠堂山的风水林，订有严厉的护林禁约。凡偷砍乱伐的，轻者罚植树木，重者罚钱演戏，更严重者报官查处。罚戏每次罚一夜，包括戏金和剧团演职员三餐饭。一经发现违禁，族长或房长上门通知罚戏，暂记账册中，待到村里安排做冬戏（平安戏）、春戏（闹春戏）、六月戏（洞主老爷生日戏）时，实施罚款认戏。⑨富人要面子，穷人罚不起，一般不敢犯约，因违山禁约而演戏的事例其实并不多。宗祠安排专人护养，设护林田 2.2 亩，取其岁入专付护林人员的费用。可谓管理山林达到“制度、人员、经费”三落实。同时，宗族长辈经常利用各种机会向子孙灌输风水观念，使村人认识到水口是合境之门户，树林不茂则门户无从关锁；朝山是合境之文峰，树林不盛则文化无从振兴。因此，植树造林、禁山护林，成了古代俞源人的自觉行为，造就了山清水秀的人居环境。民国《宣平县志》记载：“宣邑山水惟俞源为最胜，自九龙发脉，如屏、如障、如堂、如防，六峰耸其南，双涧绕其北，回环秀丽如绘也。”1974 年，上海电影制片厂在俞源拍摄了电影故事片《连心坝》；1989 年浙江电视剧制作中心又在此拍摄了戏曲故事《梨园情话》、《讨饭国舅》。

三、“八景”“十咏”

从古至今，俞源便以六峰八景著称。村南有山峰，分别是李丁山、经堂后山、梦山、龙宫山、九龙山和金屏山。

明洪武年间，俞源先人依据俞源独特的自然景观，归纳和总结了俞源八景和十咏。八景是指双溪钓月、九陇耕云、雪峰晓霁、西山暮雨、琳宫晚钟、啸云秋猿、龙宫瀑布、硖石潮音。

俞氏宗谱载，明永乐丽水进士俞俊游俞源感怀教授俞冲而作俞源八景歌：“有客何处来！示我合川图。俞川之图谁所摹，笔花墨汁犹模糊。双溪九陇环而抱，云可耕兮月可钓，翠草凝香黄犊肥，银波弄影金鱼跳。何以豁凝眸，暮雨西山罩。龙宫瀑挂玉虹寒，雪峰日射金鸡晓，何以洗清耳？秋岭孤猿啸。一流激溜涌潮音，几样疏钟振林杪。俞君自是人中龙，早从此处巢云松。浩气英风出尘表，峨冠博带承恩隆。为爱家园好风景，遂弃功名乐天命。山山水水尽登临，笑倚阑干自题咏。我亦烟霞林下客，失脚红尘归未得。每忆当年读书处，对此丹青空叹息。括岭苍苍云树深，括川渺渺烟波碧。个中八景实堪夸，我欲寻之杳无迹。不如吸饮松花酒，啖以蟠桃实醉来，袒跣一挥毫，蚊龙奔腾神鬼泣，尚待风清月白时。借我仙人鹤八只，飞上君家八咏楼，笛声吹裂苍涯石。”

笔者在实地考查并与当地文人长者研讨的基础上，结合宗谱

记载对景观所指地点进行查看，对俞源八景进行了摘录和描述。

双溪钓月：双溪是村的东南二条小溪的汇合处，二水冲击形成一个大水潭。鱼跃银波可垂钓，月映秋潭可赏月。

九陇耕云：九陇是村东南的一处高山，高山上的梯形田每逢春耕，雨雾蒙蒙，牛如在云中耕耘，眺望景观如画。

雪峰晓霁：此景在村西，是次九陇山的第二峰，上有自然形成的一只大石龟。寒冬腊月先积雪，暑热长夏秋早来。

西山暮雨：此景在村西的西山。元末俞源六世祖俞善护，号皆山，曾在此山上建了一座皆山楼，接待四方游玩之士，明朝国师刘伯温、大中丞章溢、大学士宋濂、苏平仲都曾来游，对饮吟咏，游乐憩息。苏平仲为此撰写了《皆山楼记》。

琳宫晚钟：琳宫即现保存完好的洞主庙，环境清幽，名闻遐迩，数百年来香火不断，慕名前来祈梦的香客络绎不绝。

啸云秋猿：此景在村东，山深林茂，猿啸鸟呢，秋意肃杀，很容易引发诗人的伤感情绪。

龙宫瀑布：此景在琳宫（现洞主庙）之南的龙宫山上，属括苍山脉，顶峰有一处高耸的岩石叫做棋盘石。相传有一樵夫放下柴担去观看神仙下棋，棋毕起身，不觉柴已腐烂，人间已过千年。龙宫山上的洞水在十几米高的岩石上直泻而下形成瀑布龙潭。

硖石潮音：此景在村东头，是啸云、九陇二条水流的汇合处。笋石林立，水流湍急，訇然作响，听之如潮涌。1974 年上海电影制片厂曾在这里拍摄过电影《连心坝》。

俞源的逸士、布衣诗人俞缪，会同文雅之士，又对俞源其余自然景观进行筛选，推出了《俞川十咏》。分别是描写村东金屏山晨景的“金屏红旭”；描写四时变幻无穷的环村层峰风景的“锦石彩云”；为春天盛展红艳美景的桃园写意的“马洞桃花”；元末五世祖俞涞捐建的利涉桥，古石拱桥头垂柳依依，呈现一派“小桥、流水、人家”的景致，故有“虹桥柳色”；对村头田园风光，则有“东亩嘉禾”、“西塘芳草”；咏皆山楼文人聚欢和俞氏书房夜读，有“松楼笛韵”、“竹坡书声”；反映耕农樵夫生活，则有“风门牧唱”和“雪里樵归”。“俞源八景”和“俞川十咏”，各有数首诗文吟咏，作者有俞源乡土文人及其四方文友，也有在朝各级官员。从写景抒情的美文中，可以感受到先人对俞源的自然和人文的热爱是那么情真意切，对俞氏家庭的隐逸山水和农耕生活是那么倾慕与向往；他们

■ 图 2-7　双溪钓月

■ 图 2-8　琳宫晚钟

以独到的笔触，为后人留下了当年俞源的一幅幅山村写意丹青，至今读来仍会令人为之怦然心动。比如风门，是指村口石林外康济桥头的户村石城门，东越参议诸谏《风门牧唱》诗曰："石门赢得好风吹，牧子喧呼跨倒骑；一曲新腔只自许，数声古韵少人知。淡烟芳草春浓后，残雨横云落照时；醉卧归来音不尽，悠悠更与水山期。"

下面为俞源八景诗摘：

双溪钓月

双溪浩浩镜中秋，清夜鱼竿日下浮。
翡翠一枝牵白练，丝纶千尺引银钩。
黄芦弄影迷归渡，碧藻含光顺去流。
钓罢几回天欲曙，数声长笛起眠鸥。

东嘉孝廉　侯于爵

月满双溪水满滩，一枝斜拂碧波澜。
羊裘暂着逃名者，莫作渔翁一样看。

青田南田富铤

二水东南合一流，渔翁深夜不胜幽。
钓竿未排黄金缕，香何先投白玉钩。
仙桂影摇新兔窟，客星光照旧羊裘。
一声欸乃归来处，紫级金章不愿求。

处士　俞道坚

按：作者俞道坚，字文固，号江山息兴散人，俞源人，世处洪武年间，通书史，善词赋，交游遍天下，财裕而能施，情逸而能制，一时宦达咸雅重之，其所赠遗著多毁于兵火。道坚在外游历十多年而归，建静学斋以修身养老，大学士苏平仲为其作《静学斋记》。

双涧穿云汇状流，垂纶渔父倚汀州。
晚眠草露看牛斗，月射潭涡惊鹭鸥。
万里寒芒分野色，一钩情影在杆头。
掣鲸攫取樽中蚁，倾对嫦娥起棹讴。

贡士　俞世美

按：世美，字瑞济，号苏溪，俞源人，明嘉靖三十二年岁贡，任江西宜黄县令，为时相严讷器重，著有《朝京复宜稿》并杂咏若干卷。

滩声月色共悠悠，谁识溪头学许由。
舟艇横斜孤影夜，竹竿荡漾半溪秋。
傥来簪笏何荣辱，似此烟波任去留。
一曲浩歌归去也，清光万顷照羊裘。

处士　俞聪

按：作者俞聪，字思礼，世处洪武年间，才堪仕进，轩冕寡居，常以吟咏陶冶情性，遗集毁于兵火。

九陇耕云

雨足东郊九陇春，一犁耕破晚罔云。
遗安未许韬光迹，三聘行看起有莘。

青田南田宫镇

日中星鸟验芳草，政援人时体化钧。
农父也知循帝则，扶犁耕破陇头云。

进士云樵氏蒋宗泰

地僻应无车马喧，东南释释不辞烦。
云连陇亩谁耕破，水落溪桥半带浑。
九曲山原无别主，数家邻里亦成村。
秋丰归本周民食，换发生生天地门。

处士　俞聪

桃花灼灼柳依依，黄鸟楼鸣布谷飞。
涧户含风云掩映，岩扃升日尽窕微。
村翁引犊穿青霭，龙首扶犁耕白衣。
倦息九龙山下路，芳尘红雨腻春晖。

贡士　俞世美

雪峰晓霁

群山积雪列锦屏，金影鸦飞破晓晴，
冻合琼楼深未解，危峰先露一痕春。

慈溪郎中向锦

芙蓉几日玉为堆，破晓金鸡淑气回，
大地寒威都未解，危峰罪景已先开。

却从粉白千寻里，透出丹青一段来，
正是向阳先得暖，春光预人我楼台。

处士　俞聪

萧斋午夜梦初回，白雪山前曙色开，
绝壑风清收雾雨，高峰壁立削尘埃。
晴郊漫引园峰去，芜境骤嘶风马来，
似与西池分胜概，石屏银楼是瑶台。

贡士　俞世美

西山暮雨

秀削芙蓉拥翠峦，楼台高耸白云端，
珠帘半卷西山雨，银烛深深醉里看。

青田南田 富 键

隐隐西山乍落晖，远风吹雨出岩扉，
润侵书案琴丝缓，寒透珠帘香烬微。
银竹有声还滴滴，檐花无数正霏霏，
几回枕上催诗急，人夜多情更湿衣。

贡士　俞世美

幕景幽情共等闲，纷纷风雨暗西山，
琼楼珠箔咸高技，野店柴扉尽半关。
天隐模糊烟雾里，树汝水墨画图间，
凭栏吟眺江村外，耕读渔樵次第还。

处士　俞聪

掩映层云埋夕照，需微细雨逐天风，
过林已揭芙晖翠，着叶还看花蕊红。
村老樵苏迷出人，诗人村酒咏空采，
西郊疑有整龙起，先向山洞泄化工。

贡士　俞世美

琳宫晚钟

缥缈琳宫昼掩扉，鲸钟三叩送斜晖，
声声推月来丹室，隐隐随风出翠微。
惊起水龙眠未稳，唤归松鹤舞还飞，

高人授得青三诀，扶杖看山尚未归。

贡士　俞世美

楼阁玲找势插天，洞门竟日锁云烟，
半竿斜照依檐影，几杵疏钟人耳传。
瑞映东川腾剑气，响穿北鄙破军旋，
天高月冷声尤寂，撼起螭龙奋九渊。

处士　俞聪

啸云秋猿

景物萧条风满林，哀猿啼彻楚云深，
不惟感泣巴人泪，更觉愁加旅客心。

括西贡士　吴庆

秋高涧壑白云深，风度啼猿出暮林，
欧枕莫教霜月夜，声声啼碎杜陵心。

丽水进士　吴荣

层峦迭迭树阴阴，秋有猿声夜半吟，
悲彻一天霜月白，哀残万壑雾云深。
孤愁不到思乡梦，游客偏增望国心，
顾我十年间笛恨，无如今夕更沾襟。

处士　俞聪

龙宫瀑布

灵源一派与天通，破壑悬崖喷石流。
千古山溪钟秀奕，银帘高挂水晶宫。

金宪关西 马应祥

岩生奇迹自洪蒙，涌出飞泉挂玉虹，
万丈高从天上落，一条直与海中通。
团团坠雪翻空白，点点飞花溅日红，
端是地灵成胜概，银河倒泻下龙宫。

处士　俞聪

硖石潮音

苍崖落照映芳林，万壑清声绕碧岑，
迹胜钱塘无涌缩，势奔砂石没升沉。

春潮岩籁随风响，月夜泉波带雨吟，
曲曲盘环成律调，此中哪得共知音。

处士　俞聪

攲危剑峡当周道，寂灭僧家倚石栏，
鼎篆氤氲花在雾，经声断续夜将阑。
急如汐上轻风度，缓似波回细雨滩，
独坐仙搓望瀛海，已凝身世在潮端。

"十咏"是描写俞源自然景观、耕读文化的生动诗篇，其中有芳草绿林、桃红柳绿、阡陌嘉禾、成群牛羊的逼真描写，也有夜归牧唱、松楼笛韵、村舍书声的生动再现。这些充满田园韵味的诗篇大多是明朝前期的作品。这些作品大部分为俞缪所作。俞缪行衡九，字世宝，雅薄功名，寄身空谷，善吟咏，专心医道，康济斯民，著有《杏林捷径》。

下面为"十咏"诗摘：

金屏红旭

巨灵擘出黄金嶂，葺茇摩空势雄壮，
依稀图画谁能摹，仿佛帏屏人莫状。
侵晨绝顶金乌升，莹色红光相映明。
浓霭须臾烛天照，中藏丹凤朝阳鸣。

福建莆田举人　彭昆

红日竟从海峤腾，重重瑞气霭金屏，
景添晓色山川胜，千古钟英此地灵。

逸士　俞缪

锦石彩云

峻岩一片娲皇石，五色云蒙耀金壁，
苍茫映日数十重，杳霭浮空几千尺。
有时焕烂迷楚台，有时变化从龙来，
大布甘霖遍天下，依然石上红销堆。
散成文锦自天机，曲岛苍茫接翠微，
五色呈祥光炬赫，支峰触石更依依。

俞缪

马洞桃花

古洞鸿淳旧凿开，落花流水认天台，
无情红艳年年盛，却是刘郎去后栽。

俞缪

虹桥柳色

虹桥春色东西度，杨柳平川一望新，
弱态不禁疏雨醉，柔枝轻染暮烟匀。
影垂清昼移朱户，翠倚东风拂画轮。
袅袅偏临行别道，离人错认古园春。
漏泄春光有柳条，回临村野傍溪桥，
轻盈袅袅多娇态，只为时沾雨露饶。

俞缪

东亩嘉禾

甫田释释皆优沃，一望东阡造化该，
实颖宋苗何事揠，展苞程谷不须培。
芃芃瑞霭云连密，栗栗春丸霜醉堆，
鲤艾纷烦劳任负，不妨狼戾满尘埃。

南城知州　陶清

山居古畔郊原空，黛色萋迷南浦共，
王孙次日憩醉魂，灵运当年入清梦。
堪嗟秋景笼夕阳，离人一望情怀伤，
争似庭前生意足，不令除却长芬芳。

给事　吴仕韦

西塘芳草

芳草和烟暖更青，融和天气日初晴，
西塘诗客梦方断，落笔吟成风雨惊。

逸士俞缪

松楼笛韵

月移松影闲楼角，醉弄梅花和柳枝，
急切冷穿山石裂，飘扬晴遏海云移。
端来宫律含清调，怪甚鱼龙舞绿漪，

曲罢横眠天地窄，悠悠豪思敌桓伊。

俞缪

月照高楼十二层，谁吹玉笛暗飞声，
怕传岭外梅花曲，散人秋空韵转清。

逸士俞缪

竹坡书声

天际一区扬子居，云乃奕世业儒书，
晴檐不俗篱竿影，月夜可人心镜虚。
半壁灯光扃蓬户，五常文训说蘧庐，
客来不必问农圃，年小行将上玉除。

逸士俞缪

拂云万玉新雨晴，纤纤不染娟娟清，
风摇碧柯响萧瑟，月笼翠羽生光明。
凤雏孤栖夜深泣，龙身欲化春来鸣，
堪笑相传作诗者，常云竹坡闻书声。

逸士俞缪

月照高楼十二层，谁吹玉笛暗飞声，
怕传岭外梅花曲，散人秋空韵转清。

逸士俞缪

风门牧唱

石门赢得好风吹，牧子喧呼跨倒骑，
一曲新腔只自许，数声古韵少人知。
淡烟芳草春浓后，残雨横云落照时，
醉卧归来音不尽，悠悠更与水山期。

东越参议诸谏

长松影里叩柴扉，落日儿童唱大堤，
一曲升平人尽乐，不妨游衍莫忘归。

逸士俞缪

雪里樵归

芒履支藤上翠微，玉英破腊晓霏霏，
云山冻合东西路，樵谷人归望已迷。

逸士俞缪

按：金屏红旭是写村东金屏山，在晨光的照耀下呈现出的一派生动美好的景色。锦石彩云是诗人对层峰日照后变化无穷景观的描写。马洞桃花是指一处遇春而盛开的桃园，美如天台，红艳长盛，由于记载不全，现已无法考证其具体位置。虹桥是指村南利涉桥，该桥是元末五世祖俞涞所建，现保存完好。作者看见小桥旁垂柳依依，从而赋诗——虹桥柳色。东亩嘉禾与西塘芳草，描写的都是农村常见的农田和水塘，自然景象。以上松楼笛韵、竹坡书声、风门牧唱、雪里樵归都是俞源亦农亦文田园生活的真实写照。松楼是指俞善护，号皆山的皆山楼。竹坡书声是指善麟号竹坡的书屋，每当夜晚，松楼就发出悠扬的笛声，书屋则传出朗朗的读书声，那樵夫与牧童收工也哼着小曲欢乐而归。这是嗣孙布衣诗人俞缪目睹耳听的写照。

■图2-9　梦山亭

四、银发寿星

俞源自古出寿星。清《宣平县志》载："俞源历史久远，人丁兴旺，人称'长寿村'"。同治《俞源俞氏宗谱》卷一《沐恩录》中记载：俞氏族人多有高寿之人，其中有不少人以高寿而获得了当时朝廷

的恩赐。如“寿宰”栏中就有13人，其中俞朗等三人为70岁以上，俞遵等七人为80岁以上，俞纲等三人为90岁以上；“皇恩钦赐”栏中，70岁以上老人有俞奕元等31人，80岁以上有俞周发等6人，90岁以上有俞从妫。

按照封建家庭的惯例，宗谱只选载有光宗耀祖事迹的男性，而女性人口的寿命往往比男性高。俞源在当时社会生活和医疗保健水平都比较低下的历史条件下，却以高寿人口众多而成为名闻宣邑的长寿村。《浙江省名村志》在记述俞源为长寿村的同时，涉及了高寿之因：“由于环境幽雅，生活安定，俞源已成为‘长寿村’。村民俞道奇高寿百岁，俞道奇是俞涞的孙子，生活在明代初期。可见，俞源自明代以来就多出高寿之人。1992年底，俞源村60岁以上老人有337人，占全村总人口的16.5%；80岁以上老人33人，90岁以上3人。”2005年末，俞源村总人口2010人，60岁以上的有336人，占总人口的16.7%。据有关研究资料，浙江全省的这个比例是13.2%。

图2-10 坐落村口的庆丰门

史籍记载和现实调查的结果，充分说明了俞源村人的生命质量水平。人们的兴趣当然不会停留在一个村的高寿状态上，而是关注其高寿的原因。作为人口调查文献的《浙江省名村志》，认为是“环境幽雅、生活安定”的缘故。的确，俞源这座江南古村落山环水绕，林木繁茂，空气清新，幽静雅致，当属一流的山乡人居环境；俞源历史上虽有数次外敌入侵，扰乱了人们的生活，但很快就恢复了原有的安稳生活，总体上可称在平稳安逸中休养生息。所有这些，对于村民的健康长寿而言，都是非常重要的因素。然而，如果深入考察俞源村成为古今长寿村的原因，除了良好的天然生存空间和较稳定的社会政治环境外，地域人文因素也是重要的原因。有意识地改造与善化生存环境、延续平和淡泊的家族处世思想、祥和儒雅的人文环境，对于村人的健康长寿，是很重要的因素。

古俞源两溪相汇，居高临下，直冲地势低下的村庄；村北水口溪水一泻而出，无遮无挡；族人旺发，木屋密集，村中缺少足够的消防用水……这些都是易招致天灾人祸、灾荒频仍之处。正如当地民谣所说："俞源俞源，天晴七日断水源，落雨七日好乘船。"俞源祖先的高明之处，就在于通过人为举措去善化、弥补"美中不足"。汇水区域的山头和村口，都植上树木并以严厉族规管护，改造村口溪道流向，村中挖设七星塘、七星井等等，以古代生态文化思想改善了人居环境。至于"太极星象"同俞源村人生活的关系，其神秘文化则仍扑朔迷离，有待探解其中的奥妙与神奇。或许，其神秘现象的背后，蕴含着深刻的人居生态环境科学。

"太极星象"之谜一时难以捉摸，而俞氏家族的人生处世观和儒雅的耕读生活历程则是显而易见的。这种人文环境，始创于始祖。清道光年间续撰的俞氏家谱记述："贾子曰，贪夫徇利，烈士徇名。史公曰，熙熙攘攘为利来往，然则名利关头真能看破者，鲜矣。乃若俞氏之先则不然……"始祖俞德"正际可之仕，足以展厥平生"的时候，却"不汲汲于是，而雅爱山水之奇"，辞去官职，在俞源安过田园耕读生活。让俞德意想不到的是，他的这种生活理念在他之后的六七百年绵延传续。同时，这种家庭精神还造就了一个村落环境优美、文化内涵丰富的俞氏聚居地，造就了一个"月可钓兮云可耕"、"村夫日犁夜吟诗"[10]的世外桃源。生活在世外桃源中的人，怎会不长寿呢？

总之，俞源村基址规划讲究，风光秀丽，人文景观和名胜古迹

众多，山水胜景的自然美与古建、文物所显示的人文美有机结合，形成了古村落所特有的风格。

第四节 古村落与刘伯温

浙江自古就是人文荟萃之地，特别是宋室南迁后，浙江成为中国的政治文化中心，文化发展进入空前的鼎盛期，彪炳史册的文化名人多若繁星。诸葛亮式的人物刘伯温，就是星空中特别耀眼的明星之一。

■ 图 2-11 村口古林深处的伯温草堂

一个地方如果同历史名人有了关联，这里便会留下一些令人感叹的陈迹。俞氏族谱记载了刘伯温这位历史名人在俞源的足迹，也展现了作为平民能与权贵结为“布衣之交”的骄傲。明万历四十二年(1614)，《俞氏族谱》后序载：“嗣是隐其德，不仕者三叶，至第五世敬一处士涞者，因地利藉世资业，擅素封者存康济……太史宋公濂，苏公伯衡，志其墓，记其祠，咸以处士称焉。盖以有以知其志之所在者耳。然四子诸孙各谙文墨，善吟咏，接贤豪，行高尚事。若诚意伯刘公基，大中丞章公溢，与夫一时名公硕士咸相与，为布衣交，则其人品可知矣。自此门户翘然，向大甲郡邑云……”《宣平县志》也有记载：俞道坚与元末明初江南四才子刘基、宋濂、章溢、苏平仲“交游不倦”。

刘基(1311—1375)，字伯温，浙江青田(今文成县南田镇武阳村)人，元末进士，在天象、军事、政治、文学等方面有很高造诣，辅助朱元璋创立明朝，官至御史中丞兼太史令，封为诚意伯，明正德年间追赠为太师，谥文成。相传，刘伯温是俞涞在处州读书时的同窗好友，他从处州(丽水)北上婺州(金华)、杭州从政，俞源是陆路的必经之地，且俞源风光宜人，有老友居住，故常路过并逗留于此。

元末国家动乱时，山寇肆行，处州守将石末宜孙用刘基计谋，让他动员好友组织民军自保地方。俞涞出资组织民兵出色卫邑，石末宜孙依照刘基建议，赠“义民万户”匾给俞涞。接着，龙泉章溢、丽水叶琛和胡琛也纷纷行动，组建民军自卫家乡。元至正十八年(1358)，刘基因平乱有功，升为“行省郎中”，连升四级至五品官。但是，到年底，因被指斥对方国珍抗乱不力，在内部权力斗争中处于劣势，被夺去军权，降回原来的官级，仍任儒学副提举之职，刘基愤而弃官。

在除夕前回归青田路过俞源时，刘基以十分敬慕的心情为前一年去世的好友俞涞写了一篇像赞：“结庐人境而无车马，竹冠野服栖迟其下，我求其人其渊明之流亚乎！不知采菊东篱，仰见南山，悠然此中，其意能俾原善之与我言乎，吾方将歌归来之辞以寻五柳于人间矣。”⑪像赞即赞词。过去较为富有的人家，年届四五

十岁时，请人为自己画像，并请有一定身份的人题写像赞，留为纪念。其赞词，大多为溢美之词。而刘基在官场失意、心情郁闷的情况下，为已故文友而写，像赞内容就别有意味了。当他面对俞涞遗像时，十分羡慕他像渊明之流一样过“采菊东篱下，悠然见南山”的生活，赞赏他淡泊名利、隐德不仕的高尚品质，是“五柳先生”式的人物。刘基辞别俞涞家人，回到青田故里，便发愤著作，写出了著名的《郁离子》。

元至正二十年(1360)三月，刘基因朱元璋三次派使者到青田邀请他而感动，终于同宋濂、章溢、叶琛一起出山，成为朱元璋的随身参谋。此时，刘基“首陈大义”，上言朱元璋，招抚俞源的民兵武装，出示了招抚榜文，“仍俾保障”，继续自卫家乡。元至正二十四年(1364)，刘基在繁忙的军政事务之余，仍念及俞涞的为人与功绩，又上言推荐，擢取俞涞孙俞继祖担任“锦衣卫镇抚”的要职，俞继祖自然十分争气，“居官奉职，循理不亢不阿”。⑫

据传，俞源村落的太极星像布局，是按照刘基的设计营造的。《明史·刘基传》载：“基博通经史，于书无所不窥，尤精象纬之学。西蜀赵天泽论江左人物，首称基。以为诸葛孔明俦也。”在研究军事的同时悉心探研天文地理，写了很多专著。仅在《明史·艺文志》中，他的天文地理著作就有《清类天文分野之书》24卷，《观像玩古》10卷，《天文秘略》1卷，《地理漫兴》3卷，还有风水专著《金缕子》。他在任太史令时编写的4卷《洪武戊申大统

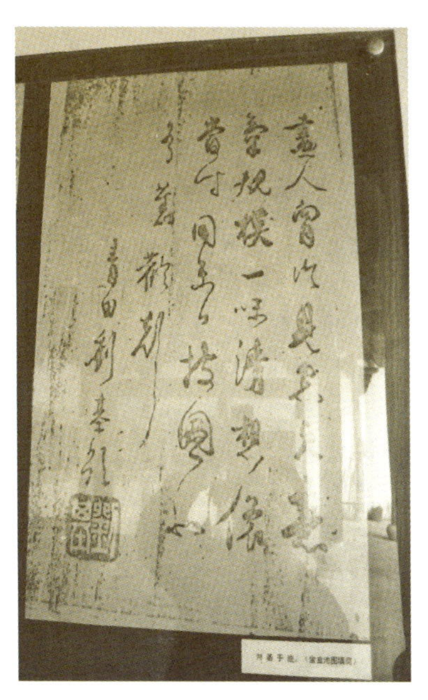

■图2-12 存放在“伯温草堂”的刘基手迹

历》，比现在国际上通用的格里哥里历要早200多年，是当时世界上最先进的历法，在整个明朝使用，长达277年，可见其造诣之深。

其实，刘基是否设计过俞源的太极星象布局，大可不必考证个水落石出。中国是一个对虚无缥缈的美丽传说能津津乐道的大家族，存此一说，足可丰富后人的话语。或许是受刘基的影响，俞源精通天文地理者也大有人在，如俞逸、俞札、俞廷胪等。官任瓯永嘉司训的俞廷胪，能"仰观天文，知其要，而识其略，即卦数微艺屡卜而屡验者，此固博学者之所兼长也。故远虽不逮，周代尚父，近实可效法伯温先生"。⑬如此，俞涞后孙学刘基之术，营造太极星象村落，也不是没有可能。总之，刘伯温与俞涞的同窗之情，得到了多方面的演绎，留下了不朽的故事。正如浙江大学历史系教授、中国历史地理界权威陈桥驿在《游俞源随感》中所说：昔年曾读《郁离子》，凿凿能言天下事；今日得来俞源村，处处皆可见刘氏。

前述刘伯温给俞涞的像赞出自于清同治乙丑重修的《俞氏宗谱》，宗谱载，像赞时间为洪武十一年戊午（1378）写成。显然这篇短文有疑点需要诠释。

众所周知，刘基死于洪武八年（1375），而作文的时间为洪武十一年（1378）。显然有两种可能，一是后人将时间记错了，二是该文系伪作。从刘基与俞氏家族的交往情况来看，笔者认为第一种可能性较大。

那么，这篇短文究竟是哪一年所作呢？还是让我们先来看一下刘基的生活轨迹，或许能够得到些启发。

《明史》赞基"虬髯"貌修伟，"慷慨有大节，论天下安危，义形于色"。又称誉他"所为文章，气昌而奇，与宋公濂并为一代之宗"。他生于元至大四年（1311），23岁时举进士，三年后步入仕途，先后任江西高安县丞、江浙儒学副提举、元帅府都事及总管府判等职，后因与执政者意见不合，于元至正十八年（1358）冬，被夺去兵权，遂弃官归隐青田山中。这是刘基一生中第一次辞官归隐。直到元至正二十年（1360）三月，应朱元璋征召，离家投入应

天朱元璋军中参与机要，成为朱元璋的亲信谋士，协助朱元璋建立了统一的明王朝，为开国功臣之一。后来，在以他为首的浙东豪绅集团与淮西集团之间邀宠争权的斗争中处于劣势，因而长期郁积填膺，忧愤莫解，于洪武四年(1371)辞官，这是刘基人生中第二次辞官归隐。洪武八年(1375)十月病死于故里青田。

俞涞死于公元1357年，次年即1358年是刘基第一次弃官归隐青田的时间。从时间上分析，那首"赞美诗"即是刘基回青田路过俞源时所作，应该是公元1358年的冬天。刘基刚刚被夺去兵权，踩着冬天的积雪，心情孤寂而沉重，当他闻说了俞涞不授义民万户之表而宁为布衣的事迹之后，心里激荡起一股暖流，敬佩之意油然而生，他自然而然地把刚刚仙逝的俞处士看成为渊明之流了，"悠然此中，其意能俾原善(俞涞之子)之与我言乎"。很显然，刘基在俞涞的画像前发出了急切想与之对话的祈求，从而发出了"吾将歌归来之辞以寻五柳于人间矣"的感叹。所以笔者认为这篇文章应是1358年所作。

从俞氏家谱有关刘伯温的记载来看，具体有四件事与刘伯温有关：(1) 为俞涞子孙排辈，首取敬、卫、恭、仪、像、权、衡、福、寿、昌十个字。(2) 至正十八年(1358)，刘伯温从杭州辞官归故里，经俞源时俞涞已故。他对着画像致哀感叹，作了一篇《像赞》悼念。词中把俞涞淡泊名利、隐逸不仕的高尚品质，喻为五柳先生式的人物。不过这篇《像赞》署的时间是洪武十一年，刘伯温卒于洪武八年，对此有人考证，认为可能作者当时作文未署日期，以后辑编宗谱发现，大概不谙史实的缘故，添加上去的笔误。但考证作文的时间，又持有二种意见，一认为应是至正十八年，二认为应是洪武四年，虽观点不一，但对《像赞》的存在，都是认同的。(3) 至正二十年(1360)，刘伯温被朱元璋征召以后，曾上言招抚原俞涞组织的武装，出示过招抚榜文，但俞涞的四个儿子婉言谢绝，宁终韦布。(4) 吴元年(1364)，刘伯温念及俞涞的功绩，又上言朝廷，结果朝廷擢其孙俞继祖为锦衣卫镇抚。

俞涞故后，宋濂、苏伯衡还为俞源先贤撰文留墨。洪武八年(1375)，宋濂为俞涞撰《墓志》，此墓志已散失。同年，苏伯衡为俞涞祠作《孝思庵记》。洪武十七年(1384),苏伯衡又为俞涞次子善麟作《竹坡俞处士墓志铭》,永乐初年又为俞涞第四子善护作《皆山楼记》,以后又为善麟的长子文固作《静学斋记》和《江山息兴图卷序》,为善护四子胜安、胜宗、胜密、胜窦作《崇本堂记》。苏伯衡的六篇文作都尚存世,他留墨俞源最多。苏伯衡,字平仲,据说是苏东坡的第十一代孙,以后也被朱元璋征召,不过时间比宋濂、章溢晚了一些。由于名人效应,早在元末明初时期俞源就名盛一时。

图 2-13　村中的碑坊

如此看来,刘基与俞涞之交实在是君子之交,刘基对俞涞的尊敬是发自内心的,因而就有了刘基与俞源村的这么一段美妙绝伦的"姻缘",也就有了前文的那首"赞美诗",因而也就为演绎刘基设计太极七星井、巨形太极图提供了一线依稀可寻的线索。

1998 年 7 月 31 日,武义县旅游局、武义县俞源乡政府、乡旅游办、俞源村代表等一行七人,为研究发掘明初伟大政治家、文学家、军事谋略家刘基的文化遗产,慕名来到刘基故里——文成县南田镇考察。晚 8 时,在南田伯温宾馆召开座谈会,参加的人员有文成县旅游局长王明灿,办公室主任赵文峰,秘书邱珍钱,南田镇副镇长程良培,及镇旅游办主任刘化隅和省文保单位刘基庙墓

管委会、伯温图书馆刘宝怀、刘化稿、刘允宽、刘一侠、刘持久、赵松镇、刘亦真等人。根据武义县提供的有关资料，按照文成县南田镇对刘伯温的探索研究和上辈流传的民间故事，刘伯温在元末三次罢官，几经贬抑。元至正八年(1348)，刘伯温再次愤而弃官，归隐南田山中著《郁离子》二卷，以抒救民治国的胸怀。此时他来往金华、处州，与宣平同窗故旧俞涞交往笃厚。据上辈流传刘伯温的轶事故事，说刘伯温在宣平一带，根据天文地理，设计了“太极村”，以待太平盛世之时，举徙家居。后因朱元璋礼聘，运筹帷幄，东征西伐，屡建奇勋，佐朱元璋“一统帝业”。但佐成帝业后，刘基深感与朱元璋“共患难易，共安乐难”，急流勇退，洪武四年(1372)以病告老还乡，隐居茅屋陋室，绝无居功自傲的韬迹。尽管这样，还受到奸相的诬告陷害。所以，刘基之“拯世救民”、“重整乾坤”的抱负，在刘基的文集、诗歌集中可见。“身骑青田鹤，去采青田芝”，刘基通过设计“太极村”的构想，以“重整乾坤”，寄托自己一生无法施展的“拯世救民”的伟大抱负。座谈会上，刘基这段鲜为人知的轶事，大家畅谈，证据可信。现已整理成文字，编在即将出版的刘伯温民间故事集中。

图 2-14　村口太极阳眼

■ 图 2－15　村口太极阴眼

注释专栏 2－2

一、刘伯温设计俞源村考

刘基为俞源设计"太极星象村"，至今历六百余年，累遭兵燹，烧杀掳掠，详载荡然无存。为使俞氏祖传古事可信，特从县志、宗谱、传记、明史、古代遗物中查证，并向学者请教、考察，搜集到有关论证资料，以供参考。

（一）刘基（1311—1375）：明初大臣，字伯温，浙江青田（现文成县）人，元后期进士。刘基在当时也可称第一流的天文学家。古代天文往往与象纬、风水等相连，关于刘基这位杰出的天文学家的传说也就特别多，主要讲他未卜先知的本领（《刘伯温全传》326 页）。

（二）俞刘：俞涞，字巨川，号二泉。元朝至正十四年（1354），次子善麟二十岁（苏平仲撰文墓志），俞涞应四十余岁。而至正二十年，刘基五十岁受聘为朱元璋的先生（《刘伯温全传》），二人年龄相仿，少年时同在处州府治丽水学习（《刘基年鉴·十四岁丽水郡庠读书》），同窗攻读成友，情义亲密。

（三）制图：元至元六年(1340)，刘基三十岁，构思敏捷，精力充沛，任江西行省职官掾史。是年秋，与幕官议事不合，遂投劾去(《全传》)。至冬到俞源访友，钟情俞源山水，运用自己的天文学识，帮助俞涞看风水，按天象设计"太极星象村"，制图施工，以消灾致富。

（四）布衣交："处士涞者……然四子诸孙各识文墨，善吟咏，接贤豪、行尚事。若诚意伯刘公基、大中丞章公溢与夫一时名公硕士咸相与为布衣交，则其人品可知矣。"(《宗谱·明万历吴从周序》)

（五）题词：俞涞至正十七年逝世后，后刘基还乡，又路过俞源，为俞涞画像题词："结庐人境而无车马，竹冠野服栖迟其下，我求其人其渊明之流亚乎！不知采菊东篱，仰见南山，悠然此中其意能俾原善之与我言乎，吾方将歌归来之辞以寻五柳于人间矣！"(《俞氏宗谱》)

（六）交游：俞道坚(俞涞长孙)，字文固，居俞源，好学有文，隐德不跃，与刘公伯温、宋公景濂、苏公平仲交游不倦(《宣平县志》)。

（七）举荐：刘公基以处士(俞涞)保障之功、高尚之志上言，吴元年擢其孙俞继祖，为太祖锦衣卫镇抚(《宣平县志》)。

（八）排辈：刘基还乡，路过俞源，不但为俞涞题像赞，同时为俞涞四个儿子筹建孝思庵(即宗祠)，排辈行第(《俞氏宗谱》)。

（九）七星：俞源星罗棋布七星塘，传说为刘国师设计监造。从文字记载及古塘调查，自村头至村尾呈现北斗七星排列七口古塘确实是刘基杰作。刘基为俞姓行第首取十字："敬卫恭仪像、权衡福寿昌"(《俞氏宗谱》)，从中可以看出北斗七星塘的重要性。天权塘的"权"，代表北斗星的斗，玉衡塘的"衡"，代表北斗星的柄。只要北斗七星塘存在，俞姓就福寿昌(福：家富，寿：命长，昌：丁财两旺)。从中不难看出七星塘的命名与俞姓行第二者有密切的联系。

（十）翻版：刘基武阳故里，屋前有小盘地农田，散落七个石墩。据当地传说，天上落下七颗星，就生了刘基，故名为"七星陨"。等到刘基长大成人，按天书将村口改成S形，设为太极图。俞源太极星象村是刘基武阳故里的翻版(参考《武义县赴武阳刘基故里考察报告》)。

（十一）九龙抢珠：刘基告老还乡，自选坟地，坐落九龙山，山像九龙抢珠。而俞源自古也有"九龙耕云"景观，当地亦称九龙山，村民亦称"九龙抢珠"。

据当地人传说，刘基晚年一直念念不忘九龙山（参考《武义县赴武阳刘基故里考察报告》）。

（十二）传说：刘基二十至二十二代孙的九位老人，在座谈时谈一件当地广为流传的一件事，说上祖（刘基）曾在宣平一带设计太极村，准备在太平时节全家迁居。后因辅佐朱元璋累功，加之后来见朱“共患难易，共安乐难”，勇退避祸，隐居武阳深山，终于未能成行。（《文成县南田镇座谈纪要》）

（十三）壁画：俞源古建筑壁画中，现存反映刘基设计太极星象村图的有三幅。分别是：明末修建的真南屋，清嘉庆初年的谷仓楼嘉庆后期的金屏楼。1998 年 11 月 29 日，浙江大学历史系几位教授到俞源考察后认为：距今约三百年的连环壁画，印证俞源太极星象村设计师是刘伯温（1998 年 12 月 1 日《金华日报》报道）。

（十三）楹联：俞涞小儿善护，元末在俞源西山兴建皆山楼。刘基好友、著名文人苏平仲撰文《皆山楼记》，淋漓尽致描述俞源无限自然风光，后被集进《四库全书》。刘基亦在皆山楼观景，作抒情写意楹联：“六峰不墨千年画，双涧无弦万古琴。”高度概括俞源天然美景（俞涞裔孙清藩献稿）。

（十四）情深：俞刘情谊代代传。俞涞第七代孙——江西宜黄县令俞世美（号苏溪），明隆庆二年觐京，与刘基后裔诚意伯（世袭）刘世延在京都相遇，一见如故，胜似兄弟。刘赠诗《送苏溪俞乡丈尹宜黄》：“颂声蜚泽国，剑气薄星躔。伫候双凫舄，何时觐日边。”（《俞氏宗谱》）意为：上祖交好众周知，事过境迁星象在。二人站立交谈良久不知倦，何时再重逢。可见一往情深。

（十五）太极图：俞源古建筑自 1998 年 10 月开放旅游以来，太极图引起各方兴趣。本村村民、有关领导、众多游客，在屋内外的檩下、梁面、雀替木雕、白粉墙上彩墨画、石子铺的路面等，已陆续发现大小太极图达 401 个。最大的为村口地面直径 320 公尺的巨型太极图，最小的为六基楼雀替木雕花心直径 0.01 公尺微型太极图。如此多而全的太极图村举世无双。

（十六）佐证：1999 年 5 月 17 日《武义日报》载（《俞源太极星象村和明孝陵星象墓》）：南京市文物保护管理所，邀数专家查勘紫金山独龙阜玩珠峰地下明孝陵，发现洪武皇灵寝布局竟是一座北斗星。而洪武皇生前所住宫殿、紫禁城布局亦按天象设计。经考证，认定主要设计者是刘伯温。从此

证实刘基自幼受屋前北斗七星石磡影响，对天象哲理深有研究，达到天人合一道学运用得心应手。刘基设计俞源太极星象村，顺理成章。

二、刘基故里考察报告

由武义县旅游局副局长施永耿带队，会同俞源乡党委副书记王献良、旅游办主任罗旭波和职员刘超、村文人俞步升、俞森惠共六人组成武义县考察团，于1998年7月31日赴文成县南田镇考察，搜集有关刘基与俞源缘源的资料，考察三日半。

7月31日6时正，自俞源乡政府出发。经永康、缙云、丽水、青田，为抄近路，直接上简易公路进入文成县(民国时期从青田县分割数乡建县)，从二县界翻山越岗，路窄不平，颠簸慢行90公里路，费时四个小时，才到达文成县城。完成考察任务后，8月2日晨8点半由南田回文成县城，12时再由县城过瑞安、温州、青田、丽水、缙云、永康回到俞源。

考察实绩：

1. 到武阳村，踏查了刘基出生地、刘基故居遗迹。以碑为志，屋基已成菜园，尚存一口刘基用过的水井。拜谒同块山脚相距刘基故居约百米的刘基祖父庭槐的天葬坟。观看了田畈北斗排列石墩，听了关于古时村口用路建成S形太极图的传说：朱元璋请刘基出山，第一次派使者进入太极图，在图里半天走不出，还是刘基叫人领出来。俞源太极星象酷似伯温故里，巧合得实在奇异。

2. 到新宅村，拜谒了刘基墓。墓是一片草坡地，面积约400平方米。有民国时期刘基后裔用石块砌的一人半高围墙。1992年，浙江省人民政府公布为省级文物单位进行保护。其墓坐落地称“九龙山”。墓在九龙中央第五条龙山脚，坟面正对隔田垅前馒头状小山包，称“宝珠”。其墓山形总称“九龙抢珠”。据传，墓地是刘基死前自选，这又是无独有偶，俞源也有一处九龙山，也称“九龙抢珠”，但范围比刘基墓的九龙山大数十倍。刘基此举可能与钟情俞源有关。

3. 到距南田一公里许，拜谒刘基庙：帝师、王佐，左右前门上横幅大字令人起敬。进大殿，中堂刘基塑像端庄持重，左右二堂伟坐文武二子。中堂前石座上横石碑为洪武皇对刘基的赞扬悼词。中堂二旁木柱有追赠刘基为太师、溢文成的正德皇歌功对联。有历代名人孙中山、于右任、章太炎、蔡元培等人赠的多块匾额、对联，盛赞刘基为国为民、忠义宽怀、先知先觉、福荫后代。其子孙至今已达一万余众，可谓人才济济，丁财二旺。而俞源亦有俞涞古墓白坟岗，选风水地出自刘基之手。

4. 到坐落南田镇镇政府所在地的伯温图书馆，查阅刘基一生著作、年事表和有关刘基故事等。刘基资料陈列馆内，亦有百书之多，考察团六人个个参与查阅，共花了半日一夜时间，至夜11时半，只翻阅了各书目录，并希望查看与俞源有关联的资料，仅见到刘基在武义为民办好事的故事：《黄金路碑》。间接的是：元末国家大乱，处州守将石末宜孙用刘基计谋，动员刘之好友组织民军自保地方，龙泉章溢、丽水叶琛、胡琛纷纷行动。民军生活保障，整日操练，演习阵法，教授武术，灌输保家卫父母之思想，素质迅速提高，既高于无组织、无纪律的山寇、盗贼，也高于官军(《中国历代智囊人物丛书》)。而《俞氏宗谱》记载：敬一处士涞者，因地利，藉世资业，擅素封者，存康济时，元政衰乱，盗贼蜂起，因命四子纠集民兵保卫郡邑，又尽出其所积，以飨卫士，卒赖保全，守栝城石末宜孙表为“义民万户”，处士歆然竟不居。可见俞涞作为，出自刘基计谋。不过俞涞不愿做官，隐德不耀！

5. 31日晚上，召开以刘基后代，二十世至二十二世孙九位知识老人为主的座谈会，文成县旅游局三人，南田程良培副镇长参加。文成县旅游局局长王明灿亲临主持会议，座谈在热烈气氛中进行，采用漫谈方式，会开得很成功。突出有三个祖上传说及二地对比：(1) 刘基在洪武初，打算告老还乡后继续充当先生，支持皇上治理国家，为方便，全家迁到宣平方向一带，他在那里早已设计了“太极村”，备太平盛世用，后因预感朱元璋对功臣大开杀诫，对己信任大减，萌发隐住隔世之想。因之重审祖地，认为武阳村山高皇帝远，地理生态好，更有安全感，就放弃迁居宣平的初衷。不然，俞源将成为刘基最终故乡。(2) 故里天葬坟。南方天葬闻所未闻，见所未见，这次终于见到了。其坟貌平常，坟面小石砌，坟背草山尖。故事感人肺腑。二十一代孙刘久持讲：我上祖(刘基)的太公刘濠舍宅救万人，其德感上苍，濠生庭槐，庭槐生基父，庭槐老死数年，将要转身拾骨换坟之时，有白鹤仙化一江右风水老先生，上门恭贺刘基父说：你托祖福，有块风水宝地留着，让你父安息！正合基父之所求，忙请到中堂茶酒相待，隔天就雇人取出父母骨殖，用棕片包裹，请风水老先生领路，自己带上骨殖用锄头紧跟着，来到离屋仅百米的山脚。山脚有一小草湖，风水先生叫雇工拿出骨殖，

先生接过骨殖就丢到草湖中，家人远观者均不高兴，大有反感，基父亦傻了眼。风水老先生说："不慌！不慌！"呼喝："山龙！山龙！"只见山崩土拥，草湖已成山阜，并示山名："金锁王地"。基父想这是天葬奇事，待找风水老先生，忽然人不见，但见白鹤往远飞去。隔年刘基出世，成为一代名国师。(3)阴阳图，又称"夫妻图"。武阳意为，烈日中天，白天的阳图。北斗七星以石墩散落为阳，大地全暴路为阳，图口太极鱼界旱路为阳。俞川(后名俞源)之人看月为阴，水为阴，满天星斗夜为阴图，北斗七星塘塘水为阴，大地村落覆盖为阴，图口太极鱼界河水为阴。刘基运用道家阴阳学说：阴图满天星斗，天地对应，村中央溪(银河)为中柱，从村头至村尾挖北斗七星塘为定轴，按天上四象，建二十八星宿上档次堂楼厅，而后其他砖瓦民居围绕，入夜灯火闪耀为星星。周围天生十一座山岗，加村口太极图双鱼组成黄道十二宫。阴图亦是夜间天体星象图。

四大成果：

1. 武阳村自古流传刘基在宣平一带为友建太极星象村，有过全家徙居之意。以此为据，俞源太极星象村确由刘基设计。

2. 俞源村落太极星象布局，完全是刘基故里翻版。刘基自选墓地九龙抢球，此举之思想源于俞源九龙山。

3. 刘基在元末全力协助元朝处州守将石末宜孙同谋"栝寇"，曾动员高朋挚友组织民军，俞涞行之，抗乱见效，被表"义民万户"，不居，隐去。

4. 促进武义与文成二县旅游业发展，解开刘基后裔对上祖外迁之谜。因之双方达成共识，合力大做明朝开国军师刘基文章。

以上报告是否妥当，请有关领导指正！

武义县旅游开发考察团
俞步升执笔
1998年8月8日

注 释：

① 《太极图古说》，http://www.fujianname.com/ft/。

② 陆有林、唐有伯著：《中国阴阳家》，宗教文化出版社1996年版，第141页。

③ 褚良才著：《易经·风水·建筑》，学林出版社1998版，第2页。

④ 本节参考了俞松发编《松楼笛韵》第 11—15 页，“古村落与星象图”论述。

⑤《晋书·天文志》，岳麓书社 1997 年版，第 591 页。

⑥《史记·律书》，湖南教育出版社 1998 年版，第 379 页。

⑦ 以上叙述是根据俞松发记录的 2004 年 7 月在武义召开的首届中华古生态文化旅游研讨会小结整理而成。

⑧《武义县志》第 17 卷，第 537 页。

⑨《俞氏宗谱》，2005 年修，卷一，第 682 页。

⑩ 俞松发：《松楼笛韵》，内部文献资料，第 77 页。

⑪《俞氏宗谱》，道光二十一年修，第 36 页。

⑫《俞氏宗谱》，道光二十一年修，第 453 页。

⑬《俞氏宗谱》，清同治乙丑重修，第 487 页。

第三章 俞源古村落的建筑

俞源古村落的建筑主要有宗祠、牌楼、古桥，这些不但是俞源古村落传统村落的构成要素，其所承载的功能更是俞氏宗族的组织形式。俞源村现存楼堂、大厅、小厅、阁、馆、院、台、祠、庙等屋395栋(其中：元朝9栋，明朝49栋，清朝337栋)，构成52幢结构完整的古民居建筑，占地约三万四千平方米。上宅、六峰堂、前宅三个古建筑群分布清楚，布局合理。

第一节 古村落的民居建筑

住宅建筑是历史上最早出现的也是最基本和数量最多的建筑类型，它与人民日常生活需要结合得最为紧密，因地制宜、因材致用的特点也最为突出。为利于通风和遮蔽强烈的阳光辐射，南方住宅多采用硬山顶，屋檐深挑，天井较小，室内空间高敞，往往强调风向而不强调日照，故不一定正南朝向。[①] 加之俞源村采取街巷布局，住宅大多数面街巷而建，朝向更加各异。单体的民宅为封闭状的四水归堂式，其平面布局大体类似于北方的四合院式，只是以较小的天井取代北方较大的庭院。其主要入口，明代和清代前期者多为侧入式，清中期以后大门一般开在中轴线上。第一进常为前厅和正房，厅多敞口，与天井连为一体；二进以后多设楼层，楼上宛转相通。典型清式民宅正厅在上堂，后天井要更小一些。

建筑开间为奇数，穿斗式构架，正堂的明间亦有作穿斗、抬梁结合式的。外围砌较薄的空斗墙，两侧面常做成各式各样的峰火山墙。屋顶不用苫背，仅铺小瓦，故屋面较薄且轻。厅堂内部依据使用目的的不同，用桶扇、屏风等装修自由分隔，通常的手法，是作木质装修的“宝壁”。下堂前檐部常做成各式的轩，形制秀美且富有变化。梁架与装修仅加少数精致的雕刻，少量施彩绘，整个建筑色调素雅、明净。

■图3-1　古民居建筑

现将较有特色的民居分别简介如下：

一、前宅群

在俞源村，虽有一些建筑保持了明代始建时的平面布置和基础，但后代维修、重建时变动太大，不能完整反映明式建筑的结构和风格。调查中发现，未经后代作较大修改的明代住宅仅有六七处。由于历代战乱，明代建筑完整保存不多。现大部分分布在前宅。

图3-2　村落中的古建筑群

俞源的古建筑形式多样，内容丰富。从总体上来分析，它是随着时间的变化而逐步演变的。明初建筑较为简朴，甚至没有走廊，雕饰也很简单，柱础也为宋式柱础。如前宅的李家厅、俞家的俞涞故居等。明代中后期，建筑就有较大的改进，雕饰出现，而且具有很高的造型能力，但与清朝建筑相比，就显得粗犷而简朴。至清朝中后期的建筑则构造上有大改进，出现了上、下万春堂、精深楼、六峰堂、裕后堂等大中型住宅，在平面上一进演化为二进、三进，而且天井宽阔，厅堂宏大，防火防水设施也极为讲究，艺术上绘画、雕刻都非常精美。这些建筑大致分布在上宅与下宅，形成了上宅与六峰堂两个建筑群落。

与明代风格一脉相承，俞源村的清代民宅结构也为穿斗式木构架。即沿着房屋进深方向立柱，但柱的间距较密，柱子直接承受檩的重量，不用架空的抬梁，而以数层穿枋贯通各柱，组成一缝梁架，这些穿枋用数根直径较小的杉木拼合而成，所要求的立柱也无需粗壮硕大，用料经济，施工简易。这种结构可以因地制宜，就地取材，且赋予建筑物以极大的灵活性，故广泛地被采用。但为了使明间堂面开阔、轩昂，较大邸宅的明间构架常采取抬梁与

■图3-3 始燕堂

穿斗相结合的作法,即省去中柱,纵向柁梁联结前后金柱,承托上方的穿斗式构架,这种做法在别处清代民宅建筑中并不多见。建筑平面仍为长方,主体建筑前大多带有进深不大的庭院,院门常偏于一侧。加之室内有天井,上堂置宝壁,后门偏离中轴线,虽大门辟于中央,入门后的整个运动路线仍保持了明代住宅建筑的那种曲折式。无论单进或二、三进者,均以明间作厅堂,两侧的次(稍)间作正房、厢房,上下堂次、稍间往往又连通楼层。在中国古代社会的宗法和礼教制度下,这种布局方式便于安排家庭成员的住所,使尊卑、长幼、男女之间有明显区别。加之四面高墙,使一幢住宅封闭性较强。前宅群的建筑密度较大,保存质量相对较差,这些建筑大多为俞涞以及俞涞之子俞善卫的女婿李彦兴的后代所建造。其中有些年代较久远,有较高的文物价值。

图3-4 “读圣贤书”

图3-5 现存的养老轩

“始燕堂”又称李家厅，前梁有雕花，气魄不凡，厅后天井较窄，天井再后一排五间楼，为明朝建筑。厅周边附有家训阁（又名培英书屋），有屋七间，读书房窗木拼花中四角雕有“读圣贤书”正楷字。

■ 图 3-6　急公好义宅

养老轩，二间简易平屋，中门梁上刻着“养老轩”三字，梁上面的横楣左右二小园内雕有“知”、“止”字。厅边还有三座住宅连成一片，均为李嵩萃在清乾隆年间兴建或修建。

厅下楼，为清乾隆十年间李嵩萃所建。有正屋五间，厢房各两间。正屋第一层保存有造型古朴之花窗，有绵梁，有呈方。厢房也有花窗，第二层没有叠斗。李嵩萃建的最后一幢屋叫朝北屋。有正屋七间，厢房一间半，鹅卵石铺地，山墙为弓形。该建筑花窗内容丰富，有琴棋书画，有寿字、福字。该屋上层则没有任何雕饰，用竹编抹泥墙，这种形式显得非常别致。

急公好义宅，明成化年间（约 1475 年左右），为李嵩萃祖上建

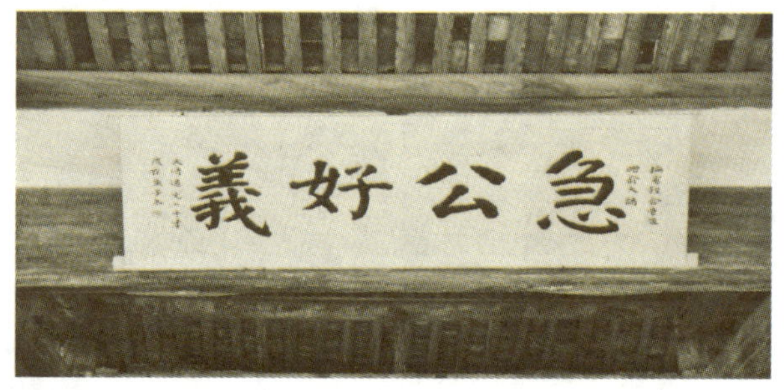

■ 图 3-7　清道光年间抚宁程含章题赠

造。住宅第一进正屋五间，厢房各两间。正屋第一层有花窗，第二层有壶嘴式牛腿，柱础为宋式。此宅门墙为牌坊式，第二进正屋三间，两侧各有一楼梯间、厢房两间。

大屋里，相传为敬三公俞汪建造，后被陶德义矿工起义者（景泰年间）烧毁。汪公后代在原址的中间立一香火，左、右、前的地基被分割造房。原址前现有的三间二厢是明代建筑。正屋前檐有绵梁、呈方，柱础为宋式质式柱础。

俞涞古宅，为明初敬一公俞涞所建。此宅有正屋五间，有廊；左右各一间厢房，也有走廊，双层檐。二楼为抬梁式，绵梁极细，装饰非常简单。柱为质式柱础。相传为敬一公建造的还有下士街香火厅，有正屋三间，基本没有装饰，中间有六扇格扇门，有壶嘴式牛腿。

图3-8　俞源古宅

李氏宗祠为清朝建筑。李氏宗祠为一四合院，门屋五间，当心间为戏台，后为寝庙五间，左右厢房各三间。门厅有呈方，单层，现戏台已毁。寝庙的牛腿雕刻有狮子，非常精美。李祠毁于明弘治甲子年（1504），清乾隆时再建，同治甲戌（1874）遇火灾，光绪乙亥年（1875）后又多次修建。李祠无论从规模与构造上都无法与俞氏宗祠相媲美，其位置也不如俞氏宗祠。

据传，从前宅过利涉桥原有一处新宅，山脚有七星塘，从族谱记载的方位推断，十二间静学斋即建于此地。而今这里已成一片粮田，经实地考察，田埂上仍留有明朝的断砖残瓦。据此推论，这里与前宅连为一体，曾是俞氏祖先的最早居住地。

皆山楼沿西山山势而建，规模宏伟壮观，曾为俞源八景中的“西山暮雨”景。如今则早已灰飞烟灭而无处寻此遗迹旧踪。

二、上宅群

上宅群保存了裕后堂、上万春堂、下万春堂等大型住宅，它们和其他几幢中小型住宅如高坐楼、精深楼、七星楼等连成一片，均为乾隆和道光年间的建筑，个体现状较好，类型多，质量好，雕饰水平也较高。

洞主庙，后面将作详细介绍。

上“万春堂”，为清乾隆初俞从岐所建。入口门厅三开间，左右各两间厢房，前后院间有一道墙门，后进院正房七间，厢房左右各两间。前后天井均由卵石铺就。大厅内墙有俊秀之书法两篇，是书法名人俞锦云手笔。俞锦云号丽霞，清光绪拔贡，民国十五年（1926）纂修《宣平县志》，任四协修之一。其书法远近闻名，当时大财主、寺庙索要字画，均花重金抬着轿子前来相邀。

裕后堂屋后“高坐楼”，为清乾隆末年俞立酬所建。是一个小四合院，七间正屋，入口门厅为三开间，第二层无斗拱。屋前石子铺地，构成美丽图案，其中有太极图两个。据传石子是到溪滩精心挑选，每粒都经毛竹筒套过，所以，大小十分均称，有“五斤石子十五里溪”之说。此屋大门外照墙上的水墨画，其人物山水均有较高艺术水平。

精深楼，清道光二十五年（1845）俞新芝所建，此屋有九重门，层层设门是为了防盗，屋前配有花园、藏花厅。天井用二层石板铺就，石板从东南西北任何方向向中间数均为九层，这在中国传统理念中是个神奇的圣数，意为“九九归一”。地袱也全用精致石

板构成，就连安放在天井两边的花台亦用条石制成。此屋的石雕、砖雕、木雕的做工都相当精细，木雕尤为突出，雕工细腻，技法圆熟，而且内容独特，有白菜、扁豆、丝瓜等蔬菜瓜果，也有白兔、小狗、蟋蟀、蜜蜂等动物昆虫，显示出主人效法自然、热爱田园山水的人文精神。

■ 图 3-9　万春堂

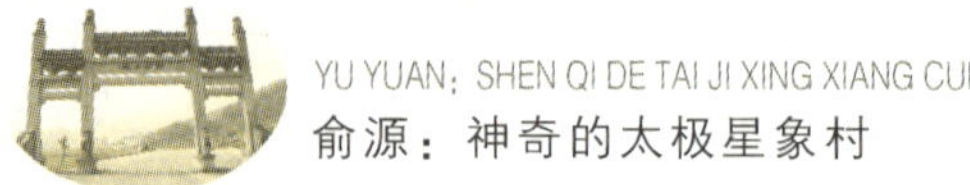

■ 图 3－10　裕后堂

■ 图 3－11　高坐楼

图 3-12 精深楼及内庭

图 3-13 精深楼廊道及地面神奇圣数“九九归一”

下“万春堂”为清乾隆二十八年(1763),俞从岐次子俞林檀所建。平面形式与上万春堂相同,后进院加挡雨板,入口门前有一对旗石。民国三十年,俞林檀第六代孙俞经受善画兰花远近闻名,故称此厅为画家厅。

三、六峰堂群

以六峰堂为典型代表之外,还有桂花厅等一批相当数量的中小型住宅,村口的俞氏宗祠为明清之建筑,将在后面作介绍。

六峰堂，也称“声远堂”，是座大花厅，共二进院子，分前厅与后厅两部分，前厅为清康熙二年（1663）间俞继昌所建。门墙建筑美观，砖雕搭配有序，砖面大而平整，大门墙头有“丕振家声”的砖雕。厅内桁条有十分精美的镂空花雕。特别是右间檐口内第二根桁条上雕有八尾活灵活现的鲤鱼，鲤鱼的颜色会随季节变化而变色。整个大厅宽敞高大，梁饰相当精美，且有小太极图雕饰。后厅为明末继昌之父俞天惠所建。楼上设厅，柱础也为明代典型的覆盆式，雀替雕花较前厅粗犷朴野。第二层无叠斗，用挡雨板。整座大厅正对六峰山，故在大门外设一照墙。这一家前后出过三位拔贡生，所以大门内外各有一对旗杆石。大门外的一对旗杆石为俞继昌考取拔贡的标志。大门内两侧的一对旗杆石，样式与外面相同，只是形体略小。这是俞继昌曾孙俞国器考取贡元所立，因为长辈立在前，所以曾孙的旗杆石只能放在大门之内，而且形制略小，以体现长幼尊卑的封建儒学思想。

图 3-14　六峰堂

■ 图 3 - 15　六峰堂远眺及大厅

■ 图 3－16　六峰堂内庭

佑启堂原名桂花厅，为明朝嘉靖后期俞涞第七代孙俞昱建所建。后进有正屋五间，左右各有一个楼梯弄，楼上设香火堂。此房派清雍正前后出了个拔贡俞文焕，康熙末年被宣平知事于树范聘为塾师，于树范之子于敏中于乾隆二年(1737)得中状元后亲笔手书“佑启堂”匾额，以赠恩师俞文焕。现存雍正年间宣平知事胡必奇撰文、处州教授周雯书写字画一帧。

■ 图 3－17　六峰堂内雕刻

三个古建筑群落各有特点，上宅的建筑大都随山势其中以精深楼为典型代表，大多个体建筑现状良好，住宅的类型多、贡量好、雕饰水平高。而六峰堂群除了六峰堂（声远堂）以外，还有相当数量的中、小型民宅，村口还有俞氏宗祠。前宅群遗存的明代建筑较多，房屋较为紧凑逼窄，街巷狭窄，空地少，做工也没有其他两个群落考究，大多古朴简洁，且年代久远。保存状况不如上宅群和下宅群（六峰堂群）。俞源村的房屋就单体建筑而言，并非是艺术价值和历史价值最高的，其真正的价值在于古村落完整形态的保存。

图 3－18　现代建筑与古建筑的混杂交错

第二节　古村落的祠庙建筑

一、俞氏宗祠

俞源俞氏宗祠位于村口宽阔地带，亦今谓之北斗七星的斗内。俞氏宗祠享有“括婺第一祠”之美称。历史上的俞氏宗祠确实是座望族大家的大宗祠。虽没有雕梁画栋之雅，却有宽阔朴素之雄。写俞氏宗祠，得先介绍一下“孝思庵”。现有规模宗祠的原址，早先曾造有一座二进十六间的俞涞祠，名叫“孝思庵”，明洪武七年(1374)俞涞之子善卫、善麟、善诜、善护四兄弟所建,是岁时祭祀之处所。当时建庵,因俞涞的声誉,得到各界的支持。善卫的长子道坚曾去金华苏孟村,请乡贡苏伯衡作记。苏伯衡与道坚是布衣之交,也是俞源的常客,所以热诚支持,"孝思庵"的取名,可能也是苏公的主意。苏公是四川眉山籍人氏,据说是苏东坡的后裔。苏公为俞涞祠作《孝思庵志》,留下了俞源的千古文章。《孝思庵志》记载:"子之于亲也,方其生存,终日不见且犹不能不思,况于死且亡乎?"因祠是广孝思之义,所以名曰"孝思庵"。据记文所述,当时对祠的选址非常慎重,以"八卦"中的震、兑、坎、离方位的地理来确定。关于选址文中有这么一段话:"俞氏之后人尚有考于斯祠,去墓以南一里许,水绕于震,山负于兑,墓与坎离相望,若天造而地设。"这说明地理环境对选址的重要。俞涞祠的祠址处在恩泽之地,前绕绿水,面对青山,地域长发其祥。建庵以后,俞氏很重祭祀,又置田百亩于祠内。现存的宗祠就是在"孝思庵"原址的基础上重建的。

图 3-19 俞氏宗祠

现有三进五十一间的建筑是嘉靖四十四年(1564)动工,隆庆元年(1567)建成,前后历时三年。建祠有段历史背景,明嘉靖年间是俞源文化发展的高峰，人文荟萃的盛期。出了进士礼部观政俞大有，间贡山西代府审理俞昭，岁贡江西宜黄县令俞世美，贡生山东青州左卫经历俞款，间贡四川富顺县主簿俞瓒，武举人温州黄华关把总俞彬等六位官员。他们的官位虽然不大，可当时对地处偏僻的俞源，却是一件大喜事，也是俞源祖德的荣耀。于是，大家合计，重新建祠以感祖上恩德。

■ 图 3-20　俞氏宗祠门匾

俞氏祠堂为三进二院，第一进大门正屋五开间，当厅心间前进建有一个方形戏台。左右各三间庑厢；第二进为中厅，共五间；第三进为寝堂，五间，左右各三间称两庑，共五十一间，占地约3100平方米。原来祠前有一片树林，是祖先的墓群。俞祠与墓群朝向扒台山（又称小祠堂山），小祠堂山为案山。祠堂门外两旁有五对高大旗杆，门内有一对抱鼓石，院内古戏台为清朝建筑，戏台顶部有八卦形藻井，悬挂"碧云天"匾额。

俞祠建筑的技艺富有特色。只要仔细观察就能心领神会，如梁不用楔（柱楔），墙不用牵（墙牵），这是木匠、泥匠互考本领，各献技能。如果不是技艺上有深造，几百年来哪能稳固至今。再看寝庙，多置了一层歇山顶，看不仔细，就分辨不出哪是大步，哪是栋柱。这个设置目的是为突出神龛的位置。檐口的滴水，不直接滴在沟里，而是滴在双级的阶石上。如中堂是双椽出檐，为什么？有说是圣上所封，可又无文字记载。还有一个特色，蜘蛛不结网，几百年来就是一个谜。有人说是屋的宽阔原因，无蜘蛛立足结网之缘，这个解释依旧是一个谜。

■ 图 3-21 俞氏宗祠内庭

■ 图 3－22　俞祠戏台“碧云天”

在中国传统理念中，宗祠是一族所望。我国历来较重祖先，故一般都把祠堂选在一村之中的最佳地段。俞氏宗祠从总体布局看，位于下水口，来自青风岭的溪流和经过村中的溪流汇合于祠堂前，而且一水清澈、一水稍浑。民谚所说的“黄龙杂青龙，代代出财神”，寓示着对俞氏后代人丁兴旺、财源茂盛的祈求。这也

符合《水龙经》中“乙字水”水流吉形，所谓“乙字水影身，家出大朝臣”之格。俞氏宗祠又恰好位于天枢、天璇、天玑、天权四星所组成的七星“斗魁”之内，“魁”或“魁星”为“文昌宫”。

图 3-23 俞祠大堂的屋梁结构

若此，宗祠之址则明显地把文运昌盛、振兴俞氏理想与“天、地、人”三才的图位的微妙关系（天上星、地上祠、福佑人）具体而形象地维系一体了。

宗祠竣工后，接着便进行宗谱的葺修。为了作篇谱序，俞款不辞奔忙，去请他的老师兰溪人陆风仪撰文。陆风仪时任礼部执事中，因与俞款是师生关系，欣然应允。俞世美又因得当朝宰相严讷器重。隆庆六年（1567），俞世美晋京，在公暇间隙拜会了严讷，谈起家乡建造宗祠之事，恳请赐一堂名。严讷热情不辞，题赠了匾额“壬林堂”三字，以庆贺俞族的繁荣昌盛。世事多变，俞祠历史上曾遭遇两次不幸，受到兵燹的毁坏。第一次是明景泰三年（1452），寝庙东西二厅尽毁。第二次是清顺治十三年（1656），门庭、二庑遭到破坏，至嘉庆十六年（1811）才修建恢复。寝庙东西二厅，至道光二十一年才得以重建。资金大部都是捐助筹集，有四十八户裔孙共捐助银洋 1200 余元，有二户裔孙捐助了七根大楮树。捐助银洋最多的俞君选 220 元，俞君泰 140 元，俞林檀 250 元。② 俞祠正因有孝子贤孙的重视、创建、整修，才得以保存至今。

民国八年俞祠曾是集贤区小学，以后一直是俞源小学的学舍，1939年迁入省立金华七中。抗日战争时期，曾为多个机关单位所用，1941年迁入战时野战医院，1942年浙江省政府预选迁入，曾对村作过初步规划设计，但时间不长，永康方岩被日军占领后，省府未及办公即又南迁。1943年春又迁入绍兴稽山中学武义分部。解放后征收为国家粮库。至2000年粮库迁走，才又进行一次大整修，基本恢复原貌。但匾额柱联损失严重，匾额原有31块，现存的仅8块，柱联原有24幅，现存完好的仅3幅，其余的都已破损或难以辨认。

■ 图3-24　俞祠收存的部分匾额

二、俞源洞主庙

俞源洞主庙位于村头九龙山下，二坑流汇合处，始建于南宋（石碑为证）。传说原庙址早先是一座小庙，没有塑像。清道光二十五年（1845）重修，1992年被列入省级风景区。洞主庙是俞川十景之一，谓之“琳宫晚钟”。

现在的庙宇规模是以后数代人扩展而成，洞主庙文物古建精美，占地面积1500多平方米，现存19栋36间，有大小厅五处，七间落地三层圆梦楼一座，及厨房三间，十间佛厅布局森严，厅二面(边)厢房设拼花阁楼，阁楼下走廊呈方(角梁)木雕，小八仙各显神彩，与正厅檐口垒斗(牛腿)木雕刘海吊蟾等浑为一体，下厅干墙壁画有八仙图，正厅宽阔。正殿建于何时，已无年代可考。南附屋大概建于清道光年间，北清幽阁则是光绪年间所建，两者都是祈梦香客住宿的配套建筑。明朝弘治三年(1490)，才子俞聪作诗曰："楼阁玲珑势插天，洞门竟日锁日烟，半竿斜照依檐影，几杵疏钟入耳传"，说明那时洞主庙已经有阁楼，如今阁楼是否原物，未及考证。

■ 图 3-25　风光秀丽的俞源洞主庙

20 世纪 60 年代"文化大革命"时期，庙宇遭到破坏，塑像全毁，并改为国家战备储盐仓库。至 1985 年才由村民集资葺修恢复。

■ 图 3-26　庙内题匾

庙宇案奉的是秦朝蜀郡守李冰，但现在的塑像是小孩模样，也说是沉香子。为什么案奉李冰又是沉香子呢?

李冰是秦时治理都江水患的功臣，他排行第二，故称二郎，死后敕封为二郎神。俞源立李冰为洞主，是为了借李冰治水神威，以镇山洪保平安。以后又立了沉香子，这大概是从小说《封神演义》和戏剧《宝莲灯》中的人物二郎神演变而来。二郎神姓杨名戬，疑是李冰次子，奉父命灌口斩蛟为民除害，死后民间祀为二郎神。杨戬是华山神仙三圣母之兄，三圣母因羡慕凡间，与凡人结合生下沉香，后由父亲带在凡间抚养，十三岁成神。沉香因母亲被压在华山下，而力战舅父二郎神，用神斧劈华山救母，当然这是神话故

■ 图 3-27　精美的庙内壁画

事。既是李冰又是沉香子，这大概是主事者对二郎神混淆之故。因李冰敕封二郎神，子二郎祀二郎神，杨戬又谓二郎神，而沉香与杨戬是娘舅关系。以后庙宇扩展，民间只是熟悉文学故事，故而改塑了沉香子。但案奉李冰有文字记载，现在尚有一块幸存的石碑，是道光二十三年(1843)武义拔贡项秉谦所撰，“案奉是灌令李冰”。据说还有一碑是光绪年间武义拔贡何德润所撰，也是如此说。可惜此碑已毁。1997 年武义籍青岛化工学院教授俞旭查阅了十部历史文献，对郡守李冰进行考证，历代帝王都对李冰封爵、封王、封神。《朱子语录》中则称敕封李冰为“慎君”，死后称“清源

妙道真君”，其源起灌口治水，意谓封神成仙。所以，洞主庙案奉有二说，一虚一实二者俱存。

洞主庙是古代俞源人祈神保平安的处所，每年有二次盛会。一次是农历正月十三，全村素封斋戒，祈求新的一年风调雨顺，六畜兴旺，五谷丰登，四季平安。这一天配有台阁、龙灯活动，香客云集，观礼圆梦热闹非凡。又一次是农历六月二十六，说是洞主老爷生日，要演三日四夜社戏，全村都以牲醴参拜。这一日也是香客、商贩会市之日，非常热闹。

图 3-28 洞主庙祈梦愿望

祈梦是洞主庙历史上的习俗，尤其是祈上春（正月立春前一日）梦，香客众多。祈梦大凡是求功名、求子媳、求婚姻、求财运、求消灾等方面。传说祈梦灵验则名闻遐迩。历史上祈梦人数最多的一年要算抗日战争胜利后的 1945 年的上春梦，有上千人次，庙里宿不下，住进宗祠。[③] 对祈梦历史上不知多少人祈了五花八门、奇奇怪怪多少梦。祈梦习俗载入了《宣平县志》。

注释专栏 3-1

这里介绍一下历史上三个祈梦解梦有趣的故事。

故事一：武义拔贡项秉谦有一年斋宿祈求功名，梦胆瓶插萱花（即金针菜）六枝，觉而言之，其友顾倬标解梦说：“萱，宣也，瓶，平也，六年秩满，君可司铎宣邑乎。”果真六年后他擢为宣平教谕，意以先兆。

故事二：永康铁匠应天相有一年至求财运，梦背一口大铁锅，解梦人说：“锅，祸也，君有背痈之灾。”梦者忧之。事也有巧，回去当年果真生了一场背痈。他有感梦奇，次年又至，可是祈的仍是背锅旧梦，次早他忧忧不乐步出庙门，解梦人见他满面愁容，就问，他秘而不言，一再追问才道出源由。解梦人即解："好梦，好梦，好锅出广东，可去广东发财。"此一解他虽半信半疑，但回去后真的去了广东。八年后，因开五金店发了财。回家便诚心特地去苏州定制了一只60斤的铜香炉，吹着唢呐前来致谢。

故事三：金华西向农民金中友至祈求子，梦背地袱，解梦人说："袱，无也，黄胖背地袱(俗话)。"他回家果真当年生了黄疸病。有感梦奇的他，次年又至，谁知梦的仍是背地袱。为解其奥妙，这次他央求一位拔贡老爷帮他解梦，拔贡老爷听了他的叙述，解曰："一袱倚二础(柱础)，二子也。"三年后果然连生二子，于是他兴致满怀，送来"神灵显赫"匾额以答谢。

其实梦境虚幻，就是偶有验之，也不过是个巧合而已，不可信。但析梦者为了事业进取举棋不定，思想空虚时，默念向神求个谶语启示，未可也是常情。正因祈者有这种心理，才有历史上祈梦灵验之说。传闻有此一说，所以洞主庙祈梦习俗才长延不衰。

俞步升提供

第三节　古村落的建筑特色

武义县地处浙中，地理、气候、历史渊源等诸条件，使这里的古代民间建筑既与江南地区的古建筑具有共性，又富有自己的地方个性。尤其是俞源村的特殊发展历程，更使村中古建从平面布置、立面构造到装饰风格的许多方面，异于他处、他村。另一方面，该村八百年聚族而居，所遗建筑时代跨度较大，不同时代的建筑免不了打上各自的时代烙印。下面以民居建筑为主要资料，就俞源村现存古建筑的基本风格、地方个性和时代特点等方面进行初步的归纳。

一、建筑总体布置

在中国的广大乡村，村落的形成大都随着地形与道路方向逐步发展，所以形状很不规则。就整个村盘而言，大多背山面水，向阳而建。村内的街巷，一般也是自由发展，住宅避风向阳，多朝东。大型宗祠和庙宇，多位于村镇边缘或中心地带，具有庇护和统率全族子孙的意义；较小的宗祠等公共建筑，多依房派支系，散置村内。

从总体布局看，俞源的民居主要围绕由东向西的一条溪流顺势而建，便于充分利用水源。多数建筑都朝向南部的六峰山，既满足了村民精神寄托又可充分利用阳光。建筑高大宽畅，天井开

图 3－29　穿村而过的银河小溪

阔，使民居内受光充足，通风良好。建筑的选材也很精美，天井、道路的材料多用就地取材的鹅卵石，图案优美，做工考究。贯穿东西的七星塘、七星井是极周到的防火设施，而且寄寓了消灾祈福的人文精神。如此等等，使村落的布局、建筑的结构既与环境相协调，又利于人类居住，这是“天人合一”生态思想应用的完美范例。

从大的方面来看，俞源村的总体布置，与江南村落布置的基本规律大致相类，但有两点明显不同。首先，村中建筑安排采取街巷式布局。由于统一规划，道路平坦，屋宇整齐，饮水井、下水道和洗濯用水塘池设置得当，保障了村中的安全、卫生条件和民众日常生活的便利，更由于各街巷居民系世代分房按族而居，加强了凝聚力和稳定性，故能经历数百年而基本布局无大的变化。

其次，中国的农村住户，由于子弟成家立业后多另立门户，又由于皇权对民间营建制度有相当严格的规定，故住宅多以一家一宅为单位。但在古代的俞源村，数代同堂或以血缘关系聚族而居所形成的建筑组群颇多。这当与该村的宗法制度严密、豪绅之家众多有关。村中一些著名的建筑群，如裕后堂、上万春堂、六峰堂等，昔日的主人莫不是缙绅巨富和他们的后人。所以，虽说全村千门万户，而他们自认为“聚只一家”。

二、单体建筑平面

单体的住宅建筑平面一般为纵向长方形，极少数作方形或不规则形。绝大多数建筑室内置横向长方形的天井。建筑面阔多作三开间，进深则多少不等，单进者三至五间，两、三进者多达九间以上。依据天井数量的多少、主要天井的位置前后，以及房子的面阔、进深，可将俞源村的住宅建筑依平面布局分为以下五类：日字形、回字形、“H”形、倒凹字形和口字形。

日字形平面最为常见，它是由上下堂组成的两进式建筑，在下堂前檐步和上、下堂结合处各置一天井。回字形平面者为典型的四水归堂式，亦由上、下堂组成，仅于两堂结合处设一座天井。“H”形平面者为前后堂的单进式建筑。由于进深尺寸较大，为使前后墙不至于太低矮和利于室内的通风、采光，就于前后檐步紧靠墙壁分别置一天井。这种类型的住宅不多。倒凹字形是单进建筑的典型平面，于前檐步紧靠前墙置天井。“始燕堂”就是这种类型的建筑实例。一般情况下，在前檐步置天井者均是侧入式建筑，以免“入门见井”。日字形平面的“高坐楼”，也是正中辟门、前设天井的建筑，它为了避免“入门见井”，在大门和天井之间设有落地罩式的隔断，使室内路线曲折，并丰富了室内空间的纵向层次。口字形平面者为数很少，是一种不设天井的单进式建筑。具有这种平面的养老轩更为独特：近正方形的室内平面，以纵向木装修分成左窄右宽的两大部分，左为前后两间房间，右为后部置宝壁中甬的厅堂。结构简单、严谨，实用性强。

以上五种平面的布局，清早、中、晚期均有使用。明代住宅实例甚少。就室内厅、房、通道安排而言，无论哪种平面，均以上下堂（或前后堂）的明间为厅堂，次、稍间为正房，前天井两侧，除侧入式者入口一边为通道跨栏，余均为厢房。中天井两侧也均为厢房，后天井两侧多为通道。两山墙辟道门者，上堂前檐轩部作通道。少量住宅左、右、后三面有复壁。

宗祠和书院规模一般较大，常为两进或三进式建筑，由于正面辟门和正脊较一般住宅要高，前后檐步极少置天井，故平面多为日字形，三进者则为目字形。当然，也有平面与住宅建筑大同小异者。它们的最大特点在于主要入口辟于前墙正中，室内运动路线少有迂回曲折。

三、建筑外貌

无论是住宅还是其他类型的建筑，前后多为水平高墙，个别建筑也有前墙作阶级形者，立面显得挺拔高耸。两山面作法有四种：最为普遍通用的是硬山式，山墙不出头，而是循着屋顶的坡度成为人字形；其次是三花或五花烽火墙，即山墙高出屋面以上，作成三级或五级的阶级式，前后端皆起屏，这种山墙在防火、护檐均较其他形式者更有优势；再次为拱背式民宅镇火神物和观音兜式，山墙略高出屋顶，作成弓形，既可护檐防火，又富于变化，造型美观；最后为上覆歇山或悬山顶者，山墙低于屋面，也为水平高墙，多用于庙宇等建筑，民居与宗祠、书院。四周墙体均以青砖砌成，少有粉刷，仅檐下涂白。顶盖青灰瓦，色彩朴素大方。除敞口或带门廊者外，各式建筑的主要入口（大门）几乎都有门楼或门

■ 图 3－30　俞源马头墙

■ 图 3－31　民居的小透窗

罩。广丁楼多用于宗祠和正中辟门的住宅建筑。一座门楼就是一座四柱三间的砖砌牌楼，以异形砖砌出四棵倚柱、花枋和定枋（部分亦有石枋者），上覆飞檐翘角的歇山式顶。枋部往往有精美的砖雕和石雕，十分气派。门罩多用于侧入式住宅建筑，部分正入者也使用门罩，特别是正立面为马头墙（即阶级形）。除部分早期者以红石作垂柱、柱础外，其他部分均以砖砌构而成。下花枋一般作成横匾，匾文题字墨书或砖雕。至于凹入式门廊者，

虽无门楼、门罩装饰，但由于廊部构架多有雕饰，上部轩式顶又往往绘以彩画，所以更是堂皇。至于十分简朴的一字门者，也常于门楣之上的墙体凹入一方作匾额，题上（或镌刻）匾文，或点出宅名，或意寓吉祥，颇富生活气息。

明清建筑的墙面很少开窗，这除了防盗之用以外，自然寓有留气聚财的传统内涵。不过，许多建筑还是在墙体高处辟几个高、宽仅30厘米—50厘米的小透窗，于通风、透光虽只有小补，但石雕的各式窗花嵌于平整的墙体之中，给建筑的外观增添了不少活泼的因子。加之檐下往往有风格自由的白底墨绘，使原本朴素的民宅，透出几分灵动的气息。

四、建筑结构特点

俞源村建筑的结构，与江南各地民间建筑大致相类，但也不乏自己的特点。墙体与地面：村中各种建筑的墙体均以青砖空斗砌成，砌法以一斗一眠的单丁斗子为主，亦有少量空斗到顶的大、小合欢式或两眠一斗的简化花滚式。有的建筑墙体较高，采用复合砌法：下用花滚式、上用单丁斗子，或下用单丁斗子、上用合欢式。青砖尺寸，明代和清代前期者较厚重，长度在30厘米以上。

图3-32 俞源民居外墙

早晚期的大型建筑的墙角下部常立角柱石。室内地面除极少数使用麻条石和卵石外，大多都在明间以青条砖横排错缝拼铺，个别建筑的厅堂中央铺砌菱形方砖。铺地青条砖尺寸一般与同一建筑墙体用砖相同，故一些后代大修的建筑，其地面用砖常比墙体上的厚重。正、厢房地面铺砖者不多，常以三合土夯平。

柱网、立柱和柱础：几乎所有建筑都是对称性的柱网。为使厅堂开阔和避开天井的雨水、潮气，明间前檐柱或金柱常向两侧移位，是该村四水归堂式建筑的通常作法。同样通行的是，省去山柱乃至前后檐柱，个别小型建筑完全以墙代柱。宗教性建筑的代柱墙上，还以彩色绘出柱、枋构架，十分别致。立柱，在民宅之中基本是木质圆柱，宗祠、书院之中石柱颇多，还有立柱之上续以木柱者。石柱多为八角形和抹角四边形。除大戏台中的四角亭外，未见立柱有收分和卷杀者。柱础均石质，多作鼓形、八角形、仰盆形、四方形和圆形。大型者常有雕刻纹饰，早期者疏朗、简单，晚期者略显繁缛；小础大多素面。带硕者不多，硕厚。

■ 图 3－33　万春堂内大梁及六基楼内关口梁

构架：俞源古建的木构架几乎全为穿斗式，虽有部分加以改造或与抬梁式相结合者，但始终未见有使用斗拱的大式建筑。大部分宗祠和一些较大的住宅，上、下堂明间梁架，往往省去中柱，以纵向柁梁联结前后金柱，双层者上立数棵蜀柱，柱头承楼枋；单层者上部续以穿斗式构架。部分明代和清代早期住宅，以月梁代替二穿枋。主要厅堂和前檐步，往往作成覆斗或卷棚轩式，绘有彩画。横向，以硕大粗壮的关口梁联结，代替常用的阑额。纵向，以月梁式的柁梁承托上部构架和出檐。住宅建筑的主要厅堂的后金柱间立两棵宝壁树，置装修、辟甬门。

屋面：一般坡度缓和，略有举折。椽下多无望板，更不见望砖。顶盖青灰瓦，瓦下无苫背。正脊迭瓦而成，两端无鸱吻，许多住宅建筑正脊中央立纱帽。

■ 图 3-34　俞源村民居景

装修：室内装修一般是在柱与柱之间的空档内，用具有边框、内装木板的长型板壁所拼成，但早期者（尤其明宅）喜为编竹造，即在空档中编以竹片，敷泥涂白灰而成，就是晚期建筑，在一穿枋以上的空档中，亦多以此法填充。天井两侧的厢房，纵向往往以数扇桶扇装修，早期者多为四抹，以后为五抹，隔心和绦环板的木雕、木刻，早期较晚期者简朴。

俞源村的整体形态和各种类型的建筑，从一个侧面反映出明、清、民国等历史阶段政治、经济、社会和文化诸方面的状况。要进一步认识这一历史时期浙江社会发展史和中国宗法制度下农业社会经济、文化特点，俞源村的完整形态以及众多的古建筑为我们提供了一批极其宝贵的历史文化遗产。

俞氏家族与李氏家族和谐相处，一代一代前赴后继，奋斗挣扎，既不为名，也不为利，而苦苦奋斗的只为构筑一个安乐的家园。他们要躲避天灾，更要与兵匪、流寇作斗争。从俞源古建筑的发展演变中，我们不难发现，战乱才是毁灭人类文明的天敌。

■ 图 3－35　俞源村民居景

聚居制度是决定古村落建筑形态的基本因素。就整个宗族来讲，生活秩序和居住形态是由宗法关系维系的，古村落的传统建筑形式就是对这种关系实质性的建构。俞源古村落的公共建筑不仅在空间上是村民活动的公共活动场所，而且是古村落宗族文化的组织形式，它们承载着凝聚族人的功能，并作为显示这种功能的载体而存在。传统的厅堂组合式院落则是宗法文化的具体实现形式，对一家一户来讲，家庭秩序与宗族发展息息相关，家庭的发展维系正是宗族发展的具体化。总的来说，俞源古村落传统的建筑形式反映了宗法制度下人与自然、人与人之间的关系，并且由于地方民俗的差异而具有鲜明的地域特征。

注　释：

① 周銮书：《千古一村》，江西人民出版社 2003 年版，第 83 页。

②《俞氏宗谱》，清同治乙丑修，第 19 页

③ 俞源当事人俞松发等人回忆。

第四章　俞源古村落的土地制度

中国是一个农业大国，作为一个不容忽视的巨大的社会存在，农业人口占全国总人口的一半以上。农民问题始终是中国的根本问题。因此如果说农业是国民经济的基础，那么土地则是农业的基础，是农业最基本的生产要素。而我国只占世界7%的耕地却要养活占世界20%以上的人口，土地显得更加重要，土地的占有和利用问题，不仅关系到农村的持续发展和农村社会的稳定，也关系到整个国民经济的持续发展和全国的稳定。土地问题是维系国计民生

图4-1　俞源村前田园风光

的战略问题，是农民问题的核心。土地制度安排的好坏直接影响到整个农村经济和社会的发展。因此，我们要全面考察古村落的经济社会变迁，就必须对古村落的土地制度变迁进行深入研究。

第一节　封建时期土地制度的变迁

在长达两千多年的封建社会中，我国的封建土地所有制一般可分为三种类型即封建地主土地私有制、封建土地国有制、农民土地私有制。封建地主土地私有制是封建社会占统治地位的土地所有制，也是封建社会的经济基础。它产生于春秋战国时期，到新中国建国初的土地改革完成后最终被消灭。封建土地国有制主要形式为屯田制和均田制。屯田制古已有之，代表有曹操、魏蜀吴三国屯田，分为军屯和民屯两种。基本特点是土地国有，屯田民只有土地使用权；它使流民与土地结合起来，稳定了社会秩序。均田制是我国历史上一种较为完备的封建土地国有制，它始于北魏，沿用至唐朝中期。基本特点是以政府手中掌握大量的土地为前提，在不触动地主阶级利益的条件下，以法律形式确认受田者的土地占有权和使用权，在一定程度上减轻了自耕农的负担，有利于社会经济的恢复和发展。同时，均田制也是府兵制和租庸制赖以存在的经济基础。农民土地私有制虽不占主要地位，但却是对封建社会土地私有制的重要补充。

俞源古村落堪舆和兴起于宋末元初，从元至明清再到民国，土地都沿袭私人所有制，但各个时期的土地制度也不尽相同，体现在村落层面上的土地制度安排自然有差别。

第二节　土地租佃制度及二五减租

一、清末民初土地租佃制度

据北京政府农商部统计，浙江佃农在全部农户中所占的比例在66%以上，与广东、福建同列于中国租佃制度最发达的一组[①]，而据国民政府经济部中央农业实验所的统计，浙江的佃农、半佃农合计占全部农户的比重在80%上下[②]。田地的占有情况，据中共浙江省委农工部4乡64村典型调查，地主和富农占有全部土地的56.5%，[③]其土地，大部分是出租给佃农，以租佃方式经营的[④]。不但租佃经济的比重大，租佃制度的内容也十分丰富。以地租形态而言，既有实物租也有货币租，还有少量劳役租；定额租制与分成租制并行，预租、押租、典租、大小租、虚实租……花样繁多。以佃农的经营状态而言，耕种数亩田地，所得不足糊口的贫困佃农、半佃农为数众多，但也不乏租种几十亩上百亩田地、经营性的佃富农。据当地老人回忆，每到岁末，外地农民向俞源地主交租的队伍，从俞源排到宋村，长达四里。可见当时租佃制度在俞源非常盛行。

从文献资料和反复调查中发现，在武义、宣平地区，占全部土地30%—40%左右的公共土地，无一例是作公共经营耕种的，全部以收取地租的形式，分散租佃给一家一户的个体小农户耕种；在地主富农所占有的40%—50%左右的土地中，大中地主的土地基本上采用租佃经营方式；小地主除自耕土地外，多数也出租部分土地；但富农占有的16%—20%的土地，则大多数是自己耕种；减去小地主和富农自耕的土地，这40%—50%的土地中，有1/2左右也是以租佃方式出租经营，数量可达到总土地的20%—25%左右。另外，有些自耕农根据自己耕地的远近肥瘦和对自身生产经营提供的利弊关系（即经济学中的所谓的“机会成本”），利用租佃制的灵活性来调节配置家庭生产资源，把一些对自己生产经营不利的远田、瘦地租出去，再在有利于自己耕种的居住地附近或与自有耕地可连片耕作的地方租进适量田地，以便在同样投入的情况下获取更大的收益；同时，因疾病或灾祸而家中无劳力的一些农民尤其是贫苦农户，由于自己无力耕作而把土地出租给他人耕种。据俞泽群老人回忆说：当年他家有11个人，自有20亩田左右，因为有约3亩的土地离家远，以定额租制出租，同时又在与自己多数田连片一起的地方，租进公堂田约3亩，也是定租制。

因此，在当年的宣平、武义地区农村，出租经营的土地还不纯粹或远不止是公地与地富阶级的土地，也有其他农民的部分土地。如果扣除小地主和富农自己耕种的那部分土地（以 20%—25%计），将全部出租的公田（30%—40%）、地主出租的土地（20%—25%）和其他农民因耕种困难而租出或佃进的土地（以 5%计）相加，租佃土地的数量会在 55%—65%左右。

1951 年土地改革时期的统计资料显示，俞源古村落在 1951 年土地改革前，全村人口 1093 人，占有耕地面积 2500 余亩。当时村域内耕地面积 1038 亩。其中，24 户地主、3 户富农，共 235 人，约占全村人口 21%，却占有耕地 1750 亩。这些土地中约 1200 余亩都在俞源村以外的东乡地区。这些土地基本上是租佃给外村的农民耕种。因此可以说，在当时的俞源古村落租佃制度是普遍存在的一种土地制度。

调查访问当地知情老人和查证《武义县志》及《武义土地志》（宣平）的基础上，对当时俞源古村落的租佃制度安排作以下分析：

1. 地租形态。清末民初，俞源古村落实物定额租、实物分成租和货币地租三种形式同时存在。

第一种形式——实物定额租。俞源农作物以水稻为主，实物租也以稻谷和米为绝对的最大宗，当地称为谷租或米租。麦、豆等冬季作物称为春花，一般归佃农，不用交租，但也偶有例外。有个别的在特殊时候既收米租也收麦租、豆租，通例收谷租一二石、麦租一二斗不等。一般来说，水田收谷租，旱地收豆租，如种杂粮，一样按产物交租。由于早晚稻品质有差别，有时地主会指定用于交租稻谷的种类。比如，在订立租佃契约时，可能规定某一块稻田为早稻或晚稻田或籼稻田，不能更换品种，否则地主会加租或指定他种稻谷。

实物定额租的租额从几十斤到数百斤或数斗到一石数斗不等。可能完全按照租约的定额收取，也可能视年成丰歉有所折让，也可能不论丰歉例有折让，此为板租与花（虚）租的区别。当时宣平县通行时租，其南乡通例丰年八折收租，歉收五折收租，北乡丰年七折，歉收四折。板租或称包租则无任何折让，但租额较时租为轻。[5]

在遇有水旱风虫灾害时，除了规定收取板租、硬租的田地，其租丰年不加荒年不减，"风虫水旱各照天命"外，实物定额租如不能如约收缴，通常有减免办法。一种是由定额改为分成，一种是请求业主给以折让，上述时租之"倘遇天灾水旱照乡例分收"、"倘遇水旱风虫系照田边大例"等。[6]

第二种形式——实物分成租。俞源的实物分成租不及定额租普遍。稻田一般不采用收取分成租，实物分成租一般是在遇有水旱风虫灾害时，实物定额租不能如约收缴情况下采取的减免办法。如秋收后由业主临田监收，对半分成，业主不到不得收割。一般对山地、草地多采取分成租。按惯例草荡出租给农民刈草，业主分草三分之一。当时金华地区如将土质肥沃的山地种植杉树和毛竹，通常业主六佃农四分成。[7]

当时俞源也出现过雇佣租佃制度，由业主提供全部生产资料，佃农出力耕种，秋收后八成归业主，二成归佃农，这也是一种分成制。这种办法通常是在佃农无力提供生产资料，而地主又愿意该佃农耕种的情况下采用。

第三种形式——货币地租。货币地租，当地称钱租。武义宣平地区主要流行于沙田地带。一种情况是沙田种植小麦和油茶等经济作物，以交纳货币地租为便。俞源山地较多，且多产毛竹、油茶等经济作物，因此，种植经济作物多收货币地租。

2. 地租额和地租率。实物分成租的地租率，据浙大对金华等 8 县的调查，在有分成租的 4 县中，普通为对半分成，租重则业六佃四，租轻则业四佃六。据农复会调查，东阳及邻近各县(包含武义)均有，一般对分，永佃业三佃七，天台又须分麦。衢县通行业三佃七，也有对半分成。分租成数主要是指对主产物的分成，如上所述，冬季作物作为副产多数是不收租的，所以分成租的地租率约为分租成数的七成左右(按麦的亩产量约为稻的 1/3 折算)。[8]

货币正租的金额相差悬殊，从数角到 10 余元不等。1 元以下极低的钱租，常用于荒地和公田。普通稻田的钱租通常为数元，

也有10元和10数元的。据浙大调查金华等8县钱租额，最低平均为2.57元，最高平均为9.36元，相差可达4倍。不但不同等级的土地租额差距大，各县之间的租额水平差距也不小，嵊县的最低租额4.5元，最高为16元，而绍兴最低为2元，最高8元，差1倍以上。⑨

至于货币地租率，可以货币地租占田地出产物价值的百分比来计算。如俞源山地种茶叶，每亩收益少者6—7元，多者10余元，租金高者6元，一般2—3元，可知租率大约30%—60%。收获量还没有稳定下来的荒地，根据产量增加改变租额，直到垦熟为止。

实物定额租的租额没有一定之规。从调查记录的数字来看，实物定额租最高的有谷400斤，或3石；最低则仅有几十斤或数斗，多数在一百几十斤到200斤或1石上下。米租自数斗到1石数斗不等，多数在1石上下。麦租通常一二斗。在金华地区惯例是：上田三熟，产稻400斤，麦100斤上下，杂粮100斤上下，租谷200斤，占正产的50%，全部产量的33%；中田二熟，产稻300斤，杂粮100斤，租160斤，占正产的53%，全部产量的40%；下田一熟，产稻200斤，租四五十斤，占产量的20%—25%。⑩

实物定租额虽为定额，但除板租之外，都依年成的变动而增减。近代中国农业生产力下降，农作物实收成数多在六七成，定额租额不得不随之降低，而且即使减租，佃农也仍然无力交租。

3. 租佃契约。浙江通行书面契约，较口头契约更为广泛，有承揽、揽纸、租契、揽字、承札、佃票、揽约、租票、租批、租札、田札、札约、佃札、仰札、札字、讨札、佃约、赁田票、租田票、租札、租约、租田契等。⑪各租佃契约虽然名称花样百出，内容繁简有别，措辞各不相同。但业佃堂号姓名、田地坐落亩分或租谷额数、有无押租、交租时间方法，则为固定必有的内容。其次为荒歉减免办法、租佃期限、撤佃条件，视习惯与具体情形而有所不同。

通常租契为佃农出立与业主收执，作为收租的凭据，个别有业主出立与佃农的，出立“自招之后任凭耕种还租”的召佃面据给佃农，然后再由佃农出一“承认按年交租”的认据给业主；田面权所有人出租田面，出立佃面放租据于佃农，言明如约交纳大租小租，“倘有拖欠另行出租”等。浙江为永佃通行的地区，业主起佃后恐怕佃农另生别意，还要求佃农出立退佃的凭据。

订立租佃契约必须“挽中”、“央中”，中人也必同出立契约之人一起在契面上画押。中人的作用是居间议定租佃的各种条件，并见证租契的订立，有时还须担保佃农履行交租义务。据当地老人回忆，俞源的租契上通常写明如租“缺欠照除不敷向保人补足”，对佃农完成交租义务担保到底。

俞源实物定额租多有契约，货币地租的租佃契约有无不一，因为钱租为预租，业主不必担心欠租逃租等事。钱租多采用口约，不必立契，谷租则立约。但 20 世纪 30 年代多改为填写租契，说明不欠租不撤佃，如有欠租，业主可收回自种。

二、二五减租运动

19 世纪二三十年代国民政府在农村个别地方搞过改革和减租，其中，以浙江二五减租最为著名：减租历时最长，执行最为认真——也曾经引起极大的政治风波，也不可谓全无实际的成果。[12]浙江二五减租推行最力的时期为 1927 年到 1932 年，历时 6 年以上。1928 年声势最为浩大，以至引起地主刺杀国民党县党部人员、省政府试图以共产党罪名将省党部领导人逮捕等激烈冲突[13]，其间减租政策经 3 次修订，由二五减租，渐进为三七五减租，浙江二五减租过程是浙江租佃制度的实际情形反映，古村俞源土地租佃制度也同样受到这次运动的影响。

1930 年土地法颁布，二五减租升格为国家大法。众所周知，由于国民党及所建立的国民政府本身所代表的阶级的历史局限性，二五减租也不可能完全执行。纯粹以业佃双方的投入产出为依据得出公平的交租标准，在 20 世纪 30 年代的中国，只能是一种空想。

据俞源村当地老人回忆：

> 当年国民政府推行二五减租，并没有真正实行下去，当地从 1920 年代以来收成欠佳，收租多打折扣，百亩以下中小地主

一般八九折收租，百亩以上大地主一般五折六折收租，也低于二五减租折扣。另外，如果不作特别的规定，地主也可能故意提高地租额，然后再二五减租，这样名减实不减，佃农依然吃亏。特别是，估产攸关各方利益，自然是各执一词，纠缠不清。经常因租额发生纠纷，业主认为当地平均正产每亩 400 斤，而农会认为即使上等田丰产也不过 300 斤。业佃各自作出有利于己的估计，数量相差甚远。自然最终上级的裁决是有利于地主的，否则，地主要求撤佃，农民不得已只好让步。

因此，对古村落农民来说，国民政府的二五减租并没有使他们的负担有多大程度的减轻。

图 4-2 俞源村田少人多

第三节 改革开放前土地制度变迁

解放前，古村俞源土地所有制度主要体现为封建地主土地私有制占统治地位。农民土地私有制虽不占主要地位，但却作为一种土地所有制度形式而存在。1951 年土地改革时期统计资料显示，1951 年土地改革前，全村人口 1093 人，占有耕地面积 2500 余亩。地主、富农，只占全村人口 21%，却占有耕地面积的 70%左右。而占全村人口 79%左右的贫农、雇农和中农仅占 30%的耕地。地主和富农把土地租给无地和少地的农民耕种，收取高额地租。由此可以看出，建立在封建土地所有制基础上的旧中国土地制度，极大地阻碍了农业劳动生产率的提高，决定了古村落的贫困与落后。古村落的广大农民迫切要求废除不合理的封建土地所有制，实现耕者有其田。这种封建土地制度直到土地改革的完成才宣告结束。

新中国成立后至改革开放前，中国农村土地制度先后经历了三次重大变革，实现了从封建地主土地所有制——农民土地所有制——农民所有、集体经营制度——集体所有、集体经营制度的三次巨变。古村俞源的土地制度也不例外。

一、土地改革

随着人民解放战争的胜利推进，1949 年底宣平武义解放。1951 年春天开始了轰轰烈烈的土地改革运动，在县土地改革工作组指导下，以村域土地为单位，按照全村实际人口进行平均分配。1951 年土地改革时，全村人口 1093 人，土地面积 14436 亩，耕地面积 1038 亩，人均耕地面积 0.95 亩，当地耕地主要以水田为主，当时人均分水田 0.7 亩。农民除了无偿地获得了土地之外，还分得了大量的农具、耕畜、房屋等生产资料。地主阶级作为一个阶级已经被消灭，封建剥削关系彻底瓦解，村落土地制度由此发生了根本的变革。农民土地所有制取代了封建地主土地所有制，真正实现了耕者有其田。

土地改革使土地所有权和经营权高度地统一于农民，农民既是土地的所有者，又是土地的自由经营者；土地产权可以自由流动，允许买卖、出租、典当、赠与等交易行为；国家通过土地登记、发证、征收契税等对土地进行管理。新的农村土地制度安排，使村落土地占有状况发生了根本变化。一方面，原来地主占

有大部分土地的不合理局面得到根本改变，农民成为土地的真正权利人；另一方面，使农村的社会阶级状况也发生了根本变化，农民在政治上成为新国家的主人，经济地位得到很大的提高。这些根本性变化极大地解放了长期被封建剥削制度束缚的农业生产力，广大农民的生产积极性空前高涨，农业生产快速发展。

经过土地改革，俞源村落建立起的是农民占有小块土地的农民个体经济，虽然有别于封建统治下的农民个体经济，但本质上仍是处于分散落后状态的小农经济。随着农业生产的进一步发展，其局限性也越来越明显：一方面，农民虽然分得了土地等生产资料，生产和生活条件有了改善，但由于村落生产力极其落后，土改后个体农民拥有的生产工具严重不足，生产资料和资金也十分缺乏，不少农民在生产中遇到了很大困难，单靠自身的力量难以解决；另一方面，一家一户为生产单位的分散的个体经营，力量相当薄弱，积累率很低，有的农户甚至连简单的再生产都难以维持，根本无力抵御农业生产过程中遭遇的突如其来的各种自然灾害，更没有能力采用先进的农业生产工具和技术，以及进行必要的农田水利基础设施建设。尽管国家对之进行了大力扶持和帮助，但仍远远不够。当然，这种情况不仅仅只存在于俞源古村落，在全国很多地方当时都暴露出同样问题。1951 年 9 月 9 日，中共中央召开了全国第一次互助合作会议，会议通过的《中共中央关于农业生产互助合作的决议(草案)》明确指出，农民在土地改革基础上所发扬起来的生产积极性，表现在个体经济的积极性和互助合作的积极性两个方面。我们既"不能忽视和粗暴地挫伤农民这种个体经济的积极性"，还"必须提倡'组织起来'，按照自愿和互利的原则，发展农民互助合作的积极性"。在《决议》的指导下，俞源村开始组织农民互助合作。当时互助合作主要采取三种形式：临时性互助组、常年的互助组和以土地入股为特点的农业生产合作社(即初级农业合作社)。据当地老人回忆，到 1953 年，全村共有互助组 11 个，其中常年互助组 2 个，季节性互助组 6 个。当时，农业生产互助合作组织的建立是保持在农民个体所有制的范围内的，没有触及农民的土地所有权。它的发展在一定程度上克服了小农经济的缺陷，发挥了个体经济和互助合作两个积极性，对农业生产的增长起到了有力的促进作用。

二、初级农业合作化

初级农业合作社最初是作为农民互助合作组织的形式之一，一般是在常年互助组的基础上发展起来的。1952 年以后，初级农业合作社有了较大发展。同年，中共中央通过的《关于发展农业生产合作社的决议》强调指出，为着进一步地提高农业生产力，党在农村工作的最根本的任务，就是要逐步实行农业的社会主义改造，使农业能够由落后的小规模生产的个体经济变为先进的大规模生产的合作经济。

1953 年下半年，俞源村开始了初级农业合作化运动。当时的基本做法是：在允许社员有小块自留地的情况下，社员的土地必须交给农业生产合作社统一使用，合作社按照社员入社土地的数量和质量，从每年的收入中付给社员以适当的报酬。进入初级农业合作社后，入社农民仍然拥有土地的所有权，以入股土地分红成为农民在经济上实现其土地所有权的基本形式；土地经营使用权成功地从所有权中分离出来，统一由合作社集体行使，合作社集体对土地进行统一规划、统一生产、统一收获；农民还拥有土地的处分权，退股自由，退社时可以带走入社时带来的土地，如果原土地不能退出，则可以用其他土地代替或给予经济补偿。初级农业合作化推动了村落土地制度的再一次变革，土地由农民所有、农民经营转变为农民所有、集体经营。这次变革是在不改变土地私有制基础上的土地使用制度变革，它使村落土地制度具有了半社会主义的性质。

发展初级农业合作社，推行土地使用制度变革，是适应当时国家经济形势发展需要的必然选择。初级农业合作社的建立，克服了以自有土地、自我经营为主要特征的个体小农经济所不可避免的缺陷，具有显著的优势，对促进古村落经济发展发挥了积极作用：第一，解决了互助组中难以解决的一些矛盾，特别是共同劳动和分散经营的矛盾；第二，能够在较大面积的土地上统一因地种植，进行较合理的、有计划的、分工分业的劳动，可以大大提高劳动生产率；第三，集中经营，就有更大的劳动力量和经济力量进行农业技术改革和基本建设，不断提高抵御各种自然灾害的能力，有效地逐步扩大再生产；第四，有利于保证农民的团结互助，避免出现贫富两极分化的现象，促进社会的稳定。通过这次变革，农民的积极性进一步提高，农业生产得到进一步发展。

1953 至 1956 年，俞源村主要农作物产量保持持续增长的势头。就粮食产量看，1953 年遇较大水灾，仍比 1952 年增长了 1.8%；1954 年遭到百年未有的大水灾，依然比 1953 年增长了 1.6%；1955 年全国粮食大丰收，比 1954 年增长了 8.5%；1956 年遭受建国以来最严重的水旱风等自然灾害，仍在 1955 年较大发展的基础上增长了 4.8%。农田基本建设大为改观，对村内河道进行了治理，修建了一座水库，新建设及整修渠塘 3 处，增抽水机一台。农业生产技术初步改进，俞源乡建成拖拉机站 1 个，农业技术推广站 1 个，畜牧兽医站 1 个。所有这些成就的取得，保证了农业生产稳步增长，人民生活水平得到一定程度的提高。

三、高级农业合作化及人民公社

从 1956 年初开始，初级社没来得及巩固，高级社就在全国进入了大发展阶段。1956 年 6 月 30 日第一届全国人民代表大会第三次会议通过了《高级农业生产合作社示范章程》明确规定："入社的农民必须把私有的土地和耕畜、大型农具等主要生产资料转入合作社集体所有。"全国各地在组织高级农业合作社过程中有了统一的标准和规范。高级合作化的速度不断加快，兴办的高级社也不断增多。

1956 年底，俞源进入了高级合作化阶段，标志着古村落的农业的社会主义改造基本完成。农民的个体经济改造成社会主义的集体经济，从而建立起社会主义集体所有制的农业。高级农业合作化废除了土地私有制，使土地由农民所有转变为农业合作社集体所有。这是村落土地所有制度的又一次重大变革，标志着集体土地所有制的确立。当时的做法是：在高级农业合作社里，除社员原有的坟地和宅基地不必入社外，社员私有的土地及土地上附属的私有的塘、井等水利设施，都无代价地转归合作社集体所有。土地由集体统一经营使用，全体社员参加集体统一劳动。取消了土地分红，按劳动的数量和质量进行分配，当时主要按照记工分的办法，按劳动力出工多少进行分配。经过土地农民所有、集体经营到集体所有、集体经营的变革，古村落的土地制度完全具有了社会主义的性质。

1958年10月初，俞源人民公社成立。公社社址设在现俞源乡人民政府所在地，俞源村当时作为俞源生产大队加入人民公社，下辖11个小队。通过人民公社化运动，原属于农业生产合作社的土地和社员的自留地、坟地、宅基地等一切土地，连同耕畜、农具等生产资料以及一切公共财产、公积金、公益金，都无偿地收归公社所有。公社对土地进行统一规划、统一生产、统一管理，分配上实行平均主义。村落土地制度的性质在人民公社化的过程中并没有根本改变，土地仍然属于集体所有，由集体统一经营。但这时的集体已经由高级合作社转变为人民公社，公有化的程度越来越高，土地的经营使用权完全掌握在政社合一的人民公社手中。这一阶段土地制度的局部调整主要体现在土地的经营规模扩大，公社通过高度集中统一的计划来控制和管理土地上的生产经营活动，土地上的任何权利都不能转移、出租。

伴随着“大跃进”发生的人民公社化运动体现了广大人民群众急切改变贫穷落后状况的良好愿望和开展社会主义建设的极大热情，也体现了中国共产党动员组织群众的强大能力。但由于指导思想的失误，人民公社制度一味强调生产关系变革、急于向共产主义过渡的做法，完全脱离了当时农村生产力发展的客观实际，严重挫伤了农民的生产积极性，破坏了农业生产的发展。再加上农业连年遭受自然灾害，从而导致农业生产急剧下降，粮食等农副产品供应严重不足。

严重的局面使党认识到“左”倾的错误，于是开始纠正工作中的偏差。通过调整，这一时期，综合村落亲历者的口述历史和查阅武义县志及土地志，俞源村土地制度安排，主要有以下内容：

（1）1962年底，贯彻《农村人民公社工作条例（草案）》（即“六十条”），把基本核算单位放到村生产队，由生产小队直接组织生产，生产队对生产小队实行“三包一固定”，即包工、包产、包成本和超产奖励。劳动力、土地、耕牛和农具固定给生产小队使用，并允许社员经营少量的自留地和小规模的家庭副业。

（2）1963年，贯彻中央《关于改变农村人民公社基本核算单位问题的指示》，提出“三级所有，队为基础”的公社管理体制，以生产队为核算单位，生产队通过四个固定（土地、劳力、耕牛、农具），实行独立核算，自负盈亏，全面执行“各尽所能，按劳分配”原则，农业生产得到恢复和发展。

（3）1963—1978年，“三级所有，队为基础”体制基本稳定。“文革”期间提倡“农业学大寨”，再次取消自留地、家庭副业和集市贸易。在分配中搞政治评分，忽视按劳取酬的分配原则，挫伤了农民的生产积极性，以后虽有调整，但核算单位仍无自主权，即使增产也不能增收。

■ 图4-3　村大会堂

这时候的村落土地所有制为“三级所有，队为基础”，“生产队范围内的土地，都归生产队所有。生产队所有的土地，包括社员的自留地、自留山、宅基地等等，一律不准出租和买卖”。土地经营规模已经基本退到高级社阶段的水平，生产经营和进行分配的单位统了起来，一定程度上克服了生产队之间的平均主义，解决了集体经济长期以来生产和分配的矛盾。由于人民公社的生产关系得到重大调整，有利于调动农民的积极性，农业生产水平有了较快的恢复和发展。

值得指出的是，在人民公社时期，农田水利基本建设却得到了发展，大幅度改善了村落农业生产条件，即使是“文革”时期，农业生产也基本上处于增长趋势。1970 年，俞源首建香会山小水电站，装机容量 40 千瓦。1977 年续建啸云坑口小水电站，装机容量 150 千瓦。两座小水电站年发电量约 40 万度。发展电力提水灌溉，使得水田抗旱能力进一步增强，水稻产量进一步提高。

第四节 现阶段的土地制度安排

以 1978 年，安徽省凤阳县小岗村农民的“包产到户”为开端，中国开始了又一次重要的土地制度变革，即将纯粹的土地集体所有制变成为土地集体所有、农民家庭承包的所有权和经营权相分离的土地制度。1983 年 1 月 1 日，中共中央印发《当前农村经济政策的若干问题》(〔1983〕1 号文件)，进一步对家庭联产承包责任制做出高度的评价。它标志着家庭联产承包责任制作为农村改革的一项战略决策的正式确立。

1981 年底至 1982 年初，俞源村推行联产承包责任制。把原俞源生产大队统一经营的耕地，按人口、劳力比例计算到户，由户承包经营。承包户当年在耕地上经营收入，除完成上交国家任务和规定上交集体提留，余下部分全归自己，即“大包干”形式。这种“集体所有、家庭承包、双层经营、合作服务”的新经济体制是一种新的土地制度。它打破了单一的公社化模式，使农民享有土地使用权和经营权，促进了农业经济增长和农民纯收入提高。

1984年，家庭联产承包责任制工作全面实施。家庭联产承包责任制的推行，纠正了过去长期存在的管理高度统一集中和经营方式过分单一的弊端，同时发挥了集体和农民两方面的积极性，大大促进了农业生产力的发展。

据俞源村村民的回忆：

> 全村在1982年分田到户。第一轮土地承包按人口平均分地，不论是刚出生的孩子，还是上了年纪的老人，一律平均。承包到户的土地，三年调整一次，调整的依据是人口增减变化。比如：三年中农户家庭如果有死亡人口，其承包土地由村里收回；如果有女儿出嫁，出嫁女的承包土地村里也要收回。分田到户以后，人们的生产积极性和原来大不相同，连续几年粮食生产丰收，日子一天天好过起来。1998年9月第二轮土地承包，也是按当时人口分地，并且规定以后30年不变，就是不管农户生老病死嫁娶土地都不再调整变动。不管当地老百姓意见如何，一律按国家规定办事。

1998年实行第二轮土地承包，其总的指导思想是：遵照党中央国务院《关于当前农业和农村经济发展的若干政策措施》(中发〔1993〕11号文件)及省委、省政府、县委、县政府的有关政策精神，在上一轮耕地承包的基础上，再延长三十年不变，并实行在承包期限内“增人不增地，减人不减地”的原则。落实延包以后，一般不再调整承包土地，即使调整也是按“抽多补少，小调整为主”的基本原则，坚持按原生产队范围进行，这次土地延包改变了第一轮强调以“劳力”和“口粮”分包土地的办法，改为按人口分包土地，进一步稳定了土地承包关系，完善土地承包制度以后，有利于鼓励农民增加生产投入，提高土地的生产率。保障农户承包土地的使用权长期稳定，给农户吃了一颗“定心丸”。

为进一步弄清村落土地制度安排的细节，我们做了较详细的调查工作，走访了农户，了解到了他们对土地承包的看法。我们与村两委进行了座谈，查看了土地承包前后有关上级文件精神，以及村两委关于土地承包的有关办法及规定。以下注释专栏中为关于1998年俞源村延长耕地承包的有关规定，为我们了解俞源村土地承包制度安排提供了第一手资料。

注释专栏 4-1

俞源村关于延长耕地承包有关规定

遵照党中央、国务院《关于当前农业和农村经济发展的若干政策措施》（中发〔1993〕11 号）文件和省委、省政府、市委、市政府的有关政策精神，结合本村实际，特制定以下规定：

一、在上一轮耕地承包的基础上，再延长三十年不变，并实行在承包期限内“增人不增地，减人不减地”的原则。

二、以“抽多补少，小调整为主”，坚持按原生产队范围进行，不得打乱其界限。

三、对上一轮承包遗留下来的人口土地矛盾突出，大多数村民要求重新调整土地可以采取抽勾办法，少数服从多数或村民同意其他办法。

四、户口在本村的农业户口，原则上都可以承包耕地，凡户口不在本村或本村非农业户口，不得承包耕地。

五、从外地嫁到本村的妇女，年龄已到法定结婚年龄，但由于实际困难而户口未迁入的，也可以承包耕地。

六、现役军人（义务兵）与本村农业人口同等对待，可以承包耕地，但已转为志愿兵或提干的，不得承包耕地。

七、本村妇女嫁外地非农业人口，户口仍在本村的可以承包耕地，本村妇女嫁外地农业人口或本人是非农业人口，家中是农业人口，户口可以迁入的，不论户口是否迁出，一律不得承包耕地。

八、五保户已经落实五保的，一般不参加承包耕地，本人有要求可承包耕地，并抵作口粮。

九、凡本村农业户口的干部、学生、民办教师可以承包耕地。

十、在校的大专、中学生，户口在本村的可以承包耕地。

武义县俞源乡俞源村村民委员会

一九九八年七月十四日

一个村的耕地延包工作，一般要经过宣传发动、调整测算、制订方案、组织实施和签订合同等几个阶段。武义县人民政府根据上级文件，对全县的第二轮土地承包的具体政策进行了详细规定：（1）耕地延包工作要坚持尊重群众意愿和大稳定原则。大多数群

众要求调整土地的，可以先进行适当调整，再延长承包。调整的方法一般以“抽多补少”小调整为主；也可以户与户之间协商找补。(2) 要坚持按原生产队范围进行，不得打乱原生产队的界限。(3) 要将第一轮承包按“责任田”和“口粮田”分包耕地的办法，改为按人口分包耕地，取消口粮田和责任田的界限。(4) 凡户口在农村的农业人口，原则上都可以承包耕地；凡户口不在农村或户口在农村的非农业人口，原则上不得承包耕地。(5) 重新落实耕地承包后，农户与农户之间要限期搞好交接。村经济合作社与承包农户要签订新的耕地合同，并报各乡(镇)农业承包合同管理委员会鉴证。

从前面村民的回忆以及县政府和村委会的有关文件精神，我们可以看出俞源古村落现阶段土地制度安排的大致轮廓：

第一，土地初始分配公平。俞源村落土地分配以村民小组为边界、以家庭为单位、按照户籍人口平均分配。在第一轮土地承包中按照人口分“口粮田”，按劳动力分“责任田”。第二轮土地承包在第一轮基础上有所调整，以村民小组为单位，按基期的总耕地和总人口平均分配土地。俞源行政村当时共有 17 个村民小组(17 个生产队)。土地分配按组别分别为：第 1、3 到 17 组为一个自然村，即村委会所在地。11 至 17 组在俞源溪以南，其余组分布在俞源溪以北。第二小组为单独一个自然村——慈姑潭村，共 32 户人家人口 150 余，耕地 140 余亩。1998 年第二轮土地延包时，全村人口 1984 人，共有土地 1124 亩，人均 0.6 亩。

第二，农户土地承包权 30 年不变，土地承包关系基本稳定。俞源村第二轮土地承包以前，土地根据人口变化实行周期性的调整，由各生产队自己决定，基本上是三年或五年调整一次土地，因为当时村组集体可以用于解决新增人口的土地问题。1998 年后，实行 30 年不变的政策，土地不再作经常性的调整，但在采访中了解到当地农民现阶段主要经济来源并不局限在土地上，大多数农民家庭从事多种经营，以非农及外出务工收入为主，所以对土地的需求所产生的供需矛盾并不突出。

第三，俞源村农民“两证”齐全，权利有保障。在俞源村调查期间，我们查看了农户的耕地承包合同和土地经营权证。承包合同是由武义县统一印发的《农村耕地承包合同》，其主要内容如下：甲方：俞源村经济合作社；乙方：俞源村×××。合同中还写明承包耕地面积，水田、旱田亩数，土地坐落及四至。其后是甲乙双方的权利及义务，承包使用权可以依法转让、出租、转包等内容。1998 年第二轮土地承包时由于种种原因，土地承包使用权证一直没有发给村民，直到 2004 年武义县开始进行第二轮土地承包完善工作时，才将使用权证发给村民。该证书全称为《中华人民共和国农村土地承包经营权证》，由金华市人民政府统一印制，武义县人民政府签发。条文在合同的基础上更加规范且具有法律效力。其中重要条款是规定“该农户对本证所列土地享有 30 年承包权，时间从 1998 年 7 月 1 日至 2028 年 12 月 30 日”。条文还明确规定，“经经营权证或者依法登记取得土地承包权证等证书的，其土地承包经营权可以依法采取转让、出租、入股、抵押或者其他方式流转”。

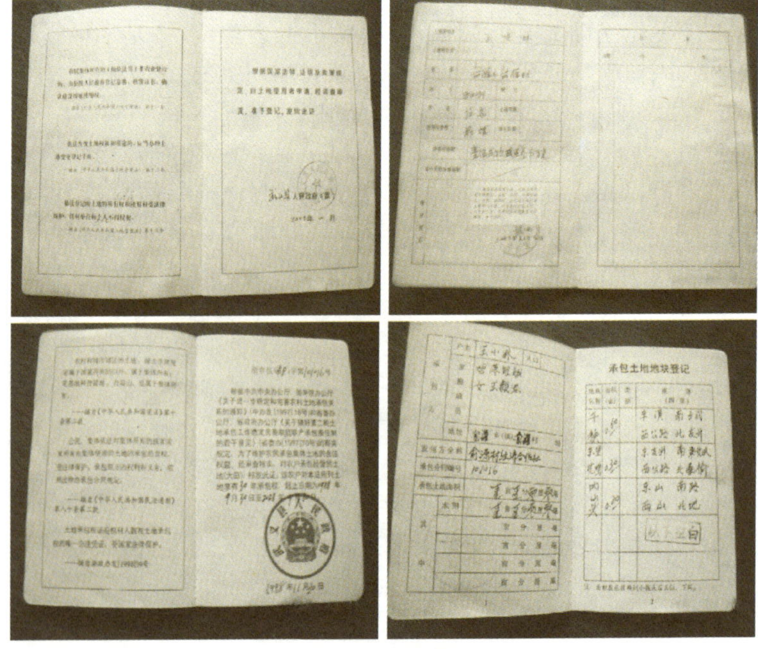

图 4-4　俞源村民土地“两证”齐全

第四，农户的宅基地权利。俞源村村民的宅基地权利，由国家建设部统一印制的《中华人民共和国房屋所有权证》确定下来，由武义县人民政府签发，登记了房屋的坐落地址、结构、建筑面积、产权人、房屋平面图以及注意事项（权力说明）等。俞源村与全国农村一样，农民的房地产权利归纳为以下几点：其一，宅基地属于集体所有，农民无偿使用，房屋产权属于农民私有；其二，一户一宅，申请批地；其三，宅基地使用无期限，可以继承；其四，宅基地不得单独抵押。

对于古村落的土地制度问题，我们认为当前开发时应该注意以下问题：

其一，从严控制项目用地。一是要强化农用地转用和建设项目用地审批管理，对不符合国家土地供应政策，未达到“双控”标准等供地要求的项目一律不予供地。二是要加强建设用地跟踪管理。国土部门督促用地单位严格按照合同约定进行建设，对未履行合同约定的，要严格按照约定处置。招商部门要加强项目跟踪管理，切实按照招商协议履行各项规定，根据用地单位履行协议情况相应享受优惠政策。三是严格把好变更登记关，完善考核机制，促进节约集约用地。

其二，完善制度建设，建立相应的管理机关。现在虽然乡镇有土地办，但发挥的作用不大。我们应该在村落里设立主管建房，宅基地的申请、使用、转让和收回的管理机关。由登记机关记载农民的宅基地的实际面积和大体位置，发给农民房产证和土地使用权证书。农民转让宅基地必须登记，否则不受法律保护。

第三，实行用地全程跟踪监管制度。对不符合建房申请条件、不符合土地利用总体规划和古村落建设规划、无土地利用年度计划、能用存量土地而占增量土地、能用非耕地而占耕地的一律不批；严格建房前、中、后“三到场”勘查制度，及时发现制止违法违纪问题；全面实行公示制度，公开接受群众监督。

第四，严格规划，严控古村落建设用地规模。一是实行土地利用总体规划“红线”控制，以基本农田保护区为“高压线”，防止村庄建设盲目外延扩张，并对零星建房用地实行“冻结”措施。二是高起点搞好古村落规划和功能分区。在古村落内统一新建社区商贸服务中心。在户型设计和立面效果上也要各有特色，切忌千人一面。

图 4-5　葱葱绿绿的山野

注　释：

① 郭德宏：《中国近现代农民土地问题研究》，青岛出版社 1993 年版，第 64 页。

② 中央农业实验所调查，国民政府主计处统计局编：《中国租佃制度之统计分析》表 1，正中书局 1941 年版。

③ 华东军政委员会土地改革委员会编：《浙江省农村调查（1949—1950）》，见陈翰笙编：《解放前的中国农村》第 31 卷，第 381 页。

④《嘉兴县农村调查》，国立浙江大学及嘉兴县政府 1936 年印行，第 31 页。

⑤ 尤保耕：《金华镇江调查实习日记》，成文出版社 1977 年影印，第 75033 页。

⑥ 韩德章：《浙西农村之租佃制度——浙西二十县八十五村》，《解放前

的中国农村》第 3 卷，第 367 页。

⑦ 尤保耕：《金华镇江调查实习日记》，成文出版社 1997 年影印，第 75034 页。

⑧ 韩德章：《浙西农村之租佃制度——浙西二十县八十五村》，第 3 卷，第 369 页。

⑨ 浙江大学大学部三年级社会系学生同编：《浙江八月农村调查报告》，第 12 页。

⑩ 尤保耕：《金华镇江调查实习日记》，成文出版社 1977 年影印，第 75083 页。

⑪ 王小嘉：《近代浙江租佃制度与国民党浙江二五减租政策的嬗变》，《中国经济研究》2006 年第 4 期。

⑫ 五小嘉：《近代浙江租佃制度与国民党浙江二五减租政策的嬗变》，《中国经济史研究》2006 年第 4 期。

⑬ 尤保耕：《金华镇江调查实习日记》，成文出版社 1977 年影印，第 75083 页。

第五章　俞源古村落的农业经济

古村俞源，历来崇尚耕读传家，农业生产是其生存和发展的基础。俞源的先辈们十分重视农业生产，在千百年的历史长河中，在有限的土地上精耕细作，积累了丰富的农耕经验，为古代俞源农业的发展作出了重要贡献。新中国成立以后，农业生产的发展更是取得了长足的进步，人民生活水平不断提高。特别是改革开放以来，农业产业全面发展，农业效益不断提高，农民收入持续增加，俞源正处在由传统农业向现代农业的转型过程中。

第一节　古村落的农业资源

气候　俞源村位于钱塘江、瓯江两大流域分水岭的樊岭和少妃岭的北侧，接近午溪河谷和熟溪河谷的连接点，具有典型的河谷型气候特点，年平均气温 19.6℃，1 月份平均气温 7.5℃，7 月份平均气温 28.9℃，雨量充沛，平均相对湿度 79%，年无霜期 280 天以上，年日照时数 1850 小时，四季分明，昼夜温差大，早春回暖早，森林覆盖率为 60%，非常适宜多种农作物生长和动物养殖。

水资源　俞源三面环山，水资源相对充足，发源于九龙山的两条小溪穿村而过，并在村口合流为俞源溪。溪流常年有水，即使是在干旱季节，也基本能满足全村大部分农田的浇灌。加上 20 世纪 70 年代后期修建的两座小型水库，水面面积大约在 400 余亩，对旱涝具有一定的调节能力，并适合于发展淡水养殖业。

土地资源　俞源地处山区，田少人多，人地矛盾突出。1951年土地改革时，全村24户地主，3户富农以及祠堂，所占有的耕地80%都分布在俞源村以外的地方，大多在武义西乡一带。据俞源村基本情况资料统计，1951年土地改革时，全村人口1093人，土地面积14436亩，当时耕地面积1038亩，人均耕地面积0.95亩。其中人均分水田0.7亩。

经过近30年的变迁，到1978年全村人员较解放初增加了近一倍，达2020人，土地面积基本保持不变，耕地面积略有增加，为1150亩，人均耕地不足0.6亩，其中水田面积为1010亩，人均0.5亩。从1979年到2005年的26年间，全村人口基本保持稳定，且略有下降，1979年全村人口为2019人，2005年全村人口为1934人，减少了85人。耕地面积略有减少，由1150亩减少到1095亩，减少了55亩。减少的主要原因是由于2004年新村建设和旅游公司建设占去近50亩耕地。从这段人口与土地变化的情况来看，人均耕地基本保持在1979年的水平，人地紧张的程度没有进一步恶化。

"土改"至今50多年来，人口已增长一倍多，而耕地是有减无增，但由于实行科学种田，提高了单位面积产量，目前口粮能基本自给自足。随着市场经济的发展，村民亦工亦商或兼而有之，目前中青年劳动力70%左右在外打工。由于人地关系日趋紧张，村民如果不走市场经济这条路，收入很难增加，生活也难以改善。

据2005年的最新统计结果，全村现有土地15761亩，水田仅有959亩，都已承包分户种植。2006年全村发展双季稻面积约300亩，由于单产的提高，全村年产稻谷大概80余万斤；全村现有林地14195亩，其中林山7352亩，包括杉木、松木、毛竹等。除毛竹分到户，杉木、松木、荒山仍为集体管护；油茶3760亩，年可产茶油约2万余斤，油茶是传统经济特产；茶叶547亩，茶叶近年来发展增强，速度较快，年创产值20余万元；旱地136亩和园地458亩主要用来发展蔬菜和其他经济作物。另外有水库两座，水面面积400余亩，可以发展淡水养殖。2006年渔业收入达30多万元。表5-1反映了1979年以来部分年份俞源村人口与土地的基本情况，从中可以看出俞源人地关系矛盾的大致情况。

表 1-1　俞源村人口、土地基本情况　单位：人，户，亩

年份	农户总数	人口总数	土地总面积	其　中：					
				耕地	水田	旱地	园地	林地	水面
2005	732	1934	15761	1095	959	136	458	14195	40
2004	732	1922	15278	1095	959	136	430	13765	15
2000	758	1984	15167	1124	988	136	515	10521	15
1995	714	2016	15238	1129	993	136			15
1990	692	2052	15254	1146	1010	136			15
1979	555	2019	15255	1150	1010	140			40

说明：这里的农户总数不同于农村总住户，2004 年农村总户数 734 户，其中 2 户是外来户，外来人口 24 人，外出住户 7 户，外出常住人口 23 人。

劳动力资源　俞源现有人口 1934 人，60 岁以上 351 人，18 岁以下 374 人，劳动力 1209 人，其中男 644 人，女 565 人。小学以下文化程度劳动力 246 人，初中文化程度劳动力 438 人，高中以上文化程度劳动力 525 人。据 2005 年统计数据，常年外出的劳动力 330 人，占劳动力总数的 27%。其中出本乡劳动力 180 人，出本县劳动力 135 人，出省劳动力 15 人。在本村从事农业生产和兼业经营的劳动力 879 人，占全村劳动力总人数的 73%。

表 5-2　1985 年以来俞源部分年份劳动力资源情况表

年份	实有劳动力	其中：外出劳动力				按性别	
		小计	出本乡	出本县	出本省	男劳动力	女劳动力
2005	1209	330	180	135	15	644	565
2004	1212	320		305	15	641	571
2000	1023	344	17	247	80	515	508
1995	1046	135	66	61	8	588	480
1990	1617	37	26	8	3	818	799
1985	1001	11	7	1	3	567	434

资料来源：《俞源乡劳动力情况统计表》

从劳动力的行业分布来看，从事农林牧渔业即从事第一产业

的劳动力 786 人，其中，从事农业劳动力 622 人，从事林业劳动力 2 人，从事牧业劳动力 160 人，主要从事生猪喂养，从事渔业 2 人。从事第二产业劳动力总数为 60 人。其中，从事工业劳动力 16 人，从事建筑业 40 人，从事交通运输、仓储及邮电通讯业 35 人。从事服务业 293 人（包括兼业劳动力）。信息传输、急速机服务和软件业等劳动力 14 人，从事批发、零售劳动力 15 人，住宿和餐饮业劳动力 10 人，其他服务业 184 人。

表 5-3　1985 年以来俞源部分年份劳动力资源情况表

年份	一. 农林牧渔业劳动力					二. 工业劳动力			
	小计	农业	林业	牧业	渔业	小计	集体企业	私营企业	个体企业
2005	786	622	2	160	2	16			
2004	746	654	无	9	0	2			
2000	860	685	6	167	2	43	8	25	10
1995	833	642	7	180	4	125			
1990	1204	986	8	205	5	87			
1985	922	918			4	38	38		

年份	三、建筑业	四、交通运输、仓储及邮电通讯业	五、信息传输软件业等	六、批发、零售	七、住宿和餐饮业	八、其他非农服务业		
						小计	其中：外出合同工	临时工
2005	40	35	14	15	10	293	90	
2004	30	40	40	15	6	335	25	
2000	25	20		25		50	40	
1995	34	16		2	7	52	48	
1990	34	10		12	21	57		
1985	15	5			10	4		

说明：其中 1985 年集体企业：38 人中 31 是在乡镇企业工作，8 人在村办企业工作。

资料来源：《俞源乡劳动力情况统计表》

生物资源　蔬菜品种有190余种，粮食品种有30余种，花卉品种有1200多种，水果品种有116种。区内植被为针、阔叶林混交，主要有：苦槠、麻栎、红楠、枫香、香樟、青冈、杉木、柳杉、马尾松、柏木、油茶、毛竹、茶叶及杜鹃、继木等。畜牧水产以家养为主，主要有猪、鸡、鸭、鹅、奶牛、山羊和多种养殖鱼类。生猪业是俞源村畜牧业的重要主导产业，平均年出栏1000余头，年产猪肉20余万斤。奶牛业是近年来发展起来的新产业，目前规模不大，没有普遍养殖，只有个别专业户开始饲养，经济效益并不明显。

第二节　古村落的生产工具

工具是人们日常生活和生产劳动中广泛使用的东西。生产工具是社会生产力发展的重要指示器，生产工具的发展水平，成为我们判断社会生产力发展水平的重要标志。生产工具不仅是一种重要的社会因素，而且是生产资料的重要组成部分。生产资料的所有制在生产关系中具有决定性意义，因此，生产工具的制作使用成为我们认识社会经济形态的重要标志。同时，生产工具又是一种文化载体和文化现象，是整个古代文明的重要内涵，生产工具成为人类物质文明的重要组成部分。

一、古代农业生产工具

生产工具是古代社会发展的重要物质基础，同时，它的发生和发展又受到社会发展进程的影响和直接制约。研究表明，我国古代的生产工具大体经历了三个大的发展阶段。第一个是石器时代，或者说是生产工具的非金属时代。第二个是青铜器时代。第三个是铁器时代，或者说叫古典机具时代。[①] 中国古代的农具按功用大致可分为以下类型：[②]

高效的取水设备和机具　如人们熟悉的水车，也叫“翻车”、“龙骨车”、“水蜈蚣”，它出现于东汉、三国之际，最初只用来浇灌园地，后来被水田区的农民广泛采用，将近两千年来，在生产上一

直起着较大的作用。

耕翻平整土地的农具 如耒耜是犁普遍使用前的主要耕具，它类似现代还使用的铁铲、铁锹，也有叫臿的。使用耕畜牵引的耕犁，中国从春秋战国才开始逐渐在一些地区普及使用。

播种农具 最重要的创造发明是耧车，为汉武帝时搜粟都尉赵过大力推广的新农具之一。据东汉崔寔《政论》说："其法三犁共一牛，一人将之，下种挽耧，皆取备焉。日种一顷，至今三辅犹赖其利。""三犁"即三个耧脚。山西平陆枣园西汉晚期墓室壁画上有一人在挽耧下种，其耧车正是三脚耧。用耧车播种，一牛牵引耧，一人扶耧，种子盛在耧斗中，耧斗与空心的耧脚相通，且行且摇，种乃自下。它能同时完成开沟、下种、复土三道工序。一次播种三行，行距一致，下种均匀，大大提高了播种效率和质量。

中耕除草农具 一类是钱、铲和铫，构造大同小异，实质是同一种农具。古代文献往往用来相互注释，《说文解字》第十四："钱，铫也，古农器。"这类农具需运用手腕力量贴地平铲以除草松土，也可用来翻土。另一类是耨、镈和锄，就构造说也大同小异，都是向后用力以间苗、除草和松土的农具，比钱、铲、铫要进步些，至今仍被大量使用着。

收获农具 新石器时代已有石制或蚌壳制的割取谷物穗子及藁秆的铚与镰。金属出现后，则有青铜和铁制的铚和镰。几千年来，铚和镰的形制基本上没有多大变化。

由此可见，在我国古代，劳动人民利用这些工具精耕细作，并与小农家庭经营制度相结合，创造了高度发达并且领先于世界的农耕文明。

俞源村创建的时代正是中国农耕文明的顶峰时代，它从成熟的传统农业社会走来，其间商品经济虽然萌芽较早，但直到解放前的600余年里，就其主体而言，仍然是农耕社会。所以，俞源村的农业生产力水平及其耕作方式基本是：村民一直使用镰、锄头、木犁、铁耙、畜役、石磨、水车等生产工具，沿袭着春种秋收——种植粮食、棉花、油料、糖料等大宗农产品的耕作。在农产品加工领域也不过是一些酿酒、榨油的私人手工作坊。除此以外就是走村串户的小五匠——诸如木匠、铁匠、锡匠、篾匠、泥瓦匠之类。纵观俞源古村落从俞始祖建村到新中国成立前的600余年历史，俞源村落的生产工具都没有多大变化，生产力的发展和进步也十分有限，是中国众多古村落发展状况的一个典型缩影。图5-1是我们实地拍摄到的俞源村古代的部分农业生产工具。

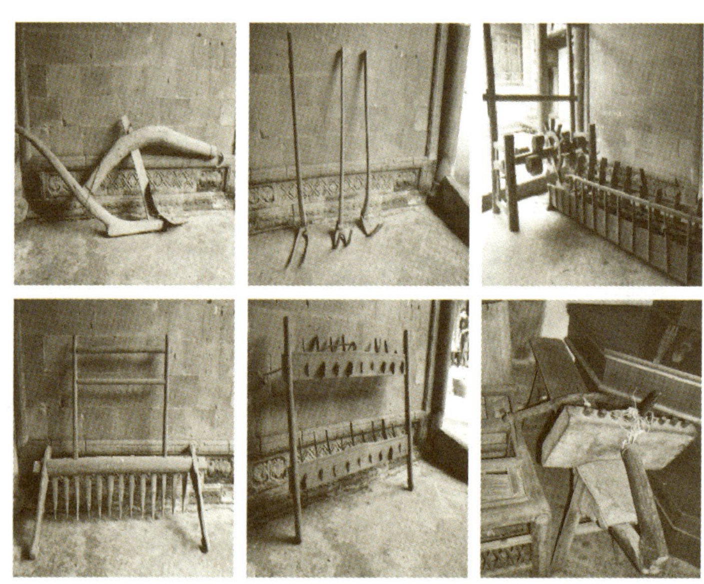

■ 图5-1　俞源部分古农具

二、改革开放前生产工具的发展

在传统农业社会，畜力一直是农业生产中最重要的生产力。因此，人们对耕牛非常重视。俞源古村落农业生产设备除了依靠上述的传统农业工具外，主要依靠耕牛。这种状况到改革开放前都基本存在。我们从《俞源村经济统计年报表》中发现，在每年的经济统计中，耕牛的数目是不可或缺的，这说明耕牛在村落农业生产中的重要地位。以下为俞源村1959年到1978年部分年份对耕牛的统计，其中包括耕牛存栏数、能否耕田、能否繁育及当年出生的牛。1959年共67头，能繁育的母牛4头；1965年55头；

1975 为 58 头，能够役使的 50 头，能繁殖的 4 头；1978 年 44 头，能够役使的 38 头，能繁育生子 4 头。随着农业机械的逐渐普及，俞源村的畜役力呈现下降趋势。

进入人民公社时期，俞源村农业机械逐渐发展。通过对《俞源村历史资料》和《俞源村经济年报表》中有关数据的整理（见下表 5-3），我们可以了解俞源村主要农机具变化的基本情况。

表 5-3　俞源村农业机械变化统计

名称＼年份	1960	1965	1970	1975	1978	1980
柴油机(台/马力)	1/8	2/11	2/11	3/19	7/48	16/104
电动机(台/千瓦)	0	2/14	9/15	10/80	20/96	21/103
农用水泵(台)	0	1	2	5	11	17
水车(包括木制)(部)	不详	17	17	10	8	3
碾米机(台)	1	2	2	3	3	3
磨粉机(台)	1	1	3	3	不详	不详
饲料粉碎机(台)	0	0	0	1	2	4
人力喷务和喷粉器(架)	1	2	17	17	34	38
人力打稻机(台)	不详	11	10	22	23	23
机动打稻机(台/马力)	0	0	0	0	1/2	17/52
胶轮手推(拉)车(辆或轮)	14	17	25	48	92	95
手扶拖拉机(台/马力)	0	0	0	1/12	2/24	2/24
喷灌机械(套)	0	0	0	0	1	2
脱粒机(台)	0	2	2	2	17	17
农用汽车(辆)	0	0	0	0	0	0
当年实际机播种面积(亩)	0	0	0	300	500	620
农村用电(度)	0	未统计	未统计	未统计	39000	42000

统计表显示：(1) 从1960年开始，俞源村拥有了农用柴油机，1965年全村开始通电，电动机开始进入俞源。但一直到十年后的1970年才在原来一台8马力的柴油机的基础上增加了一台3马力柴油机；1965年村里有了电动机。1980年这两大动力分别上升为104马力和103千瓦。(2) 农业灌溉机械，1965年才有1台农用水泵，1970年2台，1975年5台，1980年达到17台。俞源村1965年还有人力灌溉水车，以后逐年减少，现在已经不用于生产生活。使用了600多年的人力木制水车，已经完全被现代化的电力水泵所取代。(3) 农业植保器具一直使用人力喷雾器和喷粉器，1960年有1台，1980年达到38台。(4) 俞源村到1973年才有1台12马力农业生产用的手扶拖拉机，1975年2辆24马力，1980年时2台共24马力。村落机播在1975年才开始，当年机播面积达到300余亩，1980年上升到620亩，占俞源村当年总耕地面积的56%。(5) 交通运输工具：改革开放前，村落始终没有汽

■ 图5-2 村口小溪

车，运输除了雇请外面的之外，主要依靠人力胶轮手推（拉）车，这种工具在1960年时有14辆，1975年为48辆，1980年上升为95辆。（6）从1960年起，村落开始使用如碾米机、磨粉机等加工机械，1962年拥有脱粒机。（7）村落用电较早，从有统计的1978年来看，全村年用电39000度，主要用于村民照明及少量用于家电。用于生产中很少，因此1980年的用电量也只有42000度，增幅不大。

第三节 古村落的农业生产

一、农业产业结构的变迁

古代俞源的农业生产主要以种植业为主，种植业则主要以稻米生产为主，辅之以玉米、蔬菜等。新中国成立以来，伴随着我国国民经济的发展，俞源村农业产业结构的变化大致可分为以下两个历史时期：即从1949年到1978年以前的缓慢变动时期；1979年以来的发展和调整时期。

新中国成立初期，俞源村所存在的产业部门主要是农业，没有农村工业，只有少量的农村商业，主要是一些小商贩、小手工作坊。在农业产业中仅以种植业为主，在种植业中又以粮食作物为主。林、牧、渔业没有应有的发展，副业比重很小，历史形成的“农业＝种植业＝粮食”的单一的农村产业结构基本上没有变化。到70年代中后期，与新中国成立时的村落产业结构相比，虽然有了一定程度的缓慢变化，但村落产业结构中农业一直处于绝对主导地位，第二、第三产业在农村经济中所占的比重很低，只是作为农业的必要补充而存在。因此，产业结构在这一个时期的基本特点是单一的种植业结构。

表 5－4　1978 年以前部分年份农、林、牧、副、渔业产值情况

单位：元

年份	总收产值	农业	林业	畜牧业	副业	渔业
1978	284714	194641	28862	7638	37511	62
1975	225145	155588	20075	6316	43156	10
1965	108139	97863	8953	1323	0	0
1960	83265	78622	4179	464	0	0

资料来源：《武义县俞源村农村经济年报表》

从表 5－4 可以看出，1960 年俞源村总产值为 83265 元，主要来自农业，其中农业产值为 78622 元，占总产值比重为 94.4％，只有不到 6％的产值来自林业。到 1965 年，俞源产业结构仍没有多大变化，主要产值仍只有来自农业（主要指种植业）产值。农业产值占总产值的比重为 90.5％。直到 1978 年，产业结构开始发生较为显著的变化，农业产值在总产值中所占比重降到 68.37％；畜牧业和副业得到了一定程度的发展，特别是副业的发展较快，在总产值中占比达到 13.2％。

十一届三中全会以后，党和政府的工作重心转移到经济建设上来，农村经济得到了迅速发展，农村产业结构进入了变革阶段。以家庭承包经营为主的多种形式的责任制为主要特征的农村经济体制改革，突破了单一种植业的格局，彻底改变了农村经济的微观运行基础，调动了农民生产的积极性，促进了农村专业化、商品化和社会化程度的提高，推动了农村产业结构的变化。

1979 年以后，俞源逐渐改变过去"重农型"的状况，形成了农、林、牧、副、渔并举，全面发展农村产业结构的新格局。随着城市改革的启动市场机制的深化以及城市和农村消费结构的变化，村落的第二、第三产业得到一定程度的发展，产业结构也逐渐得以调整。

表 5－5　1979 年以后部分年份农、林、牧、渔、工、建筑、交通业产值

单位：万元

年份	总产值	农业	林业	牧业	渔业	工业	建筑业	运输业	服务业	其他
2004	526.72	208.88	14.42	224.23	38.44	38.44				
2000	452.67	178.83	16.25	170.93	19.20	51.20		6.40	19.10	
1995	386.42	160.32	15.9	140.8	19.6	24.5		6.8	18.5	
1984	108.54	61.58	5.28	24.8						12.37
1979	35.49	22.65	5.8	0.96	2.3					3.74

说明：表中 1979 年和 1981 年的“其他”一栏数据指副业，包括除农、林、牧、渔业之外的所有各行业产值总和。

资料来源：《武义县农村经济年报表》

从表 5－5 可以看出，1979 年各产业总产值为 35.49 万元，农业、林业、牧业、渔业、副业分别为 22.65 万元、5.8 万元、0.96 万元、2.3 万元和 3.74 万元。经过 25 年的发展变化，到 2004 年，农、林、牧、渔业得到了很大发展，其中，农业增加到 208.88 万元，增加 18 倍，林业产值增加了近两倍，尤其是牧业和渔业分别增加到 224.23 万元和 38.44 万元，分别为 1979 年的 223 倍和 17 倍。与此同时，工业、交通运输及服务业也有一定的发展。

从以上分析可以看出，俞源村的农业产业结构的变迁主要呈现出结构性变化的特征，即由传统的、单一的种植业结构逐渐向农、林、牧、渔业全面发展。在农村经济总收入中，第一产业的比重由 1979 年的 75％下降到 2004 年的 48％，整个农村经济结构由以种植业为主转变为农业与非农产业协调发展。

二、粮食生产的发展

俞源地处山区，海拔高差大，四季分明，农业生产条件较为有利，但由于立体气候明显，而且每年 7、8 月份均有不同程度的伏旱，故有“十年九旱”之说。村落粮食生产以水稻、玉米、番薯、洋芋为主，常年种植面积为水稻 1000 余亩、玉米 100 余亩、番薯 40

余亩、洋芋 30 余亩。

改革开放以来，俞源以市场为导向，坚持因地制宜原则，不断调整和优化农业产业结构，着力发展经济效益明显的经济作物，拓宽了农业增效、农民增收渠道，促进了生产要素的合理流动和资源的优化配置，促进了农业生产的发展。与 20 世纪 80 年代初相比，俞源种植业已由传统的粮食作物单一结构的经济作物为内容的二元结构，转向粮食作物、经济作物、饲料作物三元结构。至 2005 年，全村粮食播种面积 1090 亩，总产量 100 多万斤，较 1981 略有减少。但优质品种生产面积逐步扩大；经济作物播种面积 800 多亩，比 1981 年增长 2.5 倍，粮、经比例由 1981 年的 91∶9，调整到 2005 年的 75.7∶24.3。种植业占农林牧渔业总产值的比重由 20 世纪 80 年代初的 79%下降到 60%；农业内部，茶叶、油茶、蔬菜、畜牧业已从农村副业发展成为农业经济的重要产业。2005 年，茶叶、油茶、畜牧、蔬菜已成为农民家庭现金收入的主要来源之一，占农民家庭人均纯收入的 40%以上。在近年来迅速发展起来的经济作物中，高产优质油菜在村落得到大面积推广，2005 年仅油料作物播种面积就达 630 亩，总产量达 10 万斤，较 1981 年增长 90%。另外油茶种植面积达 3760 亩，年可产茶油约 2 万斤，油茶作为传统经济特产，收入一直不错。茶叶 547 亩，近年来茶叶发展速度较快，年创产值 20 余万元。

水稻一直以来是俞源的主要农作物，也是主要粮食作物。俞源水稻种植历史悠久，稻米是古村落居民的主食。俞源人多地少，粮食向来不宽裕。新中国成立后，由于政府高度重视和支持，水稻生产发展迅猛。改革开放以前，为了增加粮食产量和达到温饱生活的需要，在 20 世纪 50 年代通过筛选鉴定种子、引进优良品种、实行精耕细作，粮食亩产达到 270 多公斤；60 年代，引进水稻矮秆良种，推广应用良田、良制和良法的配套技术，从而获得粮食高产；进入 70 年代引进杂交稻，粮食亩产达到 500 多公斤。1984 年，水稻播种面积达 1000 亩以上，稻谷总产量达 100 万斤以上，播种面积占粮食作物播种面积的 90%以上，稻谷总产量占全年粮食总产量的 85%以上。进入 90 年代以后，浙江省开始进行

种植业结构调整，水稻播种面积持续下滑。进入21世纪后，浙江率先进行粮食购销市场化改革，水稻种植面积继续大幅下滑，稻米产业发生了翻天覆地的变化。俞源也不可避免地受到整个大气候的影响，水稻种植面积逐年减少，产量下滑。

20世纪90年代以前一直以种双季稻为主。经过十余年调整以后，俞源的水稻生产出现了一些新的特点：

单季晚稻成为粮食作物的主体　随着早稻面积大幅度下降，单季晚稻迅速发展，种植面积由20世纪90年代初的400亩左右扩大到2004年的800亩，成为俞源粮食生产的主体作物，占当年粮食作物播种面积的65%，水稻总面积的80%。

长粒形优质早籼种植面积持续下滑　其主要原因是20世纪90年代初，针对早籼米米质差、价格低、农民不愿种、居民不愿吃的现状，有关部门把大力发展优质早籼作为发展“一优两高”农业、提高农民种粮积极性、增加农民收入的重要措施。1994年10月，省政府组织省级有关单位实施“食用优质早籼开发研究和利用”项目（简称9410计划）。通过育种攻关，选育出舟903、中丝2号、浙农8010、嘉育948、嘉早935、杭931、浙9248、中优早5号等优质高产早籼稻品种。为了加快优质早籼新品种的推广应用，省政府还确定上述8个优质早籼品种的收购价在合同定购价的基础上，每50公斤加价6元，实行优质优价。优质早籼的种植面积迅速扩大。2000年以后，由于早稻面积持续大幅度下滑，早籼稻需求结构发生重大变化，早籼稻米主要用于粮食储备，其次用于米粉干、味精、酿酒及饲料等加工业，少量直接作口粮。其中，圆粒形早籼谷价格持续坚挺，而长粒形的优质早籼谷价格相对较低，一般每50公斤市场收购价普遍比圆粒形的低3—5元，而且国有粮食收储企业一般不予收购。由此，长粒形优质早籼种植面积持续下滑，至2005年俞源全村长优质早籼面积不足50亩，仅占早稻播种面积的20%。

优质晚稻不断引进　由于气候等因素，晚稻品质普遍优于早稻。随着粮食购销市场化改革的实施，晚稻品质问题日益显现。由于本地产晚稻米外观不太好，腹白较多、透明度较低，卖相不好，而且口感偏硬，本地大型粮食加工企业一般不太愿意收购，有的企业将本地收购的稻谷掺混到外地调入稻谷中进行加工。因此当地农民不愿种。针对这一情况，乡政府出面引进了浙粳20常规晚粳稻。杂交籼稻先后协优9308、中浙优1号等优质高产杂交稻新组合，很受村农欢迎，种植面积也逐渐扩大。

第四节 古村落的特色经济

俞源村的经济受传统农耕文化和现代经济发展的影响，形成了具有自身特色的经济源，主要是由传统农业、手工业形成的传统特色经济。

浙江省素有“七山二水一分田”之称，而俞源所在的武义县属于相对偏远的山区，因此，俞源富足的林地形成了该地区特有的林地经济。俞源古时就盛产茶油、茶叶、桐油、柏籽、靛青、竹木等经济作物。据《俞氏宗谱》记载，这些农产品在民国时期就远近闻名，一般通过贩销户收购、加工，再投放到市场，“经济人”为村民带来了产销和需求的方便，促进了当地商业的繁荣，也带动了农户种植经济作物的积极性。解放后，村民延续了以前的种植传统，茶油、茶叶、毛竹等经济作物开始有计划、大规模的种植，当地政府也因地制宜积极扶持经济作物的发展。

一、茶油

油茶是世界上四大木本油料树种之一，主要生长在阿萨姆(印度)、中国和日本等东南亚地区。利用山茶籽榨制的茶油，是一种优质的食用油——耐贮藏、不易酸败，其理化特性与流行欧美的橄榄油极为相似。因此，当地政府在解放初期，就充分发挥俞源村生产油茶的优势，在技术和肥料等方面给予大力支持。1975年，村里大规模建设三保基地(保水、保土、保肥)，第二年共建成油茶三保基地3400多亩。如今，油茶仍是俞源村的主要经济作物之一，由于村民管理油茶的经验丰富，并代代相传，该村油

茶产量历年居武义县第一。现共有油茶3760亩，年可产茶油约2万余斤。油茶的采摘非常重要，俞源乡政府为提高出油率，减少损失，全乡从2004年开始采取统一采摘，使油茶的产量更上一层楼。随着居民生活水平的提高和对饮食健康的重视，而茶油特有的功效也陆续被发现，如与其他植物油相比，食用茶油不会使人体胆固醇增高，更适合高血压病患者食用，具有减肥、降血脂、防止血管硬化等保健作用，受到消费者的普遍欢迎；身价的日益增高，给村民带来了良好的经济效益。特别是旅游开发以来，茶油已经成为旅游产品销售点的"座上宾"，受到广大游客的青睐。

但俞源村的油茶种植比较粗放，新老茶树混种，在施肥和灌溉上比较欠缺，在一定程度上降低了产油率。同时，茶油的压榨一般都是在本村的小型榨油作坊内完成，使得产油率很低，茶油的品质也无法得到保障。

二、茶叶

武义县有"中国有机茶之乡"的美称，茶叶是该县特色农业中最具竞争力的产业，所产茶叶的自然品质"色、香、味、型"独特，白毫显露，色泽翠绿，具有兰花的清香和鲜醇可口的特点，历史上就享有一定声誉，其创制的"武阳春雨"茶是浙江省十大名茶之一。全县现有茶园11万亩，2004年茶叶总产量6800吨，总产值2.05亿元。其中名优茶产量2100吨，产值1.68亿元。茶树良种化率已达28.6%，为浙江省茶树良种化先进县。地处该县的俞源村发展茶叶经济具有得天独厚的地理条件和优良的传统，在整个县茶叶经济的带动下，茶园发展迅速，茶园面积已从1981年的304亩增加到现在的547亩，年创产值可达20余万元。县里每年派专门的茶叶技术人员指导茶树的施肥、灌溉和去虫害，保证茶叶的品质和产量。当地的茶叶采摘后直接由收购大户销售给厂家进行深加工，因此，农户在销售上没有后顾之忧。农户反映说只要茶叶品质好，根本就不用担心销路。仅有少量的茶叶（一般是后期的茶叶）村民自我加工后做日常饮用，或是在附近的王宅集市销售。

相对而言，俞源茶叶的发展比较好，这与整个武义县的茶叶经济环境是相关的，全县各乡各村的小规模经营汇集成了茶叶的大规模生产，从而形成了茶叶种植、加工、销售的完整产业链，增强了整个县茶叶的竞争力，同时整个浙江省的茶叶生产和加工一直走在全国的前列，因此，俞源村茶叶经济的顺利发展也就自然而然的了。

图5－3　俞源村民制茶忙

三、毛竹

早在公元前1世纪，司马迁在所著《史记》中就有“渭川千亩竹，其人皆与千户侯等”的记载，说明我国人民自古就注意到竹类的重要经济价值。竹类的用途极为广泛，它是优秀的生态和绿化树种，食用和保健佳品，建筑和造纸良树，还是优良的编织和工艺原料，其用途几乎涉及到人们生产和生活的衣、食、住、行、用等各个方面，有人统计过竹类的用途不下千种。由于竹子根系发达、枝繁叶茂、生长快、繁殖能力强，在涵养水源、防治水土流失等方面，具有十分明显的生态功能。因此，毛竹成为村民的主要经济来源之一。

春天破土而出的竹笋不仅营养丰富还具有一定的保健功效，被誉为“寒士山珍”，有“无笋不成席”之说。目前，俞源竹笋的消

耗可归纳为两大方面:鲜销和加工。在俞源村,竹笋大部分都是在离俞源村不远的王宅集市上直接出售,对竹笋进行加工就是做成盐制品和干货,满足自家需求,对外销售的比较少。但目前俞源的竹笋的种植还处于自然生长状态,而浙江省其他地区的"早春笋"(用稻草覆盖等方法提高地表温度加快竹笋的生产,通过提前上市来提高竹笋的价格增加收益)、竹笋喷管技术(通过喷洒的方式灌水,不受地形坡度和土壤透水性的限制,特别适合林地植物的浇灌)早已如火如荼地展开。俞源古村在种植品种上也比较单一,现在只有毛竹的冬笋、早竹笋、春笋、石竹笋等,没有尝试种植新的品种。

■ 图 5-4 俞源村民制作竹编

聪明能干的俞源人,更是利用竹子的表层发展起竹编产业。村里的老人大多都有一手编织的绝活,每到农闲,他们就在家编织凉席、鱼篓、篮子、竹编葫芦等生活用品。农民夏天出去耕作时都会带上竹编葫芦,即使经过太阳的暴晒,里面装的水也会很甜很凉,深受各家各户的喜爱。现在随着人们对复古产品的追求,他们也编织出各种工艺品供观赏之用,如观赏用的小竹篮、小鱼篓(形状各异)、小簸箕以及竹编葫芦等等。这些工艺品对外销售的很少,主要是前来游玩的旅客购买。村里有习俗说,越是技艺高的编织能手，越是躲在家里编织，然后寄放在旅游产品处出售。因此，只有转到村中才可以看见竹编能手飞丝走线的绝活。由于竹编工作相对机械和繁琐，例如一张竹席大致要一个星期才能完成，这需要很强的耐性和吃苦的精神，村里年轻的一代并不愿学习竹编技术，现在的编织能手大都是 40 多岁的中老年人。所以，俞源村的竹编技术像中国其他的民间绝活一样，面临着后继无人的困境。

四、木材

俞源村现共有林山 7352 亩，包括杉木、松木、毛竹等，除毛竹分到户，杉木、松木、荒山仍为集体管养。成熟以后的竹材在建筑、轻工、造纸、家具、装饰、纺织、运输、医药保健、化工等许多领域运用广泛，特别是竹门、竹地板、竹胶板、高档竹质装饰板等产品的市场需求量也越来越大。2005 年，俞源村砍伐竹子 3 万根，占到林地总收入的 30%左右。为了保持竹业的持续发展，俞源村对竹子的砍伐制定了非常严格的规程，每三年集体砍伐一次，直径必须达到 10 厘米，这对毛竹产业的发展以及林地生态环境的维护起到了很好的作用。俞源的林业收入逐年增加，1979 年为

图 5-5　村口休闲钓鱼塘

5.8 万元，到 2005 年已达 15 万元，木材收益已成为俞源农户重要经济来源。

从整体上来看，俞源村的传统特色经济的发展有其自身的历史渊源，并在逐渐发展中融入了现代经济元素。农民已经开始用科学种植技术来提高茶叶的品质和产量，竹编产品从适用型向工艺型转化，从而使这些传统经济由自给自足的小农经济形态，发展成为农民发家致富的新路子。

注　释：

①《历史文献中的中国文化现象》，http：//www. xiaoshuo. com/jsp/olwritinggsection. jspid。

② 白云关翔：《中国古代的生产工具与古代文明》，http：//202. 108. 249. 200/lm/131/61/82142. html。

第六章 俞源古村落集体、农户及商业经济

集体经济和农户经济是村域经济的基础，因此，农村改革始终把改革和完善农村集体经营和家庭联产承包经营的“双层经营”体制作为目标。经过多年的实践，村域经济的主体正在发生变化，特别是在“长三角”地区，已逐渐形成农户、集体以及工商业主经济“三足鼎立”的新态势。[①] 和许多中国农村一样，古村俞源农户经济和集体经济仍占据主导地位，商业经济虽有一定的发展，但几乎没有真正意义上的工业企业。

第一节 古村落的集体经济

农村集体经济是公有制经济的重要组成部分，已走过了50多年的发展历程，它为我国经济的发展做出了重要贡献，并为我国农村实行按劳分配制度提供了物质基础。邓小平同志曾指出：“中国社会主义农业的改革和发展，从长远的观点来看，要有两个飞跃。第一个飞跃是废除人民公社，实行家庭联产承包为主的责任制。这是一个很大的前进，要长期坚持不变。第二个飞跃，是适应科学种田和生产社会化的需要，发展适度规模经营，发展集体经济。这又是一个很大的前进，当然这是很长的过程。”[②] 可见，发展农村集体经济将会成为我国农业改革的最终发展方向。因此，必须对俞源村集体经济发展历程作进一步的深入考察。

就俞源村而言，自宋末元初到新中国成立近800余年的历史中，村落没有全体村民共有的集体经济。封建社会中的祠产，只不过是属于血缘村落的公产，在俞源只属于俞姓成员集体所有，与村落其他姓氏的村民没有关系。而且，经营祠产的目的仅仅在于维系宗祠的修缮与族祭以及公助活动，仅仅发挥着团结宗亲、维系宗族文化方面的作用。

新中国成立后，经过土地改革，农民分得了土地，实现了耕者有其田的梦想，经过一系列的改革，最终建立了社会主义集体所有制经济。在我国，集体经济是“社会主义劳动群众集体所有制经济”的简称，它包括城乡各种形式的合作经济，或者合作社经济。而农村集体经济，则是指农业以至农村中的各种合作社经济。我国农村集体所有制经济包括两方面：一是农业集体所有制；二是农村中的乡办集体企业和村办集体企业，即农村中非农业集体所有制。这两种集体经济在制度的形成和演变上既有密切的联系又有很大不同。在此，我们主要就这两方面对俞源村集体经济的演变作相应的阐述和分析。

一、农业集体所有制经济

农业中的集体所有制是现阶段我国农业中的基本所有制形式。按照我国历史和对农业集体所有制经济的认识，其制度演变的历史，以改革为标志，可以划分为两个阶段，即改革前的农业集体所有制经济和改革以来的农业集体所有制经济。

第一阶段：改革前农业集体所有制经济

中国改革开放之前，农业集体所有制经济的制度演变可分为三个时期：一是20世纪50年代的形成期；二是20世纪60年代初到“文化大革命”开始时的调整期；三是“文化大革命”十年的停滞期。

20世纪50年代是我国集体经济的形成期，它的形成方式比较明确单一，主要是通过对个体农业的社会主义改造，经过互助组——初级合作社——高级合作社——人民公社的发展过程而形成的。

俞源村的土改运动始于1951年。俞源村的田地不过千余亩，“土改”时人均分配七分田，与当时全县相比是非常少的。农户在“土改”后，以极大的热情投入劳动生产，“土改”后农民的收入普遍有了较大的提高。但由于过渡时期持续的时间较短，农民还是徘徊在饥饿的边缘，破产农民和农村新富农并存的局面并不明显，而是出现了比较明显的“中农化”趋势。这时的所有制经济仍属个体农民所有制经济，生产资料和劳动成果归个体农民所有。在以后的互助组运动中，遵从农户自己的意愿主要是共用生产工具、互相帮助播种和收割，但并未改变其个体农民所有制度，互助合作使得生产力得到很大的提高。然而由于时间较短，并没有发挥出太多优势，很快就卷入初级合作社和高级合作社的洪流中。进入初级农业合作社后，入社农民仍然拥有土地的所有权，但以入股土地分红成为农民在经济上实现其土地所有权的基本形式，所以这时具有半社会主义集体所有制经济形式。在高级农业合作社里，除社员原有的坟地和宅基地不必入社外，社员私有的土地及土地上附属的私有的塘、井等水利设施，以及所有生产工具都无代价地转归合作社集体所有。取消了土地分红，按劳动的数量和质量进行分配，古村落的社会主义集体所有制经济完全建立起来。

1958年底，俞源乡建立了人民公社组织，从此俞源乡形成了政治、经济、社会高度集中统一的管理体制。原属于农业生产合作社的土地和社员的自留地、坟地、宅基地等一切土地，连同耕畜、农具等生产资料以及一切公共财产、公积金、公益金，都无偿地收归公社所有。公社对土地进行统一规划、统一生产、统一管理，分配上实行平均主义。

20世纪60年代初到“文化大革命”开始是我国农村集体经济的调整期。“一平二调”的实行，损害了各生产集体(生产大队和生产小队)的群体利益，农民生产积极性遭受了严重挫伤，从而很快就导致对人民公社制度的不彻底改革和调整，即将其调整为“三级所有、队为基础”，取消了公共食堂，恢复了农民的自留地、家庭副业和集市贸易。这种调整，可以视为是局限于集体共同生

产经营范围内的对农村经济体制的一种小改革。

俞源村农业集体经济在调整期内有了很大的变化和发展。1960 年集体经济收入为 54320 元，1965 年为 108139 元，1966 年增长为 139505 元，较上年增长了 1.2 倍。1966 年的收入分配（表 6－1）以及粮食分配（表 6－2）中就可得到充分说明。

表 6－1　1966 年俞源村农业集体经济收入分配状况（单位：元）

总收入	总费用	净收入	收益率(%)	集体提留	社员分配	分配率(%)
139505	32554	106951	76.66	6100	87777	82.07

表 6－2　1966 年俞源村粮食分配状况　（单位：吨）

集体分配粮食总产量	其中：集体生产粮食	集体粮食比例(%)	国家定销粮	征购	饲料	种子	社员口粮	分配率(%)
444.3	443.5	99.82	0.75	46.59	31.10	23.73	305.45	68.74

资料来源：《武义县俞源村农村经济年报表》

俞源村农业集体经济收入有了大幅度的提高，农村生产资料的公有化程度已经非常高。完全实行集体生产经营、按劳分配的人民公社体制，国家对农副产品的统购统销，农民完全被束缚于农业集体生产中，农村集体经济组织形式完全取代了家庭经营方式，家庭经济功能基本上被消灭。但集体农用生产资料逐渐发展起来，1966 年，俞源村固定资产有碾米机 1 部，小铜磨 1 部，番薯铇丝机 1 部，喷雾器 20 部，水车 21 部，稻桶 68 部，风车 25 部，集体所有的箩筐 506 双，大地垫 350 条，集体有单轮车 22 部，双轮车 2 部。这些农用工具的增加，极大地促进了村落集体经济的发展。

值得一提的是，俞源村的集体经济在"文化大革命"期间的发展速度并不慢，期间俞源村的集体经济的分配状况（表 6－3）在一定程度上提示了这一现象。

表 6-3　俞源村农业集体经济发展　　单位：元

年份	一、总收入	农业		二、总费用	三、净收入	收益率(%)	集体提留	社员分配	分配率(%)
		收入	比例(%)						
1979	354884	226501	63.82	85400	269484	75.94	20155	241636	89.67
1978	284714	194641	68.36	74242	210472	73.92	16567	186001	88.37
1975	225145	155588	69.11	51469	173676	77.14	15133	150879	86.87

资料来源：《武义县俞源村农村经济年报表》

1975 年的总收入 225145 元较 1966 年的总收入 139505 元增加了 61.39%，年均增长 6.82%。可见在“文化大革命”期间，俞源村的农业集体经济并没有退步，还是保持着一定的增长率。1978 年后，经济总收入有了大幅度增加，1979 年比 1975 年增加了 57.62%，年均增长率达到 14.41%；其中 1979 年比 1978 年就增加了 6.16%。在总收入增加的同时，农业的收入也呈增加的趋势，但农业在总收入中所占的比例却在下降。由此说明，农村经济已逐渐呈现多元化趋势，集体经济的分配率也逐年增加。

对此再从粮食分配的角度进行分析，由于受搜集数据困难的限制，仅对实行家庭联产承包责任制以前的 1979 年和 1981 年的经济状况（表 6-4）进行分析。

表 6-4　俞源村粮食分配情况　　单位：吨

年份	集体分配粮食总产量	其中：集体生产粮食	集体粮食比例(%)	国家定销粮	征购	饲料	种子	社员口粮	分配率(%)
1981	874.35	869.65	99.46	1.5	3.35	52.3	30.95	776.5	88.81
1979	942.85	942.85	100	1.5		82.25	46.8	764.4	81.07

资料来源：《武义县俞源村农村经济年报表》

1979 年集体分配粮食总产量 942.85 吨与 1966 年的 443.5 吨相比，增加了 112.6%，年增加率为 12.51%。1981 年的粮食产量却有所下降，这和当时其他地区已实行土地承包、分田到户已

逐渐实行，而俞源村却依然以集体耕作为主有着密切关系，本来生产积极性极低的农户在思想上处于极度涣散状态。生产资料的集体化程度依然很高，粮食的分配率也有所提高，达到 80%以上。农业机械化的程度也逐渐提高，1981 年早中稻的机械脱粒面积达到 39.7%，后熟稻的机械脱粒面积达到 38.7%。

从整体上看，俞源村农业集体经济的发展和整个中国经济集体经济的发展是相一致的。相对于别的地区而言，“文化大革命”对俞源村农业生产的影响比较小。据当地人回忆，这主要是因为俞源地少人多，面临的生存压力比较大，人们为了提高粮食产量，千方百计实行精耕细作，普遍进行三季种植，粮食收成年年增长，从而缓解了忍饥挨饿的状况，并使农业经济逐年发展。

第二阶段：改革以来农业集体所有制经济

改革开放以来，集体所有制经济的制度变迁主要表现为对集体所有制经济体制的改革所发生的形式等方面的变化：一是 20 世纪 70 年代末至 80 年代初，家庭联产承包责任制的推行；二是 20 世纪 90 年代，国家又作出了在原定的耕地承包期到期后再延长 30 年不变的决定，即第二轮承包。

1982 年，俞源村实行了家庭联产承包制，当地共有耕地 1155 亩，其中水田 1015 亩，旱地 140 亩，人均不到 6 分田。俞源村由于三面环山，林山共有 7352 亩，包括杉木、松木、毛竹等，除毛竹分到户，杉木、松木、荒山仍为集体管养。我们从 1981 年和 1984 年的经济状况（表 6－5）的对比中分析改革前后集体经济的变化状况，因俞源村 1982 年实行家庭联产承包制，故将 1981 年可看作改革之前。

表 6－5　俞源村 1984 年和 1981 年经济对比分析表 单位：万元

年份	总收入	其中：专业重点户收入	统一经营收入	承包经营收入	社员自营收入	农业	
						收入	比例(%)
1984	108.54	6.78	1.04	68.34	39.16	61.58	56.73
1981	61.94	36.55					22.64

续 表

年份	副业收入	各项费用	净收入	收益率(%)	国家税金	集体提留	保留率(%)
1984	12.37	25.19	83.35	76.79	0.86	1.12	1.34
1981	8.80	10.1591	26.39	72.20%	0.78	2.73	10.24

资料来源：《武义县俞源村农村经济年报表》

从中可以看出，俞源村实行家庭联产承包责任制后，经济收入的构成发生了根本性变化，统一经营收入仅占总收入的 0.1%，集体经济总收入为 4.41 万元，仅占总收入的 4.1%，由此可以得出结论：集体经济占绝对地位的时代已经过去，家庭经营成为农村经济的主体。总收入也有了大幅度的提高，1984 年的总收入是 1981 年总收入的 3 倍多，其中农业收入的比率进一步下降，收益率也有所提高，集体提留的部分变得非常少，由原来的 10.24%减少到 1.34%。可见，家庭承包责任制极大地提高了农民的积极性，促进了农民的增收，提高了农民的生活水平，而集体经济却出现相对萎缩。

20 世纪 90 年代国家又作出了在原定的耕地承包期到期后再延长 30 年不变的决定，进一步起到了弱化所有权的约束作用，使承包者对土地的使用在遵循有关法规的前提下，较以前有了更长、更大、更充分的经营自主权，在某种程度上为以土地(使用权)入股或转让或转租奠定了一定的产权制度基础，为农业的进一步发展和市场化经营奠定了制度基础。这一政策对俞源村经济的发展影响并不大，俞源村 1994 年第二轮分田地时，耕地的面积有所减少，但由于俞源人口的减少，人均拥有耕地的面积却有所增加，林业收入成为集体经济的重要部分(表 6-6)。

俞源村农业中的集体收入主要依靠林业收入。2000 年林业收入为 0.30 万元，2004 年为 1.73 万元，2004 年为 24.69 万元，之所以有这么大的差距是因为林业收入主要来自树木的砍伐，而树木的砍伐期是 4 年一轮的。相对全国其他地区，浙江省农村实行的家庭联产承包责任制更为彻底。许多地方在实行联产承包责

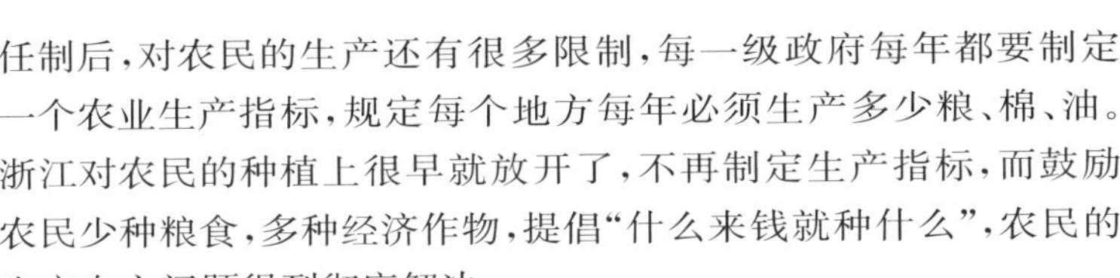

任制后，对农民的生产还有很多限制，每一级政府每年都要制定一个农业生产指标，规定每个地方每年必须生产多少粮、棉、油。浙江对农民的种植上很早就放开了，不再制定生产指标，而鼓励农民少种粮食，多种经济作物，提倡“什么来钱就种什么”，农民的生产自主问题得到彻底解决。

表 6-6　俞源村两次分田的状况

年　份	耕地（亩）	水田（亩）	旱田（亩）	总人口（人）	人均拥有土地（亩）	集体经济总收入（万元）	林业（万元）
第一轮分田 1982	1155	1015	140	2028	0.57	4.4056	
第二轮分田 1994	1129	993	136	1192	0.95	25.89	13.48

二、农村非农业集体所有制经济

农村中非农业集体所有制经济，是指农村中的集体所有制企业，即乡办企业和村办企业。

俞源村办企业很少，只有两个小型水电站，主要用于灌溉土地，其中一个是一级水电站，现在还属于俞源村的集体资产，每年有 10 万左右的收入，是俞源集体收入最为重要的部分；另一个属于二级水电站，建于 70 年代初期，由于是俞源村多姓联合建的蓄水坝，被称为“连心坝”，由于电站水流量和落差均不大，发电收入仅够修理水渠和发电人员开支。随着岁月流逝，发电设备逐渐陈旧，渠道漏水更趋严重，使得电站连年亏损，被迫于 1992 年关闭。在 1995 年实行承包，合同期十年，渠道、机器由承包者自付，承包者每年上交村承包费 3600 元，主要用于农田灌溉。俞源村在 1973 年办起了小型榨油厂，现在已拥有 3 家，80 年代初期又办起锯木厂。现在锯木厂和榨油厂都承包给私人经营，每年向村委会交纳 1 万元租金。1991 年，开办了乡镇企业俞源玩具厂，拥有职工 34 人，生产小绒鸭、小绒狗等玩具，但由于销路不好，现已经关闭。数据显示，2000 年俞源村非农业集体收入为 18.90 万元，

2004 年为 10.24 万元，2005 年为 11.82 万元，相对 2000 年均有所下降。

从整体上来看，虽然改革开放后非农业经济迎来了一个很好的发展时期，但俞源村却没有在这场经济发展中有所作为。相反，与全国其他地区相比，非农业集体经济的发展显得比较落后。这与其所处的地理位置密切相关，俞源所在的武义县属于相对偏远的山区，整个县一直以农业为主，在 90 年代后期永康和义乌经济的辐射，才开始大力发展来料加工。再加上俞源村三面环山，仅有一条路通往外界，交通要道地位的丧失使得整个村落封闭起来，又受地少人多的重重压力。所有这些，使整个古村落的经济显得相对缓慢和落后。

第二节　古村落的农户经济

农户作为村落的基本单位，研究农户经济的演变对揭示农村经济的发展具有十分重要的借鉴作用。农户经济包括两个方面：一是农户的主要经济收入，二是农户的家庭消费状况。经济学关于收入和消费的基本理论认为，收入和消费之间是相互促进的，收入的增加会带动消费的增加，同样，居民消费欲望的增加也会促使其去增加收入。我们主要从考察改革前后两个时间段农户经济的发展状况入手，来揭示俞源村农户经济的演变规律。

一、改革前农户经济演变

1. 农户收入状况

俞源村在改革前的公社时期，整个农村经济以集体经济为主，集体经济比例高达 99%左右，家庭经营在很长一段时间几乎全部退出了历史舞台，农户的收入来源主要来自人民公社的集体分配。集体分配主要采取以人民公社下设的生产队为单位的记工评分办法，即在生产队一年的总产值中扣除消耗掉的生产资料价值及上缴税金(多数通过“交公粮”的形式交给政府)、集体的公

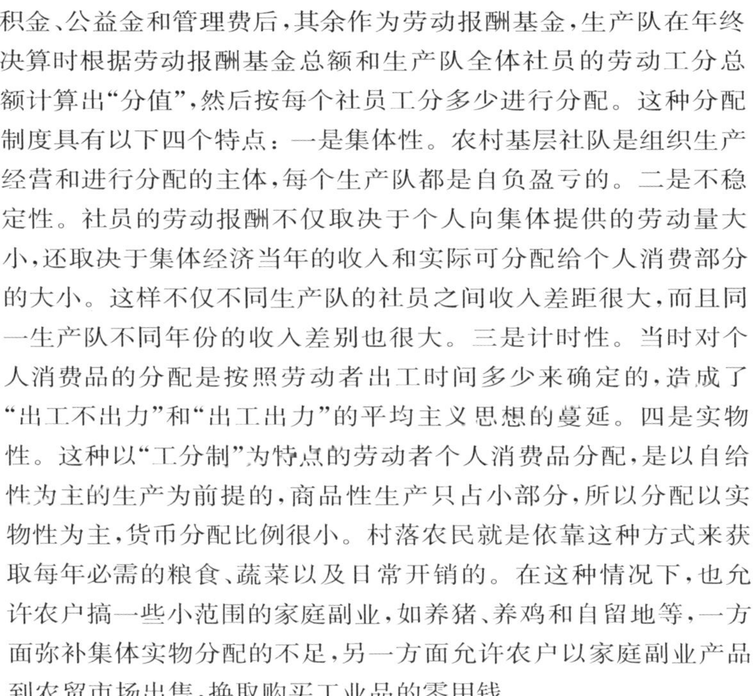

积金、公益金和管理费后，其余作为劳动报酬基金，生产队在年终决算时根据劳动报酬基金总额和生产队全体社员的劳动工分总额计算出“分值”，然后按每个社员工分多少进行分配。这种分配制度具有以下四个特点：一是集体性。农村基层社队是组织生产经营和进行分配的主体，每个生产队都是自负盈亏的。二是不稳定性。社员的劳动报酬不仅取决于个人向集体提供的劳动量大小，还取决于集体经济当年的收入和实际可分配给个人消费部分的大小。这样不仅不同生产队的社员之间收入差距很大，而且同一生产队不同年份的收入差别也很大。三是计时性。当时对个人消费品的分配是按照劳动者出工时间多少来确定的，造成了“出工不出力”和“出工出力”的平均主义思想的蔓延。四是实物性。这种以“工分制”为特点的劳动者个人消费品分配，是以自给性为主的生产为前提的，商品性生产只占小部分，所以分配以实物性为主，货币分配比例很小。村落农民就是依靠这种方式来获取每年必需的粮食、蔬菜以及日常开销的。在这种情况下，也允许农户搞一些小范围的家庭副业，如养猪、养鸡和自留地等，一方面弥补集体实物分配的不足，另一方面允许农户以家庭副业产品到农贸市场出售，换取购买工业品的零用钱。

俞源村村民的生产和生活状况和当时整个中国的状况相一致。1966 年，俞源村人均收入为 40 元，人均劳动日为 258 天，人均粮食 283 斤，每个劳动日分红值仅有 0.4718 元；1975 年人均收入便达到了 74 元；1979 年人均收入为 114.86 元，人均粮食 753 斤，有了大幅度提高。农户各家的自留地是农户家庭收入的一个重要补充，由于当时对自留地的管制比较严格，各家的自留地数量非常少。当时集体分配的粮食、蔬菜非常有限，根本无法满足村民家庭的需求，因此，各家的自留地成为农户发掘的重点对象，他们大都费尽心思安排作物的种植，进行精耕细作，充分利用土地资源，通过种植蔬菜等作物来补贴粮食和蔬菜的欠缺。农户家庭养殖也是农户补贴家用的主要来源，其中养殖比较多的就是鸡，因为鸡的养殖实行散养，可以自由寻食，节约粮食，鸡蛋又可以换取盐油等生活必需品。但从整体上看，由于当时俞源生产率较低，农户的收入分配是低水平的、不稳定的，并带有较为明显的自然经济特点，在总体上不能达到温饱要求。

2. 农户消费状况

改革前，我国经济的重心放在重工业的建设上，为了在工业化进程中提高积累率和控制消费基金支出，把有限的资金投入到基础建设和重大工程建设中，国家对主要农产品长期实行统购统销，并通过工农业产品价格剪刀差把农副产品中相当一部分价值转化为工业化的积累基金。同时，整个国民经济重生产轻消费的状态，使轻工业的发展相对滞后，整体居民的生活用品相对比较匮乏。为了有效控制居民的需求，国家对日常消费品实行了严格的配给制，如购买布料需要布票、购买肉制品需要肉票等等，而这些票证都是轮流配给的。这种配给制虽然对限制需求起到一定的作用，但也孳生了特权主义等社会不良风气，使居民的消费被限制和延期。从 50 年代到 70 年代末期，俞源村民的消费基本没有变化，消费品非常单调，一直以吃、穿等生存资料为主的单一格局占统治地位。村民的消费水平非常低，其中自给性消费占很大比重，除粮食和蔬菜外，其他消费品如肉、蛋、禽、烟、酒、糖茶、衣着等消费量非常少，消费大多集中于日常的购买盐油酱醋。总之，村民的绝大部分收入主要用于食品消费。当时追赶前沿的“四大件”(即被称为三转一响的手表、自行车、半导体收音机、缝纫机)被列为高档消费品，基本上是“百元级”的。据调查，当时俞源村的总数量不超过 15 件。农户的消费行为表现为以自给性为主和低水平、低层次的特征，在一些贫困的社队中，农户的消费状况甚至处于温饱线以下，还达不到维持生存的基本水平。

二、改革后农户经济演变

改革开放后，农户的经济收入和消费状况发生了一系列变化，这主要是受整个中国经济发展的影响，包括土地承包责任制施行，农民户籍制度的放开、鼓励私营经济的发展等等。改革开放的春风也让俞源村焕发出勃勃生机。俞源村 1982 年分田到户，“交够国家的、留够集体的、剩下的都是自己的”的土地承包政

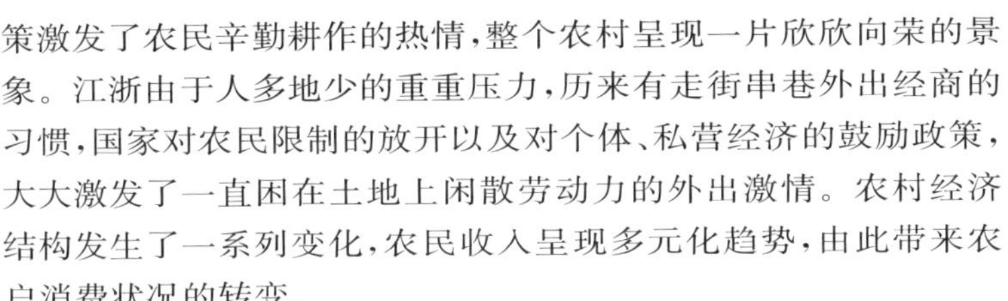

策激发了农民辛勤耕作的热情，整个农村呈现一片欣欣向荣的景象。江浙由于人多地少的重重压力，历来有走街串巷外出经商的习惯，国家对农民限制的放开以及对个体、私营经济的鼓励政策，大大激发了一直困在土地上闲散劳动力的外出激情。农村经济结构发生了一系列变化，农民收入呈现多元化趋势，由此带来农户消费状况的转变。

1. 农户收入状况

其一，农作物种植和家庭养殖业种类的丰富化。

改革开放后，获取土地耕种自主权的农民大多延续了集体经济时期作物的种植种类，主要集中于粮食作物的种植，如俞源村以水稻为主，在分田到户初期，由于农民对当时土地政策的不确定性，农民主要集中于粮食作物的种植，精耕细作，充分利用土地资源，使得亩产量在当时生产力的状态下达到最高。随着我国粮食产量的提高，人们的温饱问题得到解决。粮食过剩的问题逐渐凸现，农民的收益大大降低，在这种情况下，农民逐渐改变了种植单一农作物的习惯，开始转向其他农作物的种植。表 6－7 中可以看出，粮食的播种面积和产量都呈逐渐减少的趋势。

表 6－7　俞源村粮食种植面积和产量

年　份	全年粮食		
	播种面积(亩)	总产量(吨)	亩产量(斤)
2005	2135	583.8	547
2000	2506	764.9	610
1995	2779	643.3	463
1990	2498	992.9	795
1985	2534	1300.7	1027

资料来源：《武义县俞源村农村经济年报表》

俞源村农户一方面利用科学种田提高亩产量，增加收入；另一方面增加多种经济作物的种植面积，茶园和水果种植面积大幅度提高（表 6－8）。

表 6-8　俞源村经济作物种植面积和产量

年份	茶园		果园		油菜籽		淡水产品生产情况（吨）
	面积（亩）	产量（吨）	面积（亩）	产量（吨）	面积（亩）	产量（吨）	
2005	475	22	371	11		18	2
2000	410	19	110	4	500	21	3
1995	293	8	16	3.4	165	21	5
1990	235	19	16	1	165	33	
1985	233	12	4	6	165	16.3	

资料来源：《武义县俞源村农村经济年报表》

村里现有香菇大户（放养 5000 袋以上）20 户，每年可产鲜菇 10 吨；茶园大户（经营茶园 10 亩以上）5 户，每年可产新鲜茶叶 5 吨。俞源村的水果种植主要有柑橘、桃园、李子和杨梅，以 2005 年的统计数据为准，种植面积分别为：柑橘 10 亩，桃园 1 亩，李子 100 亩，杨梅 260 亩。在世界水果市场有世界杨梅在中国，中国杨梅出浙江的佳话，浙江省有种植杨梅的优良传统和气候条件，近几年杨梅价格一直攀升，2004 年杨梅平均每公斤 5 元，2005 年每公斤 10 元，俞源村也在 2005 年发展了杨梅产业，努力打造杨梅产业基地，由于杨梅需要 3—4 年后才能结果，目前还没形成很大的经济收益。

养殖业也成为农民发财致富的好路子，从表 6-9 中可以看出，养殖数量有升有降，主要是随着人们对居住环境和家庭卫生的重视，家庭分散养殖逐渐减少，现在俞源村农户已经没有散养的鸡、鸭和猪。在家庭养殖减少的同时，养殖大户发展起来，养殖的数量和种类也逐渐增加。俞源村现有个体小型养猪场 4 处，养鸡场 4 处，养鹅场 1 处，养牛场 2 处（主要对外销售鲜牛奶），4 座水库承包发展养殖业。在调查中发现，俞源村家庭养殖牛的现象比较普遍，从表 6-9 中的数据发现，俞源村养殖牛主要仍为了农田耕作，说明俞源村在农业生产方面机械化程度还比较低，在相当程度上处于人抬牛拉的状态。

表 6-9 俞源村养殖业

年份	畜牧业生产情况								
	生猪		牛			羊		家禽	
	年末存栏头数	年内出栏头数	年末存栏头数	年内出栏头数	能耕田的牛	年末存栏只数	年内出栏只数	年末存栏只数	年内出栏只数
2005	515	750	5			7		8650	6500
2000	882	1150	49	4	41	54	25	1530	780
1995	1850	1671	29		21	65	54	2551	309
1990	1179	822	34	5	28	56	11	2222	1121
1985	1101	1080	38		20	36	15	2700	1400

资料来源：《武义县俞源村农村经济年报表》

其二，农户收入增多，收入来源呈多元化趋势。

随着改革开放的深入，特别是市场经济的发展，农民的视野逐渐开阔，不再局限于种植农作物，而是发展多种经济作物，增加农作物种类，发展特色产品，在农业收入上出现了粮食收入、经济作物收入和家庭养殖收入三足鼎立的趋势；农民也不再满足于仅仅耕作好自己的一亩三分田，而是充分利用农闲时间从事其他劳动，从而使农村的产业结构也发生了显著变化，逐渐向二、三产业转变。农村经济结构和产业结构的变化结果则直接表现为农民人均收入的增长（表 6-10）。

表 6-10 俞源村和武义县农民人均收入的比较

年份	1985	2000	2004	2005
俞源村	419	2063	2400	2414
武义县	458	2822	3919	4356
全国	397.6	2258.4	2936.4	3255

从表中可以看出，尽管俞源村农民的人均收入在总体上呈递增趋势，但与整个武义县的人均收入状况相比，两者之间的差距依旧呈递增的趋势。而且，无论从实际收入还是增速来看都大大低于全国平均水平。

俞源村的农民在经济发展浪潮中，努力发展特色经济，充分利用自身优势发展茶叶、茶油、竹笋等经济作物，村里也出现了专门的养殖大户。农民更是利用农闲时间走出家门，在建筑工地做泥水工、做家具等，最初只是在村里和附近的乡镇，后来发展到武义县城内，更有出省的人员。近几年外出务工的人员更是逐渐增多，已占总人口的 70%以上，其中全职的在外务工人员（大部分时间都在外面，农田已经流转给他人租种）也达 30%左右。浙江省的集群经济发展迅速，各种中小型企业迅速崛起，需要大量的务工人员，从而为整个浙江省农业剩余劳动力的转移提供了便利。据村民介绍，俞源村的农民外出务工主要集中于武义县城及与之交接的义乌、东阳、永康等地，俞源村外出务工人员离家较近，在武义的务工人员晚上可以住在家里，其余地方的人员来回路费只在 30 元左右，所以俞源村外出务工人员的各项成本很低，因而可以兼顾照顾家里的老人和孩子。如今外出务工人员的收入已经成为俞源村的主要经济来源，据村民反映，俞源村外出务工人员每人每年的收入在 1—2 万之间。

经商收入也是俞源村农民的一项收入。随着太极星象村的对外开放，旅游业带动了当地第三产业的发展，如今已有 5 家旅馆兼餐馆（两家规模较大），1 个钓鱼塘，5 家古玩店（3 家以古玩为主，很小，2 家较大兼售工艺品，主要是从义乌、永康进货，还有村里特色产品竹编葫芦），1 家大型商店（主要为村民服务，以食品、生活用品为主）和 3 家小商店（主要服务于旅客，烟、餐巾纸、毛巾、饮料等），还有早餐店多家。来料加工也成为农户补贴家用的一项收入，主要是中老年妇女做，其中一项是串耳环头，货源来自义乌，串一斤大概有 3—4 元的手工费用，一般一天可串一斤，即有 3—4 元的收入。在此，为使读者对农户的收入来源有更直观的认识，我们将上述相关项制成表 6 - 11。

表 6-11　俞源村农户收入来源

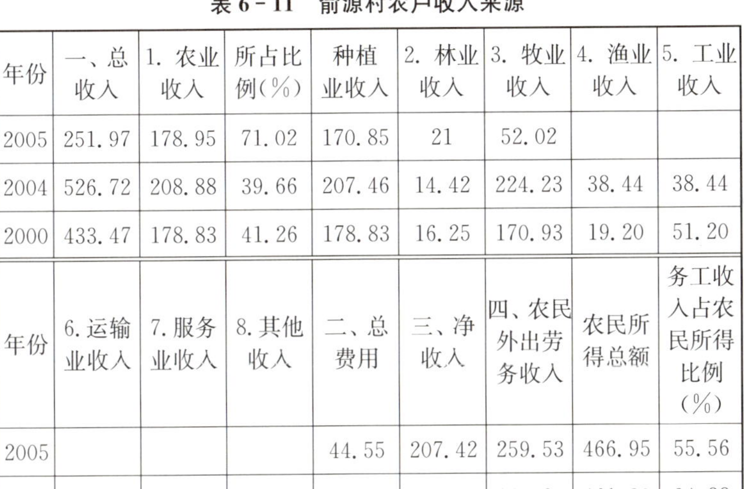

年份	一、总收入	1. 农业收入	所占比例(%)	种植业收入	2. 林业收入	3. 牧业收入	4. 渔业收入	5. 工业收入
2005	251.97	178.95	71.02	170.85	21	52.02		
2004	526.72	208.88	39.66	207.46	14.42	224.23	38.44	38.44
2000	433.47	178.83	41.26	178.83	16.25	170.93	19.20	51.20

年份	6. 运输业收入	7. 服务业收入	8. 其他收入	二、总费用	三、净收入	四、农民外出劳务收入	农民所得总额	务工收入占农民所得比例(%)
2005				44.55	207.42	259.53	466.95	55.56
2004			2.31	226.31	300.41	160.89	461.30	34.88
2000	6.40	19.10	34.56	135.36	298.11	121.60	409.35	29.71

从中可以看出，农业收入占总收入的比重有升有降。这与国家在 2004 年降低农业税税率和在部分粮食主产区进行免税的优惠政策相关，同时，近几年粮食价格有所攀升，农民再次对粮食种植充满热情，这也是利益引导机制造成的。最为关键的是，外出务工的收入已经成为农民收入的重要部分，所占的比例逐渐增加，到 2005 年竟达到 50%以上。

其三，农民从业的差别化。

从 20 世纪 80 年代中后期开始，我国的农村剩余劳动力逐渐向城市转移，如今已经形成了大规模的劳动力转移，俞源村的农村剩余劳动力转移也出现了很大变化。调查发现，俞源村小部分村民在 80 年代初期就走出家门，在外地从事建筑、木匠等体力劳动，这批最初走出来的农民在早期积累了一定的资金，现在大多转行从事商业买卖。

随着城市就业岗位的增加，农村剩余劳动力从事的工作也逐渐出现差别化。目前，俞源村的外出劳动力在建筑施工业、电子电器业、制衣制鞋业、住宿餐饮业、商务服务业等行业的就业率比较高。目前，他们已经打破了已往局限于建筑工地做泥水工和木匠的格局，逐渐向企业转移从事低技能的劳动，如从事制衣制鞋业和五金制造等等；也有的农民充分发挥当地饮食业的特色，在外地从事餐饮业。由于个人素质的差异，他们的收入也出现了一定的差距。从对俞源村的劳动力分布变化（6－12）看出，一是俞源村外出劳动力的数量呈快速增长的趋势；二是外出劳动力主要分布在浙江省内，出省的劳动力相对较少。同时，虽然部分劳动力已实现转移，但家里的田地还在继续种植，这和俞源外出劳动力分布的地区比较近有关。此外，俞源村的农业劳动力占总劳动力的比例虽然逐年下降，但仍占绝大部分。俞源由于缺乏工业的支撑，工业劳动力依然很少，而其他方面的劳动力却有所增加。

表 6－12　俞源村劳动力分布状况

年份	实有劳动力	其中：外出劳动力			
		小计	出本乡	出本县	出本省
2005	1209	330	180	135	15
2004	1212	320		305	15
2000	1023	344	17	247	80
1995	1046	135	66	61	8
1990	1617	37	26	8	3
1985	1001	11	7	1	3

年份	1. 农林牧渔业劳动力小计		2. 工业劳动力农业	3. 建筑业	4. 交通运输、仓储及邮电通讯业	5. 批发、零售劳动力	6. 住宿和餐饮业劳动力	7. 其他非农服务业
2005	786	622	16	40	35	15	10	293
2004	746	654		30	40	15	6	335
2000	860	685	43	25	20	25		50
1995	833	642	125	34	16	2	7	52
1990	1396	986	87	34	10	12	21	57
1985	922	918	38	15	5		10	4

2. 农民消费状况

改革开放以后，伴随经济迅速发展的是居民的消费水平节节攀高，但农村居民的消费状况却相对滞后。分田到户的农民在逐渐解决温饱问题之后，开始在衣服、住房、家具等方面增加消费。上个世纪80年代，伴随着农户收入高增长的是农村居民的消费水平的不断攀升。90年代以后，农民的收入进入低速增长状态，农村居民的消费增幅有所减小。

表6-13 俞源村家庭平均每人生活消费支出表 单位：元

项目	1990年	1995年	2000年	2002年	2005年
全年生活消费支出	546	1137	1609	1728	1867
一、食品	280	680	683	704	767
二、衣着	55	82	90	106	118
三、居住	95	175	322	260	242
四、家庭设备、用品服务	35	47	80	83	88
五、医疗保健	19	42	99	122	124
六、交通和通讯	20	26	93	157	184
七、文化教育、娱乐用品	33	74	194	250	312
八、其他商品和服务	9	11	48	46	32

说明：《俞源乡经济统计年报表》结合俞源村30户农户家庭调查修正而成。因此表数据大多出自村民估报所以不够精确，小数点后数字采用四舍五入。

从表6-13中可以看出，俞源村农户的消费状况呈现以下基本特点：

第一，消费支出迅速增长，食品支出比重下降。从1990年到2005年的15年时间，俞源村农户人均生活消费支出增长了近2.5倍，由546元增加到1867元。2005年俞源村居民食品消费支出为767元，比1990年的280元增加了近1.8倍，而同期食品消费支出的比重则由51.3%降至41.4%，下降近10个百分点。同时，农村居民食品消费由数量扩张转向质量优化，并呈现多样化、营养化趋势。从食物消费量看，各类食物消费量全面增长，尤其是细粮数量迅速增长。20世纪90年代以后，在粮食、蔬菜消费量基本稳定的同时，各种营养丰富的食品如豆类、肉禽、奶和奶制品、蛋类、糕点等数量也迅速增加。

第二，衣着消费成衣化、时尚化趋势明显。2005年，全村居民人均衣着消费118元，在生活消费中位列第六，比1990年的55元增加了63元，增长2倍多。衣着消费逐步向成衣化、时尚化发展。人们对衣着的追求也已从单纯保暖、实用转为注重时装款式，注重花色和各种衣着的搭配，对质量的需求进一步提高。

第三，居住支出增加，住房质量提高。在温饱得到基本解决之后，村民首先要求改善居住条件，主要表现在住房建设上，居住支出增加，住房面积扩大，建房质量提高。人均居住支出由1990年的95元增加到2005年末的242元，增长了近3.5倍，人均生活用房面积也有很大增长，其中砖木结构和钢筋混凝土结构住房逐年增加。

第四，消费品购买向新潮化方向发展。村民收入水平提高和居住条件的改善必然伴随对家庭用品及服务需求的扩大和需求档次的提高。其中，以新型家具、家电等耐用消费品为代表的家庭用品拥有量增长较快。村民的厨房也发生了变化，电饭锅在全村已经普及，80%以上的家庭拥有液化燃气灶。20%—30%的家庭拥有电冰箱，大致有150户左右的人家，10%的家庭拥有洗衣机。村民反映浙江地区夏天非常炎热，电冰箱的用处比较大，因此电冰箱比较普及。同时，抽油烟机、空调、照相机等现代消费用品已步入平常百姓家。

第五，交通、通讯手段明显改进，精神生活日益丰富。为了生活的便利，农民在交通、通讯方面的支出迅速增加，2005年比1990年的20元增长9.2倍，增长幅度较大。交通工具由单一的加重自行车向轻便自行车、摩托车方向发展。电话也已进入普通农户家庭，并有迅速增长趋势。2000年固定电话拥有量为120台，2004年为383台，50%的家庭拥有移动电话。在生活

环境改善的同时，村民的精神生活也日益丰富，80%的家庭拥有电视机，绝大多数都是彩电，只有极少数的家庭还是黑白电视，拥有电视的家庭都开通了闭路，可以收 31 个台，丰富了农民的生活。文教娱乐用品及服务支出大幅度增加，由 1985 年的 33 元上升到 2005 年的 312 元，其中各种文娱耐用消费品开始普及并迅速提高。

以上特点是就俞源村的整体情况而言的，村内有不少农户还达不到上述水平。据调查目前村内尚有占总户数 5%左右的家庭，年收入只有 2000—3000 元，家庭人均收入 500—600 元，生活水平只处在吃饱、穿暖的情况下；村民普遍反映孩子的教育费用偏高，特别是高等教育阶段；村里因病致贫的家庭很多。农村医疗保险已经在村里开展了两年，80%交纳了医疗保险费用，也都积极续保，农民反映这相对减轻了他们的负担。在村里的贫困户统计表中，80%是因病致贫，20%的家庭是因教育致贫。不过从前几年开始，国家全面免除农村义务教育学费，农民子弟上学难的问题已得到比较大程度的解决。

图 6-1　课题组成员在俞源

第三节　古村落的商业经济

一、源自古道的繁盛

古村落的形成、兴盛和遗存有着多种原因。其中，缘于交通要冲而发达，又因为交通变移而衰落是十分普遍的现象。在浙、闽、赣三省交界处，横亘着险峻的仙霞岭，连绵山峦似汹涌波涛，形成一道天然屏障。而浙江省自古有“七山一水二分田”之说，纵横的山脉构成东南形胜，而山水阻隔，也使得古代的浙中、浙南地区交通十分闭塞。因而，少数有古道通达的地方，便得到了长足的发展。岩头村能成为楠溪江畔最大的古村落，是因为这里在数百年前是连接海陆的交通要道，是商贾南来北往的必经之地。皤滩成为八方盐商云集、贸易远涉湘赣闽皖的集贸重镇，是因为这里位于台州灵江流域与浙西丘陵山地的水陆交汇点上。堪称五省通衢、“一脚踏三省”的廿八都，由于一千多年前黄巢在仙霞岭中开出一条八闽通道，从而成为往来商旅的投宿地，发展为繁华的商埠。

■ 图6-2　古时俞源是当时的商旅集散地

俞源的盛兴也是如此。在古代，从杭州、金华至丽水，除了经过茭道、永康、缙云这条大道外，经过俞源的这条山路也是婺州与处州之间的重要通道。它从金华沿武义至熟溪，溯熟溪的支流乌溪到达俞源，然后翻越一段山岭，便进入瓯江水系的午溪上游，顺路到达旧宣平县城后，经前湾、石门岭、三港，过曳岭进入松阳、丽水、温州。从金华南往的旅客，到了大山脚下的俞源，断了水路，挑夫们得歇歇脚，才能继续翻山越岭到宣平、丽水；从丽水、宣平北往的旅客，到了俞源就意味着走完山岭，进入平原河谷可走水路，因而也会在俞源稍作休整，以利前行。因此，俞源作为古时婺、处两州交通要道中的必经之地，商贸活动得到了较好的发展。

南宋时期，杭州逐渐成为政治、经济中心，增强了对浙南的辐射，过往俞源古道的人也逐渐增多。此时的俞源（朱村、颜村）已有一定数量的居民。俞氏始祖俞德就是因为任职松阳教谕，而多次往返于俞源古道，最终迁居于此。

明景泰年间，今丽水地区西部发生了较大规模的矿工起事。平息后，朝廷为了加强对这一山区的控管，于景泰三年（1452）析丽水县西面的三乡设宣平县。俞源隶属于宣平（直到1958年，宣平县不单独建制，原属宣平的柳城、桃溪两区划属武义县）。这

图6-3 古时的商业道之一

样，俞源在金华与丽水之间的交通地位更加重要，商贸活动随之得到更进一步发展，逐渐成为一处商贸集散地。

随着行商过客的增多，俞源村人气的趋旺，一些村人不满足原有住宅改造的店铺，盖起了沿街店面屋。过村大道的路线：过康济桥、丛蓬至祠堂前，过下宅桥，经利涉桥，向大黄岭方向南去。这样，下宅桥与利涉桥之间的村道两旁和下宅桥至洞主庙的银河溪两侧，便逐渐形成了两条主要商业街。

店铺的种类有饮食、杂货、南货、医药、客栈等，其中，店号为恒益、广益、周德兴的三家，经营酒肉、布匹、南货；还有德懋裕杂货店、广信源糕点店、陈金炳豆腐坊、俞祖林榨油坊、银妹客栈、广生堂、济生堂药店、牟顺堂铁店等等，都兴隆一时，享誉一方。村中还开设了土纸厂、糕点厂、索面坊、酒坊等，进行商品生产。③《宣平县志》载："地方稍大之村，如陶村、俞源等处，其商业亦均见发达……宣邑药店城内七八家，陶村三四家，俞源三四家，药品稍称完备。"可见，俞源是宣平县域内人口和商业仅次于县城和陶村的第三大村镇，商业成为古代俞源经济的重要支柱。

据俞源老人说，他们的祖先在做生意赚了钱之后，往往置买田地。田地分布广阔，远至百里外的金华下皋、丽水曳坑。他们将田地租给人家耕种，收取租谷。据说，向俞源地主交租的队伍，从俞源排到宋村，长达四里。积累资金后，又新开经商的店面。据"土改"时统计，俞源村 27 户地主、富农中，有三分之一兼营商业。俞源虽属宣平县，但有大黄岭阻隔，而到武义县城则平坦近便，经商者往往向武义进军。武义县城当年最繁荣的横街，就有数间店是俞源人开的。清乾隆年间，上宅俞从岐的四个儿子继承父业，种植靛青，嫩竹造纸，贩卖成竹，设糖酒作坊，在宣平、武义县城开了多家大商店。其中，三子俞林模开设的商店，在后田、白姆、后树、金华大溪一条路线上就达 36 家之多。赚了钱后，购进大量田地，每年可收租谷七千多担，可谓财源滚滚。后来他建造了俞源最大规模的堂楼"裕后堂"，也称"大大厅"。

优越的地理位置、交通条件和发达的商业活动，促进了农业的多种经营，茶叶、茶油、桐油、靛青、毛竹、木材等当地的农林产品，源源不断地外销。其中，蓝靛的外销成为俞源在清代颇有规模和影响的经济产业。

诚然，俞源的经商是有限的，田园躬耕仍是主要的生产内容。传统宗族文化始终主导着村落的发展，村中形成的街面市场，并没有取代俞氏宗祠在村落中的中心地位；商品经济的发展并未以业缘型村落取代血缘型村落。斗转星移，时过境迁，20 世纪 40 年代，武义至宣平建成了公路，俞源村原有的交通优越地位已不再拥有，其曾经繁荣的商业活动也随之消失在岁月的流转中，藏入典籍的深处。

二、商耕读的和谐

宋代程朱理学讳言财利，鄙视商业的思想，对宣平、武义的民风形成似乎有深刻的影响，使这里的人们“重农桑，尚节俭，民敦厚诚实，不好工艺，不善商贾”。④“其俗不服贾，所业唯耕，……民务农田，不为商贾、技艺，轻去其乡”。⑤因而，宣平、武义历来极少有人外出经商。民间有“泥饭碗敲不破，种田地万万年”、“东赚钱、西赚钱不如灌水的好犁田”的民谚；外地人评说这里的人们是“武义芋头，宣平呆头”，⑥充分表现了“尚农、敦厚、恋乡、轻商”的地方风俗特点。

位于武义、宣平两地交界的俞源，在清代以前，受“重农抑商”儒道思想影响，村人安于田园耕种。功名不就的读书人，便退隐山林，去过闲适静的农耕生活，并无意经商。然而，毕竟地窄田少，随着人口增多，为求生计，必得走出村门；与此同时，因位处交通要道而日益增多的人流、留宿，也带来了经商的观念、经验和外界的信息。于是，村人开始走出丛蓬，闯荡外面的世界。早在清咸丰八年(1858)，俞士云离开俞源到绍兴东湖，在坛头建屋经营盐业。后来，又在船埠边开了一家茶馆。俞士云的儿子俞三元，也在东湖经商，亡故后，其妻子携子女转移到杭州，开茶馆，兼营盐业。其茶馆被当地人称之为“女人馆”。⑦俞源四面环山，是个“开门见山“的村庄。有了重重高山的围护，村子就像小娃娃依偎在母亲怀抱中一般，人们晚上睡觉也安稳很多。于是，村人行商再远，像出海的渔船一样，最终还是回归到宁静的港湾，抛了锚，才会放下悬着的心。当然，吸引外出经商者回归家乡的主要原因，在于宗法制度和传统观念的牵缚。

■ 图6-4　村中的饮食小店

自然经济条件下的农业社会，是封建宗法制度存在的土壤。为官千里，终于叶落归根；行商攒钱，终于回归故土。他们人在天涯，而入梦只有故乡俞源。他们需要家庭的庇护。他们的目标只有一个：积满腰包，荣归故里，置田造屋，以告慰前辈，福荫子孙。于是，经商发了财的俞源商农，一手捂住钱袋，一手牵着外地的能工巧匠，回到生养他的家乡，建起一幢幢充满文化气息的深宅大院。他们深知经商创业之艰难，在建房上“挥金如土”，生活上则不忘俭朴古训。

图6-5　村中古玩物店

从现代社会经济发展的角度看，其商业资本投放到生活消费上，不利于扩大再生产。然而，正因为如此，才给我们建造并留下了大量精美恢弘的古建精品，才给我们留下了一个历史文化名村。在古代，建屋朝向是有讲究的，民间流传有“商家门不宜南向，征家门不宜北向”。以五行学说解释，商属金，南属火，火能克金，故不吉利；征属火，北属水，水克火，故有兵家败北之说。俞源的商家却并不在意这些。在他们看来，经商并非终生的职业选择，积累了一定资本，仍回家种田。因而，按祖宗遗训和村落规划，凡大的堂楼均朝梦山而建，不如此，似乎难圆荣宗荫子之梦。

可见，俞源的先人是比较注重现实的。他们崇尚祖先的隐居式生活，但又不愿过那种“一箪食、一瓢饮，在陋巷”的清贫孤寂的日子。他们既追求独立的人格，又与整个社会保持密切联系；既追求世俗的幸福与充实的物质生活，又追求野鹤闲云般闲适清静的精神生活。这种处世态度反映在他们的建筑上，房屋的雕刻装饰便鲜见对商贾的赞美。尽管是经商赚钱盖的房，但他们在居所雕刻上却反映出对耕读文化的追求，爱好平静淡泊的田园生活，希望他们的子孙“耕读传家”。因此说，俞源的商人，又多少带有儒商的气息。俞源作为浙中山区的商业古镇，尚未完全消退历史色彩的几段老街道，至今依然能窥见曾经的繁华；保留至今的理发店、饮食店、铁器店、杂货摊等等典型的店铺，仍在为今人诠释着这里悠久的商业文明。

■ 图6-6　靠双手勤劳致富忙于来料加工业务的俞源村民

三、近代商业的萧条

在半殖民地半封建的旧中国，俞源村经济社会开始衰败，解放前商业比较萧条。据《俞氏宗谱》记载，民国时期全村有7家杂货店（主要经营酒肉、布匹、南货、干饼等），1家豆腐坊，3爿剃头店，1家旅馆，2家打铁店，2家榨油厂，以及12户长期供应点心和小吃（主要经营馄饨、豆腐丸、油条、葱饼、麦饼、豆腐花、麻糍、白药酒、生姜糖、紫草豆腐等等）。由于长期战乱的影响，村落几乎已无人外出经商；到俞源做生意的人已不多见。俞源商业的衰败原因是多方面的，这里不再展开。加上 20 世纪 50 年代武义至宣平县公路建成，由于公路没有经过俞源而是从俞源以西数公里的宋村南下，俞源失去了原先在金华—宣平—丽水交通中的优越地位，曾经繁荣的商业逐渐走向衰落。

图 6-7 现代商业模式

随着太极星象村的对外开放，旅游业带动了当地第三产业的发展，如今已有旅馆、餐馆、钓鱼塘、古玩店多家。但现阶段，其规模都很小，加之旅游开发工作还刚刚起步，客流量有限，生意冷清，一时尚难以成为主要的经济支柱。

注　释：

① 王景新：《村域经济转轨与发展》，中国经济出版社 2005 年版，第 25 页。

②《邓小平文选》(第三卷)，人民出版社 1993 年版，第 355 页。

③《俞氏宗谱》，2005 年修，第 54 页。

④《武义风俗志》(俞源)，1992 年版，第 573 页。

⑤《万历旧志》，民国二十年(1931)，第 462 页。

⑥ 俞源当地流传，俞松发收集整理。

⑦《俞氏宗谱》，2005 年修，第 69 页。

第七章　俞源古村落的社会秩序

古村落俞源地处崇山峻岭之中，俞氏宗族在生存条件极为恶劣的情况下，组织族人改造环境，使之成为人与自然和谐相处的乡村社会。千百年来，在特定的时空条件下，经过一系列的社会变迁，古村落已形成宗族组织、文化科举和商业的良性互动，从而创造了古村落的文明。中国社会的变迁也会在这里引起反响，但是由于宗族聚居的格局使古村落社会具有特殊的应变力，直至近代仍保持自身的稳定。俞源村丰富的资料遗存和淳厚的人文内涵，为我们在俞源从事田野考察、了解俞源的社会秩序、重构古村落的实态，提供了必要的前提。

第一节　古村落的宗族制度

俞源俞氏家族何以八百年不散？究其原因，除了依附于自给自足的小农经济这个顽强有力的基础之外，一是靠血统，二是靠道统。由两者相结合形成的宗族制度对古村落社会秩序的形成和稳定起着十分重要的作用。

中国是一个家族传统浓厚的国家。历代王朝借助家庭伦理、家族制度及“三纲五常”的道德教化实行社会控制，中国乡村的家族在国家及社会政治生活中的地位和作用非常重要。

所谓家族，是一种以血缘关系为基础、由家庭房派结成的亲缘集团或社会群体单位。在一个家族中，家庭是最小的单位，家有家长，积若干家而成户，户有户长，积若干户而成支，支有支长，积若干支而成房，房有房长，积若干房而成族，族有族长，下上而推，有条不紊。家族作为一种血缘组织，它是依据一定的原则组织起来并开展活动的。一般来说，典型的家族通常有基本组织表现，如族谱、族祠、族规、族产和族长等。

俞氏宗谱

■ 图 7－1　清乾隆四十九年修撰宗谱

古村俞源俞氏具有中国古代家族的典型形态及制度特征：

其一是族谱：俞源俞氏具有比较完备的族谱。其族谱不仅是确定和联系俞姓族群的重要方式，也是确定族民亲疏辈分、权力义务及房派组织体系的重要方式。通过族谱，还宣扬本族名贤忠烈。俞氏宗谱对进入谱列的内容有严格规定。四必书：书敕谕，书新旧序文，书姓氏渊源，书武烈文谟德业；八不书：卒之年月，死于非命不书，盗窃者不书，赌博者不书，不孝不悌者不书，犯兽行者不书，官吏犯贼罪者不书，纳妾宠婢者不书，苟合微贱者不书；

四特书：礼、义、孝、节；二必录：录名壬缙绅题赠，录先贤吟咏诗稿等等。[①]俞族从明洪武乙亥年首次修谱到民国初年已葺谱达十余次，对家族发展史作了客观、完整的记录。一方面巩固和提高了本族的社会地位，另一方面也增强了家族的内在凝聚力，强化了家族意识和家族团结。从而为家族组织的集体行动奠定基础，有助于俞氏家族延续和发展。

其二是族祠：俞源俞氏家族建有自己的宗祠，名"孝思庵"，因毁于战火，后重建，以祭祀自己的祖先，明相严讷题"壬林堂"保存至今。俞祠作为俞氏家族的标志、祭祖的圣地，不仅是家族成员共同活动的场所，也是家风家法教育后代的场所，同时也作为管理家族事务、执行家族家法的机构。俞氏家族每年都要在宗祠举行祭祖活动。祭祖典礼是封建社会一项集体祭祀活动，俞源祭祖有其浓郁地方特色延续几百年，至解放停止。俞源祭典一年要举行四次，即清明、冬至、二月十五日、八月中秋各举行一次，凡16岁以上男丁都要参加。每次祭典要进行一次参与者的聚餐，60岁以上老人和绅衿，享有一次胙肉的分发。每次祭典要杀猪宰羊，雇请乐队，摆设三堂祭案，陈列香炉、烛台、台灯、祭盘、锡爵、丝帛等祭器，供奉牲醴、香烛、时令果蔬等祭品，另还设有盥洗所，为主祭和执事者祭前沐脸净手之用。[②]俞氏祭典具有严格的要求和规范的程序。据俞氏宗谱记载，典礼具体程序有八项内容。（见注释栏7-1）

注释栏7-1　典礼具体程序如下：

一、主祭孙一人，陪祭孙一人，执事一人，内司唱一人。

二、司唱：祭祀开始，主祭、陪祭、执事就位，众孙皆就位。念某某国号、某年某月某日、岁次、佳节、孙等谨以牲醴、庶羞、清酌之奠致祭（众孙肃立）。

三、主祭孙、陪祭孙、执事孙盥洗整衣。

四、主祭孙、陪祭孙由执事孙陪同，上香分堂祭拜（众孙跪），奏乐。

五、执事者朗读享文：

维某年某月某日孙等谨以牲醴、庶羞、清酌致祭于河间郡上始祖二十二府君德　公、夫人林氏

二世祖朝奉义　公、孺人　氏

三世祖朝奉至刚公、孺人　氏

四世祖朝奉仍　公、孺人颜氏

五世祖朝奉涞　公、孺人陈氏

浪　公、孺人陈氏

汪　公、孺人颜氏

以及卫、恭、仪、像……暨列祖列宗位前。

乐止(众孙起)。

六、主祭者献爵献帛，轮值、绅衿二人由执事引带就位，跪拜朗读祝文。奏乐(众孙跪)。

祝文一：某某节届，春露牺怆，感时追慕，怵惕心伤，追溯我祖，肇基钱江，有宋末叶，支流丽阳，自明有宣，应和分乡，六峰巍巍，双涧泱泱，庇荫我后，祚永绵长，用伸薄奠，虔诚是将，灵其不昧，来格来享。

伏　　维

尚飨

祝文二：

某某节届，运转一阳，感时追慕，怵惕心伤，追溯我宗，肇基钱江，有宋末叶，俞川发祥，明代设邑，应和分乡，瓜瓞绵绵，俎豆馨香，鸣呼先祖，功德难忘，凡厥孙子，在庙赵跄，敬陈薄奠，是用教享。

伏　　维

尚　　飨

祝文毕(众孙起)。

奏乐

七、主祭孙焚帛，司祝孙焚帛(众孙跪)

八、礼毕，鸣炮(众孙起)，乐止。

这是封建社会俞氏宗祠的祭祖典礼的大致形式和程序。由俞松发整理。

其三是族规：俞氏家族的组织规范体现为成文和不成文的族训、家训、诫条、族范、宗规、族约等规定。清乾隆年间葺谱记载，俞族族规除了前面所说的族谱“四必书、八不书、四特书、二必录”之外，还有如下规定：

（一）护林。对三处祠山订有严格护林规则，凡偷砍乱伐，轻者罚植树，重者罚演戏，严重者报官处理。设专人护养，护林有专项田2.2亩。护林是为维护村容村貌，认为水口（丛蓬）是合境之门户，水口不茂则门户无从关锁，向山（扒台山）是合境之文峰，向山不盛则文峰无由振兴，白坟岗是祖坟（敬一敬二）之来龙，来龙兴则能庇荫后代。

（二）助学。为兴文风，资助鼓励学子，祠内设有赆仪田15.4亩，凡举考文武童生佾生赴试，每人给卷钱一千文，文武生员贡监南北乡试，每人给赆仪钱二千文，京都贡举赴试，每人给赆仪钱三千文。

（三）育婴。祠产中有育婴专项田33.7亩，用于本族贫苦户抚养女婴补助。凡当年每产一女婴，补助三千文。补助只限本族，这是一项杜绝溺女婴、倡男女平等的举措。

（四）娱乐。一是演戏。每年春、冬二场平安戏，由祠内开支。二是龙灯。由当年所产男丁户举办，祠内每岁扎龙头补贴八千文。三是擎台阁。由春彩会负责主办，祠内补贴一次台阁酒，凡观赏者不分男女、外村本村都免费享饮。

其四是族产：俞祠过去有比较多的祠产，为家族组织的正常运转、兴办公益事业提供一定的财力支持，也可以通过族产来助学扶贫，增强族民的团结。过去，俞氏祠产以田为主，从明、清至民国共计有祠田531亩，年可收租谷1000余担。此外还有三处林山、五处林园、三间店面、一处大仓屋。祠内置有三堂祭器以及桌、凳、椅，一应俱全，仅餐桌就有50余张。祠田80%分布在外乡，以武义西向为最多。祠田除祠内历次添置外，大部分来自富户的捐助。清道光、咸丰年间就有十户助田共计314亩，占祠田总数60%。富户出于功德行善，光门耀第而乐助。如道光首富俞志俊六十和七十两次寿诞，助加祭田70、80亩，店面三间，助育婴田56亩。他的儿子俞开槐又是咸丰首富，咸丰十一年(1851)向祠内助加祭田、科文田和龙灯活动田共计157.70亩。所谓加祭田，即在原规例一年清明、冬至二祭的基础上，再增二月十五、八月中秋二祭。所谓科文田，就是儒田或称助学田，是对学子读书和科举应考赆仪的鼓励资助。所谓育婴田，则是对出生女婴抚养的扶持资助，目的是倡男女平等，杜绝溺婴。祠产由族长、房长和主事绅衿参加的理会管理负责一年收租出粜，开支账目结算事务。

其五是族长：一个典型的宗族有其族长，它是家族的内外代表。族长是家族利益的代表，主管家族内外事务，调解仲裁族内矛盾，行使着家族的各项权力。由于俞族历史悠久，历代族长众多，在此不再列举。

正是族谱、族祠、族规、族产及族长的有机结合，维系着俞氏家族的存在和运转。它们构成一种完备的家族制度，使家族得以履行自己的功能，实现自身的目标。

图7-2 村中小景

第二节 古村落与“村民自治”

在基层民主方面，发端于20世纪80年代初期，发展于80年代，普遍推行于90年代的村民自治制度，最为引人注目，已成为

在当今中国农村扩大基层民主和提高农村治理水平的一种有效方式。"村民自治"的含义包涵四个方面：民主选举，即直选；民主决策，即通过村民会议决定重大事项，通过村民代表会议研究日常工作；民主管理，通过制订村民自治章程或村规民约，建章立制实现规范化管理；民主监督，即实行村务、财务公开，民主评议干部，建立重大事项汇报制度。

2004年，俞源村《村民自治章程》的产生，表明村民自治由探索走向成熟并开始走向制度化。

一、村落组织及运行机制

俞源村党支部（2005年2月6日成立）：书记潘洪满，副书记李振海，委员俞子荣。

俞源村村民委员会（2005年2月5日）：主任俞森鑫，委员俞子荣、俞松女、俞国友、俞典民、李银松、董元阳。

文书：李淑法。

俞源村两委人员分工。

根据工作需要，经村两委研究决定，两委班子成员分工及其他工作安排如下：潘洪满：负责支部全面工作，包括旅游、计划生育工作。俞森鑫：主持村委全面工作，分管土地、计划生育及调解。李振海：分管工业、电、土地、组织工作。俞子荣分管农业、水利调解、卫生工作。俞松女：妇女主任，分管计划生育调解、文教工作。俞国友：民兵连长，分管调解、山林、治安工作。俞典民：治保主任，分管调解、山林、自来水竹管、土地工作。李银松：调解主任，分管山林兼老龄工作。董元阳：兼团支书，分管山林、治保调解。

每月15日被确定为支部党员的活动日。

村党支部无职党员岗位职责：

经济发展——俞风发、俞子康、潘成方、俞寿宏。村务监督——李伟明、潘洪满、李国法。环境卫生——俞合会、俞品和、兰眼旺、俞秋菊、俞章林、李桂芳。技术信息服务——李春华、俞前平、俞永武、俞建、鲍汝金。综合治理——俞文章、俞土根、李法云、林友南、李灰川、叶合德、浮子跃。

俞源村村民代表：

俞正华、俞志连、俞孝春、俞国荣、潘洪全、俞元贞、俞子荣、俞子友、俞寿宏、李会川、俞文章、苏委女、俞山民、俞雅青、钟积才、张兴土、俞树儿、潘建如、傅冬云、李银松、俞六法、李光荣、俞建华、潘惠国、俞孝雨、俞海青、俞增来、董增球、董兵法、俞友东、俞云茂、潘生祥、罗双友、潘金明、李玉成、李国法。

上述代表是在2005年3月15日召开的村民小组户主会上选举产生的，共51人，党员10人。

文化程度：小学26人，初中24，高中1人。女姓2名，最大的71岁(俞山明)，最小的39岁。主要分布在40—50岁之间。其中19位姓俞。

俞源村监督委员会：

为进一步健全村务公开制度规范民主决策机制，完善民主管理机制，保障农民群众的知情权、决策权和监督权，2005年6月6日成立俞源村两委工作监督委员会，由俞文越任主任，委员有俞建华、俞立平。

村党支部与村民委员会运行机制：

党支部和村民委员会各自按照《中国共产党农村党组织工作条例》和《村民委员会组织法》开展工作、履行职责，俞源村"二委

图7-3　俞源村两委办公楼

会"用《岗位责任制度》将双方的工作和谐统一起来。村"二委会"的工作运行机制：(1) 村里的各项工作在乡党委和村党支部的统一领导下开展工作，突出基层党组织的"领导核心"地位，同时化解乡与村委会之间"领导"和"指导"关系的矛盾。(2) 村二委下属各口、各种组织分工协作，统一调度安排，分线分工不分家，齐心协力做好工作。(3) 强调工作的计划性、规范性，所有干部及所分管的工作，必须做到年初有计划，半年有记录，年终有总结，各类数据相关材料归档备查。(4) 用宗旨观念、民本思想教育要求干部，牢固树立为人民服务的意识，热情接待群众，以礼待人，优质服务。能办的当场办，确实无法办理的耐心说明原因，涉及政策性强的有关事宜和重大问题必须及时向村主要领导汇报，做到办事不马虎，处置不越权，尽量使群众满意，领导放心。

俞源村还建立健全了村"二委"联席会议制度。党支部和村委会联席议事会议，一般由村党支部书记召集主持，村党支部书记因故不能参加会议，委托村党支部副书记或村委会主任主持。参加对象为村两委全体成员。根据具体情况，不是村二委成员的党员村民和各相关组织负责人可以列席会议，必要时邀请上级组织派员参加。"二委"联席会议一般每月不少于一次，必须有三分之二以上的应到会人员参加，实现一事一议，所议事项赞成人数超过到会人数半数以上视为通过，并形成决议。一般事项，经村党支部和村委会联合议事会议形成决议后即付诸实施；重大事项，需提交村民会议和村民代表会议决定，再组织实施。如果意见分歧比较大，暂时形不成决议的问题，则不组织实施，而采取以下解决办法：一是报请乡党委协调解决，二是进一步酝酿，待意见基本一致后，再提交"二委"联合议事会议讨论决定。"二委"联席会议议事程序是：(1) 确定议题。凡属于两委联合议事内容的事项，根据工作需要，由村党支部和村委会负责人协商确定议题，会议时间、地点和参加人员。(2) 会议通知。在确定议题之后，村党支部和村委会必须及时通知应到会人员参加会议。(3) 讨论酝酿。召开村党支部和村委会联合议事会议，就确定的议题逐项进

行讨论酝酿。(4) 形成决议。在充分酝酿的基础上，采取票决或举手方式进行表决，形成决议。(5) 实行村级事务联章联签制度。村党支部和村委会联合议事会议决定的事项或向上级呈送的请示报告，都必须经村党支部和村委会主要负责人共同签署意见并加盖公章后方能付诸实施。此外，村里还建立了《村干部管理制度》，如学习制度、奖惩制度、廉洁制度等。从两年多的运行情况来看，村支部和村委会团结一致，工作效率较高。实践证明，俞源村这套运作机制和工作制度是适合俞源村工作实际的。

■ 图 7－4 “文革”风格的房屋

二、村民选举、议事、决策和监督

俞源村村民自治有一套比较完整的制度。其中《村民会议、村民代表会议工作制度》是纲领性的。《工作制度》按照《村民委员会组织法》的原则和精神，规定：“凡属于村民会议讨论决定的事项”都按本制度实施；“村民会议每年召开一次，由村民委员会负责召集”，如果“本村有十分之一以上村民提议召开村民会议，应当召集”；“村民会议应有本村十八周岁以上村民的半数参加或有本村三分之二以上的户代表参加”、“全体到会人员过半数通

过"方为有效，并且须在会后两天将会议结果在村公示栏公示或以其他形式告知全体村民，如果会议事项直接涉及个人利益的，须将会议结果抄送当事人。《工作制度》对会议筹备特别是会议议题提出了具体要求，规定"应在会议前五日，由村民委员会将开会日期和会议的议题告之村民，并提供有关材料"。《工作制度》还对村民会议审议有关部门的工作报告的程序及办法作了规定；对涉及村民利益的事项列出"必须提请村民会议讨论决定"的清单，包括自筹经费、提留的收缴及使用，村享受误工补贴的人数及补贴标准，村集体经济所得收益的管理和使用，村办学校、村建道路等村公益事业的经费统筹管理和使用方案，村集体经济项目的立项、各业承包方案及村公益事业的建设承包方案，村民的承包经营方案及宅基地的使用方案，村民会议认为应当由村民会议讨论决定的涉及全体村民利益的其他事项，制定、修改村规民约和村民自治章程，等等。俞源村特别强调"村民代表会议是经村民会议授权、行使村民自治权力的机构，村民代表会议讨论决定的事项，须经村民会议授权"，从制度上杜绝以"村民代表会议"剥夺"村民会议"权利和村民直接行使民主权利的现象发生。

村务公开

村务公开是对村党支部和村委会实施监督以保证村民委员会代表村民会议行使权力的最好办法，俞源的村务公开制度详见注释专栏 7-2。

注释专栏 7-2

俞源村村务公开制度

（一）根据上级党委、政府的要求，结合本村的实际，决定对以下方面的村务，全面推行公开办事程序，公开办事结果。

（1）村规民约公开：有关维护本村社会治安、维护集体资产，建设文明新村方面的村规民约，经村民代表会议讨论，村二委会审议后，向全村公开。

(2) 集体土地有偿出让和宅基地审批公开。在政策和法律许可的情况下，村集体土地有偿出让实行公开、公正办事，村民建房用地审批，实行公开审批。指标公开，要根据建房户的情况，优先最困难户的审批。

(3) 村内建设项目工程发包公开。凡村内道路建设、水利工程、公共设施等工程发包，一律公开，做到事先张贴安民告示招标，然后公开投标。

(4) 有关村集体的资产，凡发包给个人经营的，一律实行公开招投标，不搞协议租赁，全部公开办事。

(5) 上级分配的物资及救灾物公开，上级政府分配的物资及困难户补助等，由村两委集体讨论，做到分配对象、分配数额、分配办法向村民公开。

(6) 计划生育管理公开。计划生育是国策，实行计划生育是公民义务。全村计划生育政策上墙，向群众公开宣传；生育政策公开，审批一胎、二胎程序公开，审批名单和审批结果公开，二胎生育的全过程管理情况公开；应参加一年两次查环查孕对象公开，检查情况公开。

(二) 接受群众监督。

(1) 发挥村民的监督作用，特别要发挥村民代表的监督作用，村民代表有权评议行政村干部，有权对村务提出建议和批评意见，有权直接向上级党委反映村民的意愿。

(2) 设立村务公开、民主监督领导小组，小组一般由三至七人组成，成员由村民会议或者村民代表会议从村民中推选产生，监督小组应坚持公开、公正的原则开展工作。

(3) 村务公开监督小组是村务监督的直接责任人，村党支部、村委会一方面要支持工作，另一方面要认真听取监督意见，并根据多数村民的要求，加强村务工作，推进民主管理，把俞源建成文明新村。

财务公开

每年初俞源村都要编制财务预算，到年终要根据预算执行情况编制决算。如果预算执行过程中因具体情况有变，需进行调整时，要严格执行增支程序，否则不能开支。经村民代表大会表决通过的预算由村委会执行，执行过程受村务公开监督领导小组指导、监督。年度财务预算执行情况和财务决算，必须向村民代表大会提请报告，由村民代表大会审议并表决通过。与村财务预决算制度相配套的是财务公开和财务监督制度。村财务公开制度非常周密(注释专栏7-3),实际观察的结果表明,财务公开制度执行正常。村委会实行每季账务公开,按照民主集中制的原则对村进行行政管理和民主决策。村财务监督小组每年参加村里的财务查账工作,并公开查账结果,规定监督村干部不能向集体借款,不经手现金。

注释专栏7-3

俞源村财务公开制度

(1) 设立村级财务公开监督领导小组,小组由三至七人组成,成员由村民会议或者村民代表会议从村民中推选产生,监督小组应坚持公开、公正的原则开展工作。

(2) 两次村务公开日应公开的内容,在村务公开栏上进行公示,当月发生的村级财务,不定期在村务公开栏上进行公示。

(3) 先由村报账员每月报镇会计服务站审核,然后由村主管财务领导签字,最后在村务公开栏上张榜公示,当月未发生财务收支的,也须作零收支公示。

(4) 在每年的1月、7月两次村务公开日,按照县里规定的要求,做到真公开、全公开;公开当月发生的村级集体资金收支明细账和村民集中反映要求公开的其他村级财务。

(5) 配套措施:① 财务公示前的联审联签。村务公开日公开的财务必须由村民主理财小组和监督小组负责人共同审核后方可公示;当月公开的财务必须由镇会计服务站负责人和站主管财务领导联合审签后方可公示。② 财务公示后的征询、反馈。财务公示后三天内,须有一名村主要干部或财务人员在公示栏旁(或村办公室)征询村民的意见和建议:在公示栏旁设立"意见箱",收集村民的意见和反映。针对群众的意见、反映和建议,该当场解答的予以当场解答,一时难以解答的,待集体研究后,须于一星期内在村务公开栏上反馈或在听证会上通报。③ 对村财务应公示而未公示,或公开内容不真、不全,或故意弄虚作假,欺下瞒上,造成村民强烈不满的,应追究相关人员的责任。

民主评议干部制度

俞源村民主评议干部包括对班子的评议和对干部个人的评议；前者主要针对村党支部和村委会两套班子的团结协作、民主集中、服务水平和工作实绩等方面展开；后者主要针对“二委”成员的德、能、勤、绩、廉作出全面评议。评议的方式：村党支部、村委会和书记、主任每半年评议一次，其他班子成员年终评议一次，参加评议的对象为全体党员和村民代表。评议程序：村两委商定评议的时间、地点、参加对象等相关事项，张贴召开评议会公告，召开评议前先分别报告工作，然后“面对面”评议，最后进行“背靠背”民主测评。配套措施主要是乡和联村干部指导和全程监督。

离任审计制度

俞源村实行了对党支部成员、村民委员会成员及村会计任期和离任审计制度。村干部的审计工作由村审计机构和乡农村经营管理部门审计机构负责，如果认为必要，可以请审计部门或审计事务所进行审计。审计过程强调客观公正、实事求是、保守秘密并遵守审计回避制度。审计报告分别报送村二委、乡政府和有关主管部门处理，如有违法犯罪问题则提交有关机关处理。

过错责任追究制度

村干部因工作严重失误、失职造成重大损失或者恶劣影响，或者对重大事故负有重要领导责任，不宜再担任现职，应当由本人主动提出辞去现任领导职务。俞源村规定以下九种情形应辞职：(1) 因工作失职，引发严重的群体性事件，或者对群体性突发性事件处置不当，造成严重后果或者恶劣影响，负主要领导责任的；(2) 决策严重失误，造成重大经济损失或者恶劣影响的，负主要领导责任的；(3) 在抗灾救灾、防治疫情等方面严重失职，造成重大损失或者恶劣影响，负主要领导责任的；(4) 在安全工作方面严重失职，连续或者多次发生重大责任事故，负主要领导责任的，连续或者多次发生重大责任事故，或者发生特别重大责任事故，负主要领导责任、重要领导责任的；(5) 在市场监管、环境保护、社会管理等方面监督严重失职，连续或者多次发生重大事故、重大案件，造成巨大损失或者恶劣影响，负主要领导责任的；(6) 在用人方面严重失察、失误，影响恶劣，负主要领导责任的；(7) 疏于管理监督，致使班子成员或者下属连续或多次出现严重违纪违法行为，造成恶劣影响，负主要领导责任的；(8) 对配偶、子女、身边的工作人员严重违纪违法知情不管，造成恶劣影响的；(9) 有其他应当引咎辞职情形的。辞职的程序：本人以书面形式向支部提出申

■ 图7-5　村民在清澈小溪洗衣

请，辞职申请应当说明辞职原因和思想认识等；有关部门对辞职原因等情况进行了解审核，并提出初步意见；支部集体研究，做出同意辞职、不同意辞职或暂缓辞职的决定及时通知本人，并报乡党委审批。做出同意辞职决定后，按有关规定办理辞职手续。如果村干部应当引咎辞职，而本人不提出辞职的，就采取责令辞职的办法。其程序是上级有关部门做出责令干部辞职的决定，并指派专人与干部本人谈话，责令辞职的决定应当以书面形式通知本人；被责令辞职的干部应当在接到责令辞职决定通知后十五日内向任免机关提出书面辞职申请；按照有关规定办理辞职手续。引咎辞职和责令辞职的同时还要实行干部过错责任追究制度，即进行责任追究和赔偿：因个人行为造成集体利益遭受损害的给予纪律处分，并赔偿经济损失；因个人行为违反有关法律规定的要追究其刑事责任。

三、村规民约与社会治理

俞源村在村民自治的基础上制定了村规民约，2000 年 12 月 19 日在村民代表大会表决通过，主要包括以下内容：首先是维护农村生产、经营秩序，包括：保护水利设施，合理使用水资源；封山育林，禁止滥砍乱伐；保护田园，禁止牲畜进入耕地；保护好村级公路和其他集体设施等。其次是维护生活秩序和社会治安，包括：不偷盗、不打架斗殴、不寻衅滋事、不赌博、不毁损他人财物等内容。再次是落实党的政策、履行国家法律，包括：自觉缴纳税款，实行计划生育，落实义务教育，自觉服兵役，珍惜土地，不侵占耕地等。最后是注重精神文明建设：提倡爱党、爱国、爱社会主义；提倡邻里团结，相互帮助；家庭和睦，孝敬老人，爱护儿童；反对封建迷信，倡导新风尚；讲卫生、讲文明等。

社会治安

为加强社会的综合治理，村民委员会与各村民小组签订了《社会治安综合治理目标管理责任书》，按照“谁主管谁负责”的原则，明确村民小组长为第一责任人，并且采取各种措施抓落

实。如成立村综合治理办公室负责了解掌握情况，每年年终组织一次检查考评，并根据考评结果对有关责任人进行奖惩（注释专栏 7-4）。由于组织健全措施得力，村落的社会治安状况一直比较好。

■ 图 7-6　建设中的溪边公园

注释专栏 7－4

社会治安综合治理目标管理责任书

为了进一步加强社会治安综合治理工作，确保我村社会政治稳定，根据上级关于建立社会治安综合治理目标管理责任制的规定，按照上级党委、政府的要求，村二委决定，与各村民小组签订《社会治安综合治理目标管理责任书》。

一、责任目标

1. 深入开展“平安村”创建活动，切实抓好社会治安、经济秩序和安全生产，维护本村公共安全和社会政治稳定。

2. 认真组织开展矛盾纠纷排查调处工作，及时化解矛盾和消除不安定因素，确保不发生影响社会政治稳定、经济正常运行和人民群众生活秩序的群体性事件，不发生集体上访和越级上访事件。

3. 加强民间社团组织管理，不发生“法轮功”等邪教组织顽固分子进行聚集、串联等非法活动，不发生非法宗教活动。

4. 加强法制宣传教育，增强村民法制观念。

5. 加强流动人口管理，预防和遏制流动人员犯罪。

6. 做好归正人员帮教工作，落实帮教措施，预防归正人员重新犯罪。

7. 加强对青少年的法制和道德教育，维护青少年合法权益，积极预防青少年违法犯罪。

8. 加强防火知识宣传，落实防火措施，确保不发生火灾事故。

二、组织与奖惩

1. 认真落实社会治安综合治理目标管理责任制，按照“谁主管谁负责”原则，明确村民小组长为第一责任人，根据有关职责任务，切实抓好落实。

2. 本责任书执行情况由村综治办公室负责了解掌握，每年年终组织一次检查考评，根据考评结果对有关责任人进行奖惩。

3. 本责任书自签订之日起至2005年12月31日止。期间如有人员变动，由继任组长完成现任目标。

村党支部及责任人(签章)：

村民小组及责任人(签章)：

村民委员会及责任人(签章)：

2005年3月10日

村落调解机制

村民自治组织设有"人民调解委员会",负责调解民间纠纷。俞源村"人民调解委员会"由主任俞子荣,委员李银松、董元洋、俞国友等四人组成。

■ 图 7-7　和睦相处的村民

一般村里都能按照有关调解条例,依据民间纠纷调解程序加以解决,如有村里调解不了的纠纷,则请乡人民政府有关部门出面调解。经调解无效的可上诉到人民法院裁决。一般调解程序如下:(1)写清楚纠纷事实以及申请事项。申请人(或法人)签名后交给村民委员会人民调解委员会。(2)人民调解委员会收到调解申请后,填写《纠纷受理审批表》存档,若同意调解即向当事人下达《纠纷受理通知书》,指定调解地点、时间和调解人员等。(3)当堂调查。作好《调查笔录》,并做出调解并填写《人民调解协议书》,当事人双方、人民调解委员会调解员签字生效。协议书一式三份,当事人双方、人民调解委员会各一份。调解协议执行以后,村人民调解委员会还要进行回访,填写《回访记录》。

我们发现,俞源古村落具有古代宗族的治理方式与现代国家权力的治理方式相结合的特点。俞源古村落以血缘为纽带,以家庭为最小单位而群聚组织,在一个村落里聚居着同一祖宗的家庭多达上百家。这样的社会，“世代定居是常态，迁徙是变态”③。这种稳定状态会一直保持下去，直到人口超过土地的承载极限，过剩的人口才会外出开辟新的天地，一旦成功，他们就会定居下来，并开始又一个从村落诞生到饱和的轮回。对于这样一个稳定的社会单位，“地缘不过是血缘的投影”④。血缘和地缘的合一决定了中国乡村社区的宗族与西方的家族是不同的，也就决定了村治方式往往更加注重家庭和邻里的关系，注重血缘和宗族的关系。虽然在新中国成立以后，国家的政治和经济运动对中国乡村地区传统的宗族体制造成了巨大的冲击，但由于农村生产力水平的不发达，使很多农村地区宗族势力的根本特性并未遭到摧毁。从 20 世纪 80 年代的农村经济体制改革开始，国家对乡村的行政控制力量开始削弱，宗族体制和宗族文化对农村地区，尤其是南方农村社区的影响开始呈现抬头之势。我们可以从中得到启示：无论在经济发展还是在治理方式上，我们不能忽略传统的资源，这是古村落社会制度得以维系的基础，也是现代经济发展的条件。

■ 图 7－8　俞源村二委部分荣誉

注　释：

①《俞氏宗谱》，清乾隆四十九年修，第43页。

② 费孝通：《乡土中国》，北京三联书店1947年（1985年再版），第3页。

③ 费孝通：《乡土中国》，北京三联书店1947年（1985年再版），第72页。

④ 高明：《琵琶记》，http://bbs.people.com.cn。

第八章　俞源古村落的文化与艺术

数量众多、个性鲜明的中国古村落，被称为“传统文化的明珠”，是一种典型的景观文化生态型聚落，是中国乡土文化的活的载体，是一种独特的中国文化空间。俞源从建筑、宗族、耕读、民俗、风水等方面表现出其文化的独特性。对此我们从科举文化、教育文化、田园文化、民俗文化和艺术等方面逐一展开分析。

第一节　古村落的科举文化

科举文化是俞源古村文化中不可或缺的一部分。科举制度起源于隋，发展于唐，它本是因朝廷遴选官吏、开科取士而设，它的推行却间接地提高了各地士子学习文化的积极性，进而普及了文化。宋代扩大了科举录取名额，改进了考试方法，雕版活字印刷盛行，再加上北宋仁宗皇帝的几条科举政策，一是规定士子必须在本乡读书应试，使各地普设各类学校；二是在各科进士榜名的人数，给南方各省规定了优惠的最低配额；三是规定工商业者和他们的子弟都不得参加科举考试，只准许士、农子弟参加，激发了普通人家对科举入仕的兴趣，农家子弟看到了读书入仕、光耀门楣的希望，从而“朝为田舍郎，暮登天子堂”①，不再是天方夜谭式的美梦，而是实实在在的希望，于是牛角挂书、柳枝为笔、沙地练字、田头秀才代不乏其人，屡见不鲜。因此，俞源历来把教子弟读书、求功名作为宗族共同的大事。

一、开榜见“俞”

为了让本族子弟读书入仕，俞族各宗亲支派纷纷兴学，主要采用两种方式：一是兴办书堂；二是资助奖励。俞氏家族以耕读传家，倡导儒学，恪守宗法，注重教化，因而科举人才不断涌现。据不完全统计，明清两代共出进士、举人、贡生 60 余名，秀才 140 余名。“俞族甲于宣，沐浴于中原文献之泽，有观政礼部者，有尹宜黄者，乡贡且绵绵不绝，学使按临鸾哕，茅芗踵相接，宣人有无俞不开榜之谚。”② 足见俞源科举人才辈出的盛况，并在宣平县有着人人皆知的广泛影响。据说，明清时期朝廷对赴府考试的秀才实行限额，每年永康 16 名，武义 14 名，宣平为 12 名。而宣平县衙门前的秀才榜前，总有俞源考生的惊喜。俞源出现兄弟、父子、主仆同考双中的趣闻，其争读竞考之村风由此可见一斑。清康熙后期，33 岁的俞采臣与 13 岁的儿子俞文焕，同年考秀才。到赶考那天，父子俩天未亮便出门，父亲挑着文房四宝和包袱走在前，儿子跟在后，攀山越岭，天黑时到达处州府（今丽水）。次日，父子俩同

■ 图 8-1 众多的报单可见当时俞源科举的兴盛

进考场，结果双双考中秀才，一时传为美谈。清道光年间，俞源上宅俞廷超赴府考试，挑着两个小包袱，跟在后面的仆人应宝时，在途中央求主人让他一同参加府考。俞廷超知道，应宝时在伴读中自学，文才不亚于自己，便满口答应。大红色的秀才榜一开，主仆两人均名列榜中。在裕后堂、万春堂等古堂楼的中堂板壁上，至今留存着许多“报单”。

在清朝，凡中得秀才、监生、拔贡及以上的功名，在民国，凡高小以上毕业，学校都送喜报上门，得报的家长喜气洋洋，会给送报单的人一碗点心和一个红包。如今看着这些泛黄陈旧但清晰可读的报单，似乎历史并不遥远。俞源俞氏族人几乎年年科考有中，但对求仕似乎并不十分尽心。或许是隐逸祖风的影响，或许是对官宦生活的厌恶，他们的科举入仕率一直很低。明清两代所出的 45 名贡元以上科举人才中，只有 14 人进入官场；在清初的天命、天聪、崇德、顺治四代 47 年中，未出一名仕官；在雍正、乾隆两代长达 73 年中，也仅 1 人入仕为官；而光绪 34 年中，虽有 14 人登科中举，但没有一人进入官场。但俞源人的勤学苦读，却培养出一批批儒雅的乡绅处士，一批批文墨精通的乡间文人。即使在明清两代所出的 21 名仕宦中，也以担任教育职务者居多。据统计，有教授 2 名，学谕 7 名，儒学教谕 2 名，儒学训导 3 名，占到仕宦总数的六成多；在民国期间，有校长和教员 22 名。并且，涌现出“进士之师”、“壮元之师”和修志文人。俞冲，字公翔，是敬一公的曾孙，在明永乐年间由丽水训导升授邵武府教授。他以高超的论著文笔和“义利辨”文章，被尊称为“铁砚先生”。他认为：“利为义用，其利义也；反之，义为利服务，是不义而有罪也。”③ 俞冲注重身体力行。他起早贪黑淳淳教育学生，不在意学生送给他的礼物多少、有无；对生活有困难的学生，送去的礼物，他不但不收受，相反“窘甚者且周之，疾病者药之，死亡者恤之，弥久而盖笃”。④ 他教学多年，桃李满天下。如丽水同宗俞俊，受俞冲教育熏陶后，一举得中进士，官至尚书。当俞俊得知俞冲谢世时，以十分悲痛的心情写了《送铁砚先生司教邵武序》一文，后被收录为《宣平县志》的首篇文选。俞冲的义利观念，在俞源后人中产生了久远的

影响。其曾孙俞世美，在明隆庆年间主持修建大宗祠后，在寝堂正中高悬“礼义贤声”匾额，以传扬礼义传统，使俞源义人、义举名扬宣平、武义两县。据民国十五年编修的《宣平县志》记载，清朝全县30名义举突出人物中，俞源俞姓的就有林檀、林模、君选、君泰、大鹗、大鹍、国器、大鸣、文瑛、步程等10人，占三分之一。前文“父子同考双中秀才”的俞文焕，考秀才得的是第一名，后来考上拔贡。清康熙六十年(1721)，博学多才的俞文焕被宣平知县于树范聘为私塾教师，教育儿子于敏中。由于俞文焕精博儒学，教学严谨，为知县之子打下了扎实的儒学基础。后来，于敏中上京赶考，金榜题名，经龙廷面试，一举夺魁。高中状元的于敏中，自然不忘恩师的教诲，特制红底金字匾额“佑启堂”，送给恩师俞文焕，使其厅堂满壁生辉。继任宣平知县的胡必奇，邀俞文焕在孔庙明伦堂讲学，他自己也自始至终在堂恭听。听毕，称赞俞文焕“学有本原，文有经济，言有坛宇，行有圭角。清不离群，浊不混俗，殊可人也”！⑤并于乾隆元年(1736)亲拟七言28句的颂稿，由教授正堂周雯书写并附画作，赠予俞文焕作为纪念。胡必奇所赠的字画，被俞文焕后代视为传家之宝，历来由辈分最高的绅耆存管，只在过年时出展礼拜，以示俞氏太公为“状元之师”的荣耀。

■ 图8-2 德才兼备的教化

重教励学的古代俞源，成就了许多大用之才，当他们功成身退，落叶归根后，还乐为家乡“泛晚景之余波”。⑥俞昭和俞宗焕两个修志老人，就是其中的代表人物。俞昭，字德辉，号雪峰，明嘉靖岁贡，出任山西代府审理，进阶奉议大夫。花甲之年告退归里时，正值处州要修纂府志，一回到家即接到处州太守李冕遣吏送来的邀请书，称俞昭为"词林山斗"，请他"伏冀不靳，宠临共图"。⑦千里跋涉回到俞源的俞昭，未及喘息，即应邀赴处州，为修纂府志奉献了毕生余热。俞宗焕是清道光拔贡，擢开化县教谕十余载。道光二十年(1840)告退回乡后，也正值宣平县届临县志编修。品行兼优的俞宗焕，时为宣邑文林娇秀，颇受仕林敬重，知县汤金知人善任，聘请俞宗焕为修志主编，全面负责县志编纂工作。他主持修纂的宣平县志有 18 卷。首印本现分藏北京市、上海市和北京大学图书馆。

1905 年清政府正式废除科举制度。科举在俞源社会生活中具有很重要的地位，经过几百年的熔铸，读书做官早已成为俞氏家族传统文化中的基因和灵魂。因此清政府这一迫于时势的举措，对俞氏家族无疑是沉重打击。科举的废除断绝了俞源人受惠数十代而又莫不憧憬进入社会上层的道路。从此，昔日虽贫寒但尚不失希望和尊严的儒生成为了多余的一群，新式教育的冲击，使得俞源已落后于时代的书堂、私塾教育最终走向衰落。俞源不再具有文化上的优势，也最终失去了传统村落的精英形成机制。俞源村落也逐渐远离了往日的辉煌。

二、科举精英

从清道光开始，祠产中有专项的儒田蒙租，童生入学无须自己交学费，童生举考县学、府学，贡监生参加省试、京试，均有盘缠补助，以资鼓励，所以历代读书成风。明、清二朝出过进士 1 人，举人 3 人，贡生 54 人，秀才 140 人。明清两代走上仕途的有 21 人，有京官 3 人，府官 5 人，县官 4 人，教谕 9 人。

人名	年号	类别	历官及行迹
俞　韬	明成化	经明行修	福建漳州卫知事
俞　冲	明永乐	经明行修	征辟邵武府教授
俞大有	明嘉靖	二甲进士	礼部观政
俞　彬	明嘉靖	乡武试中式	温州黄华关把总
俞　勋	明成化	间贡	
俞　昭	明正德	出贡	山西代府审理
俞　英	明嘉靖	贡生	建德县学谕
俞　施			礼部铸印局儒士
俞世美	明嘉靖	岁贡	江西宜黄县令
俞　款	明嘉靖	贡生	山东青州左卫经历
俞　瑾	明嘉靖	岁贡	
俞鸣谦	明隆庆	贡生	福建宁化县学谕
俞肖洛	明万历	岁贡	
俞应乾	明万历	岁贡	松江青浦县令
俞宪祖	清顺治	岁贡	
俞　捷	清康熙	拔贡	衢州府开化县学谕
俞光试	清康熙	岁贡	
俞　亮	清康熙	贡元	
俞文焕	清乾隆	岁贡	江山县教谕
俞林桓	清嘉庆	贡生	
俞国器	清嘉庆	贡生	
俞态僚	清嘉庆	例受贡生	
俞志伟	清嘉庆	廪贡生	

续表

人名	年号	类别	历官及行迹
俞宗焕	清道光	拔贡元	复设教谕
俞思恼	清道光	贡生	
俞凤鸣	清道光	贡生	江山教谕
俞思诚	清道光	廪贡生	
俞思襄	清道光	附贡生	
俞士魁	清咸丰	例贡生	
俞廷胪	清咸丰	廪贡生	温州永嘉县训导
俞兆麟	清同治	拔贡元	
俞士珍	清光绪	恩贡	
俞锦云	清光绪	拔贡元	
俞　钦	清光绪	岁贡	
俞步衢	清光绪	廪贡生	
俞其德	清光绪	廪贡生	
俞步曾	清光绪	附贡生	
俞步程	清光绪	例贡生	
俞廷超	清光绪	廪贡生	
俞继超	清光绪	附贡生	
俞继增	清光绪	增贡生	
俞鸿猷	清光绪	附贡生	
俞继堂	清光绪	附贡生	
俞弘勋	清光绪	增贡生	
俞廷用	清光绪	增贡生	

注：以上名录均出自于《俞氏族谱》。各人仅列举科第成就最高者或第一次。迁居外地的不列入。

■ 图 8-3　先祖的荣耀

第二节　古村落的教育文化

一、劝学励读

聚族而居的村落，就像一个大家庭。它以血缘为存在基础，以儒家礼制为精神内核，以完备的家族规范为约束，以教育培养显耀门庭的人才。其科甲人士、入仕官僚多寡，决定着能否成为誉甲五方的名门望族。俞源，就是以教育出人才，以人才享誉一方。

古时俞源虽隶属宣平县，但离武义县城更近便，历来受着明招文化[⑧]的辐射。清同治年间，武义八旗官教习何德润，在为俞氏宗谱所写的序中谈道："俞川介我邑西，宋季朱考亭、吕东莱，讲学于邑，流风余韵，旁溢邻壤。而洪武初，宋学士景濂，苏学士伯衡，来游来歌，遗墨犹存。"可见，明招文化精神对俞源村的文化教育有着积极影响。不问家世的取仕制度，让偏远山乡的社会底层百姓，也同样拥有闻达显才的机会。受祖宗隐逸遗风的熏染，俞源人并不十分在意仕途，但他们十分重视敬教劝学，强调读书知礼，承继耕读传家的族风。村中学而不仕或致仕在家的知识分子，发挥着诗书礼乐教化的作用。这种乡绅文人一般不从事躬耕劳作，但有富足的土地和收入，在宗族制度的作用下成为兴办教育的主要力量。为鼓励读书进阶，俞氏宗族实施多种形式的奖励，建立有效的劝学励读机制。宗祠设有赆仪田 15.4 亩，取其收入用于考生盘缠。凡举考文武童生佾生赴试，每人给卷钱一千文；文武生员贡监南北乡试，每人给赆仪钱二千文；京都贡举赴试，每人给赆仪钱三千文。各房派均设“蒙租”，五至七岁上启蒙学堂的学生，每年可得蒙租谷二百斤。同时，富裕房派设有儒租，资助秀才进取，有的户一年可得八百斤之多。因此，一般家庭中有一两人就读，所得租谷可以解决温饱问题，甚至基本解决了全家人的口粮。

20 世纪初取消科举制度后，俞氏宗族仍延续儒租制，资助高小以上学子。现仍健在的俞樟松、俞荣达等老人，都是这些待遇的亲享者。村中秀才或高小毕业生称绅衿，祠堂四季祭祖时，他们每人每次可分得胙肉 2 斤，与 50 岁以上的老人同样享受；而其他 16 岁以上的男丁，只能吃餐半腴饭，即每桌六碗粗菜、一碗肉。这种区别对待，有效地助长了读书之风。民国八年(1919)，俞鸿猷、李清等人发起创办集贤区第一小学，仍实施蒙儒租制度，并且发动“竹木捐”、“屠户捐”等活动，经常筹集教学经费。直至解放以后，国家实行统一的教育制度，俞源村的劝学奖读机制才成为历史。

二、兴办书馆

许多大家族为求文运通顺，往往要在村边合适位置造文峰塔、文昌阁之类的建筑物。风水著作《相宅经纂》说：“凡都、省、州、县、乡村，文人不利，不发科甲者，可于甲、巽、丙、丁四字方位择其吉地，立一文笔尖峰，只要高过别山，即或发科甲。或于山上立文笔，或于平地建高塔，皆为文笔峰。”⑨ 例如建德新叶村的抟云塔，就是为振文运而建的文峰塔。俞源俞氏族人似乎历来不太相信这种“道理”，并没有去建造文峰塔、文昌阁，而是十分注重学

堂书馆的建造。

据宗谱记载，明清两代曾办读书场所19处之多，琅琅书声伴着潺潺溪水流淌了数百年。明中期以后，传统的轻视商贾的观念开始动摇，崇尚儒学的俞源人，有的开始离农经商并获得成功。当他们发财归里时，并没有忘记教书育人，于是便出现了六峰书馆、桂林轩藏书楼等有一定知名度的教育设施。

载入宣平县志的六峰书馆，由清道光拔贡俞凤鸣开办，坐落在声远堂后，为三间两搭厢堂楼。楼上也设教室，廊前有栏杆和靠背长条椅，视野可见村南六峰山。书馆紧连左侧小花园，园中有两口泉水塘，四季草绿花香。书馆教室里传出的童稚读书声，带着花香回荡在村落弄巷，使宁静的山村显得分外安宁而富有生机。清朝拔贡、宣平训导李仁灼，为六峰书馆题写了对联："六出奇峰通帝座，九环曲涧绕龙门"，对书馆学子寄予了厚望。曾在宣平"鳌峰书院"讲学的馆主俞凤鸣，写了一首题为《六峰馆消夏睡起》的自我消遣诗，读来别有情趣："何用纱厨避赫曦，藤床竹席恰相宜。窗前莫问初庚伏，枕畔还吟未了诗。鸟被树鸣当户唤，云如人懒出山迟。陶然自领羲皇意，蝴蝶庄周两不知。"⑩可见，即使酷热的夏天，书馆仍有着幽静清凉的环境。

图8-4 "六峰书馆"

精深楼右侧的桂林轩藏书楼是俞源最大的"图书馆"。书楼为两层，全按厅堂设计，用扛梁不用栋柱，三间连通。书楼三面通风，并在南窗和西窗外搭架，用于晒书，故又称"曝书楼"。主人俞廷瑜，咸丰年间廪膳生，喜爱读书藏书。父亲俞新芝是国学生，祖父俞立均钦受八品职衔，他的儿子俞士涟则是拔贡，可谓历代书香门第，故藏书丰富，连武义著名文人何德润也常来这里借书。[11]桂林轩的图书资料，对他的教学与著作有很大的帮助。当他得知俞廷瑜中年夭亡，哀叹不已，特作七绝二首以纪念。诗一："频年向此借荆州，风雨晦明读未休。三万牙签依旧在，无人更上曝书楼。"诗二："邺架无签劳我检，曹乞不钥任人开。只今转意当时事，花影斜阳落碧苔。"[12]后人考证，按当时二根牙签一卷书推算，桂林轩书楼当年有图书一万余册，是宣平、武义两县最大的私人藏书楼。这从一个侧面反映了俞氏族人的生活方式和人生理想，并且说明了俞源曾经是武义明清时代一个重要的文化基地，长期弥漫着浓郁的书香。山村中的这种书香，掺和着成熟的稻香和泥腿子的芳香……

■ 图 8－5　桂林轩藏书楼

三、现代教育

辛亥革命后，俞源开始兴学校。民国八年由俞鸿猷、俞其勋、李清、李锦云、郑清、俞汝谐等六人筹资创办俞源第一所小学，名叫宣平县集贤区集英第一初级小学，学生人数达到 70 多人，校址设在俞祠，俞经明先生担任校长。1921 年集英初小改升高级小学，俞经明、俞李炎担任校长。1939 年国民政府接管，改名俞源镇中心小学，担任过校长的分别是俞不喜、祝岐、俞琴、俞镇、俞彭平、俞联、梁兰昌。抗日战争时期，由于杭州沦陷，1939 年省七中迁入俞源镇，中心小学成为其一部分。1943 年又迁入绍兴稽山中学武义分部，校址设在俞祠，外来学校的迁入，带来了先进的教学方法，学校的师资力量得以加强，有利于当地学校的发展，也为更多学子的成才增加了机会。1945 年改名俞源镇中心国民学校，校址改设到李祠，校长俞琴、俞禧。1947 年恢复俞源镇中心小学。

■ 图 8-6　当年在俞祠西侧创办的学校现已是俞源乡、村的活动中心

解放后，党和政府非常重视俞源的教育事业，1950年继办俞源镇中心小学，校长俞洪琰。同时在村农民协会领导下，办起夜校，成人扫盲，一时学文识字风气很盛。1952年小学改公办，老师工资由国家负担，校址设在李祠，校长吴祝文。1953—1969年俞祠前西侧创办俞源初级中学，实行九年制义务教育。同时在俞祠西边新建了9间3层小学教学楼新校园。80年代初，随着教育事业发展，扩大初中规模，选址凤凰山脚处兴建两幢三层教学楼新校园。2001年全县进行教育资源整合，俞源初中并入下杨中学，担任小学校长的有刘振昌、赵素琴、章小岳等人，任初中校长的有兰竹良、俞友琴、祝关伟、同子伟等。解放以来，全村共出大中专毕业生300余人，分布在全国各地，众多行业。

近年来，由于党和政府的重视，职业技能教育也得到很大发展，县乡两级政府加大对“提高农民素质工程”的投入力度，开办各种技能培训班，在一定程度上提高了农民工外出务工能力，增加了就业机会。同时，对在家务农的村民通过培训，提高科学种、养等能力，有助于增加农民收入。现在俞源村普及了九年义务教育，适龄儿童都可上学，村民的文化素质不断提高。

第三节　古村落的田园文化

俞源始祖、松阳儒学教谕俞德，雅爱山水之奇，“脱却名利关，创此安乐境”，开创了隐逸耕读的祖风。循此家风基调，俞氏家族的子子孙孙前后一辙，数百年来达到“精神之默运，世德之相承”；⑬隐逸耕读，成为俞氏家族文化的基本精神和重要的生活理念。

源自始祖俞德的隐逸生活，到五世祖俞涞时，开始走向极致。谱载，“涞，行敬一，号二泉，博学宏才，志存康济”。他组织民军抗盗建功，却谦让“义民万户”之表，宁以布衣终身，悠然自得地做乡间文人、田园百姓。因而，刘基给他的像赞中称其为“渊明之流”，并深情地说“吾方将歌归来之辞，以寻五柳于人间矣”！⑭身陷官

场烦恼、弃职归途中的刘国师，将俞涞看成了他所仰慕的陶渊明。俞涞隐德不仕、悠乐躬耕的生活，到他的儿辈则更为彰显。长子善卫，号西峰，好贤礼士，不惜千金，盖起迎玩堂，与宋公濂、苏公伯衡等江南才子结交，钟情山水；他善于诗作，著有诗集，由他修撰的《俞氏宗谱》，是俞族现存最早的家谱。次子善麟，号竹坡，隐居乐道，"不嗜仕进，自放山林"，⑮常与缙绅出游，并协助儿子建静学斋，做"君子仁人"。三子善诜，号石山，"晦迹不仕，性喜吟咏，有诗集藏"。⑯四子善护，号皆山，他"雅志清修，不求闻达"，⑰花巨资建著名的皆山楼，以迎四方文人，结交天下贤士，将隐逸生活推上新的高度。难能可贵的是，俞氏家族这种淡泊名利、乐于田园的隐逸文化精神，不仅代代沿袭了下来，并且名人辈出，如雅薄功名，隐身空谷，专心医道，康济斯民的俞镠，生十子有九子读书成才，而自己"忘情于朝路，息隐于园林，高韦布之素风"⑱的嘉庆贡生俞国器；以隐为高，喜览佳景，精湛舆术，著有《地理正宗》的俞逸；敦宠善晦，雅薄功名，享寿百岁的俞道奇；善于词赋，建团峰亭为游息之处的俞胜宗等等，不胜枚举。明万历四十二年(1614)撰写的《俞氏族谱后序》，对这种隐逸传统宗谱记之为："祖

图8-7　秀丽的田园风光

祖孙孙前后一辙，岂非精神之默运，要亦世德之相承哉。”直到如今，俞源村人依然保留着坦然面对生活的心态本质，就像俞源溪水一般，川流千年，依然像从前那般舒缓而清丽。

追根溯源，这种隐逸之风的根由在于社会性因素。朝代更迭，社会动荡，战乱频繁，文人雅士们在“退则独善其身”[19]思想左右下，纷纷来到远离尘世的山林世界，投入大自然的怀抱，从青山绿水中寻觅精神的寄托。久而久之，他们心目中便有了挥之不去的桃源情结。

浙江中西部是杭州、徽州的屏障、兵家必争之地，历代兵燹频发。南宋末年，元军占领浙江，各地起义军与元军大将黄文炳在此激战；明朝建国时期，朱元璋和张士诚也在此决战；清军南下时，这里发生了著名的“金华三日”大屠杀。也许是这种历史的跌宕起伏，造就了俞源人的平和性情，他们不甚热衷于滚滚红尘的忙碌，将追名逐利置于身后，乐于超凡脱俗的隐逸生活和逍遥自在的精神放牧。

于是，俞源这个宁静的世界，成了乡村文人的家园。而生活着众多文人的山乡，必然弥漫着文化的气息，使文风与民风相融合，连大自然山水之美，也被赋予了他们的理想和祈求，这就是他们营造迎玩堂、皆山楼、团峰亭、静学斋等文人聚会建筑物的动因。隐遁山林，闭门深居，远离政治，独善其身，虽然有一种消极无为的思想存在，但他们固守着传统的耕读生活道德理念，以其人格魅力受到人们钦慕，他们爱恋山水，并非浅层次的欣赏，而是全身心的投入，与山水融为一体，将水视为人生的精神需求，寄予真情。苏伯衡在他的《皆山楼记》[20]中就写道：“俞氏之彦，原吉生乎长其间，朝暮起居饮食，接乎目者无非山也，意其轻且厌之矣，顾乃若未尝见山者，至于作楼以临以观，是何其情与常人殊也。”在俞氏文人眼中，“朝阳夕阴，春雨秋露，风雪冰霜，烟霏云霞，变化不同，而岩姿壑态亦不同，虽穷天地不能尽其妙”。[21]可见爱恋家乡山水情感是何等真切！这些高文化修养的隐逸君子，对村落景观进行遴选比较，于是便归纳出了“俞源八景”、“俞川十咏”，以表现其文学才华，寄托自己的爱乡情怀。

俞氏文人向往自然之美的思想，体现于依恋山水的同时，另一个重要体现则是构筑村落和民居，这就是俞源村与自然山水和谐相融的思想原因。通过对村庄的规划设计，对周边环境的改善与保护，将太极星象的人文理念渗透到村庄建筑的一砖一瓦之中去，达到传统的“天人合一”的至极美感。走在俞源村巷中，我们可以看到前人写在墙壁上用以自娱的诗句：“有约不来过夜半，闲敲棋子落灯花”，其平淡安逸的生活，透着一股兰惠的清香。在高坐楼门墙，有“采菊东篱下，悠然见南山”之句，可见村人对五柳式生活的向往。在精深楼，整组门窗雕刻分别表现古代士大夫生活场面：临流鼓琴、庭院观鱼、携琴访友、松下对弈、柱杖看山等；门前墙壁上，则画着表现“山中宰相”陶弘景后半生归隐山林的壁画。更让人们感叹不已的是精深楼的雕刻。所雕之物全部是农

■ 图 8-8 “山中宰相陶弘景”壁画

村田野的一般动植物，白菜、丝瓜、扁豆、萝卜和鸟雀、鱼虾、昆虫等等无所不雕，连细小的甲壳虫也雕上，透着浓郁的田园气息，主人内心世界得到真情流露，渗透了钟情自然的思想，一直到清光绪三十二年(1906)兴建的万花厅，仍然表现得淋漓尽致，花厅中，人工栽植、室外野生的各种花卉全部雕刻齐全，木本、草本、藤本

之花，应有尽有。连丝线的稻花、麦花也不遗漏，更不用说常见的瓜菜豆类之花。同时，所雕吉祥物、戏曲传说人物、各种动物，也以相应的名花异草做陪衬。连“猴子”拿的球，表面也以花卉图案组成，球心剔空，图案花孔与球心穿通，显得玲珑巧妙、技艺高超。其实，在自古以农业主本的中国，务农躬身并不是不体面的事。

许多古代圣贤名士，几乎全是从种田郎入仕的。他们退出仕林后，也往往归里，以农耕而终。陶渊明、陶弘景如此，俞源的俞德、俞世美等等也是如此。这种以农为乐的情趣，从《俞氏家谱》所录的序传中可见一斑。如清康熙二十四年(1685)，李文高为俞名通所写的序传中说：“田家乐事最情真，时向河干赋且论。荷笠被蓑荆地老，耕田凿井葛天民。烹菜剥枣羔豚养，驱犊放牛蟋蟀辰。野叟衣冠敦古处，村翁气象动今人……”㉒将农耕生活写得如此诗意盎然，充分表现出他们对乡村耕读生活的钟爱。清光绪年间为廪贡俞非仙写的序传，在充满激情地描写俞源田园风光后，写道：“莫不是晋时渔人所到之桃花源”，对家乡的浓烈之爱溢于言表。俞源文人雅士所写的“八景”、“十咏”，与其说是描绘山乡秀丽景色，不如说是描绘田园的安逸自足。诗文中有芳草绿林，有桃红柳绿，有阡陌嘉禾，有成群羊牛，也有牧童晚唱、书楼笛韵、农舍书声，逼真地表现了田园生活图景。特别是布衣诗人俞镠，既是医学家，又是村诗人，他以医生的细心与诗人的锐眼，描绘一幅幅生动的乡村写意画。

俞源人，在耕者，日出而作，日落而息，安闲知足；为仕者，“严义利之辩，视利蔑如故，入利薮而不染”。㉓如丽水进士俞俊，在《俞源八景歌》中，融八景于一诗，盛赞俞源美景后，写“人中龙”俞源君子“为爱家园好风景，遂弃功名乐天命。山山水水尽登临，笑倚阑干自题咏”。接着，他叹自己原来也是“烟霞林下客”，却“失脚红尘归未得”，表达了对俞源文友的怀念，同时对他们安逸的田园生活十分羡慕。在俞源祖先入仕者中，俞世美是令族人骄傲的一员。俞世美，字瑞济，号苏溪，明嘉靖三十二年(1554)岁贡，任江西宜黄县令。官虽不大，但因业绩突出而为时相严讷所器重，于隆庆二年(1568)得到皇上召见，并恩受皇上赐整敕，严讷为之题写像赞。朝觐返程途中，同舟而行的嘉靖进士、南京太仆寺丞归有光将离别时，为俞世美的《朝京复宜稿》诗文撰写了《赠俞宜黄序》，盛赞俞世美"汲汲于民"，而"无意于为名"，把政事"视如家事"的品格。㉔俞世美为官在外，心系故里，对俞源八景分别创作了咏景诗，在表达热爱的同时，也十分憧憬纵情山水的乡野生活。源自陶渊明的"五柳遗风"，在俞源成了承传数百年的精神内核。仅明清两代，俞源所出的近三百名进士、举人、贡士、秀才中，多数"寄情山水、淡泊名利"，不乏有官不做或辞官不做之人，乐在故里隐逸田园生活。与那些为功名利禄而奔忙的人相比，俞源文人要超脱、潇洒得多。

■ 图8-9 深深的庭院或许是隐逸君子逍遥自在的场所

俞源俞氏祖先中，俞道坚纵情山水的生活最为典型。俞道坚，字文固，号江山息兴散人，是俞涞的长孙，俞善麟的长子。《俞氏家谱》载："通书史善词赋，交游遍天下，财裕而能施，情逸而能制，一时宦达咸雅重。"他有一个与众不同的举动，是外出游历达十多年。"曾涉江湖，浮淮泗沂河洛，北游齐鲁以至燕赵，西略秦陇过于平凉，历览天下之奇闻壮观"。㉕一路上，官员和名人学士为之题赠诗作，以表示对这种游逸生活的羡慕，对宁静的农村田园生活的向往，也写出同欢共乐的纵情场面。我们不妨从宗谱中辑录其中几首，从字里行间揣测其当年的情景与生活观念。

黄粱一觉便知休，何用长怀千岁忧；宠辱不干良自得，养鸡种树自优游。

——翰林院校书　吴廷桓

劳生扰扰几时休，万顷江波驾小舟；拾芥功名终有累，浮云富贵底须求。放翁诗酒谁能似，元亮襟期孰与俦；举世桔槔何足羡，且将吾道付沧州。

——国子监助教　张干

江海波涛日夜生，扁舟一棹好归耕；石田茅屋依然在，明月无边谁忐争。

永嘉进士　刘永章

十年足迹半天下，万里风霜两鬓秋；元亮归来三径菊，鸱夷老来去湖舟。江风山月不须买，金马玉堂非所求，客至抛书共谈笑，取鱼沽酒足优游。

——河南布政使　夏时

两鬓霜白的俞道坚游到陕西时，一日忽然领悟到：游遍江山名胜终须有歇息静兴于家乡田园之时。于是，他请画工为自己绘制了一幅题为《江山息兴图》的山水画，以寄托自己的情思。道坚回到故里俞源后，大学士苏伯衡欣然为之撰写了《江山息兴图卷序》，以天地四时规律喻人，对其“息兴”情怀作了富在哲理的阐释：“冬也，木归其根，草敛其华，雷收其声，虹藏其形，引起天地之息也……天之在也，且犹以息为发育之地，而况于人乎？……人身不息弄形疲，心不息则神耗，……孔子有云：仁者静焉有仁而不静者乎，静而不息者乎？”[26] 俞冲的长孙俞友闻，也以历览天下名川大山，结交名人学士而成为俞源隐逸文人的又一座高峰。俞友闻，名札，读史通经，才学出众，立志功名。然而，时运不济。明正统十三年(1448)，因陶德义率宣慈矿工起义军袭击武义县治，一时社会动荡，俞友闻因此“移流废学，业不克就”。于是，他选择了

"广博阴阳术数之技，历览天下名山大川以壮其气"。[27]明成化十五年(1479)，他以占卜术数一路游历，抵达山西。山西绛府(现山西省运城市有绛县、新绛)长史谢森，与在金华任职的俞友闻舅舅魏廷仪，曾一同在王室为官。外甥拿着出门前舅舅写的书信，前去拜谒谢森：初次会面，谢森同俞友闻竟然"不言而意若契也，及与言之而志曰合"，[28]便将友闻举荐给贤王。贤王欣然接见俞友闻，向他询问江南风情，他对答如流，才华横溢。因而，贤王连日约见俞友闻，"讲论或赋诗吟咏"。当贤王得知俞友闻为括苍名贤俞涞的子孙后，倍加尊重，欲留其任职辅佐。而俞友闻以家中父母年迈为托辞，婉言谢绝。在绛府三个月之后，贤王眼看再也留不住俞友闻了，便置酒赠诗，同请王室官员也都作诗赠行，让谢森作《绛阳送别卷叙》，"并命工装轴集饯赠诸作，以华其行"。现仍留存其赠诗12首。其中，刑部尚书何文渊写的诗是："车骑纷纷远送君，骊驹声迭岂堪闻；一杯饯别河东酒，千里相思浙右云。旆返金华添喜色，人从绛郡念离群；临歧莫厌重留恋，为惜情多不惜分。"依依难舍的惜别场景跃然诗行，至今让人为之动情。而工部侍郎卓敬的诗，则在羡慕乡间渊明式生活的同时，期待着如约再会于金秋时节："绛阳相会喜相知，又向河汾话别离；祖帐数杯新秫酒，行囊一束故人诗。……此去莫忘鸡黍约，来年期在早秋时。"[29]由于俞源深受田园文化的熏陶，因此隐士众多，乡贤辈出，详见注释栏8-1。

注释栏8-1

乡贤录

明朝

俞涞：行敬一字巨川，号二泉，博学宏才，志存康济，元末组织民兵武装，保障有功，授《义民万户》。刘公基为之作"像赞"，宋公濂为之作墓志。

俞善卫：行卫一，字原善，号西峰，好贤礼士，不惜千金，尝与宋公濂、苏公伯衡友善，钟情山水，善于诗著，存有诗集。

俞善麟：行卫四，字原瑞，号竹坡，隐居乐道，不干仕进，每与缙绅游，故苏公伯衡志其墓。

俞善护：行卫七，字原吉，号皆山，雅志清修，不求闻达，作“皆山楼”以游息，苏公伯衡为之作记。

俞道坚：行恭一，字文固，号江山息兴，通书史，善词赋，交游遍天下，故苏公伯衡为之作记、作序。

俞道奇：行恭四，字文玉，号寿宁，敦庞善晦，雅薄功名，乐善好施，享寿近百岁。

俞胜宗：行恭十二，字文献，号团峰，隐德重于公卿，然亦善词赋，建“团峰亭”以游息，有赠团峰诗卷，苏公伯衡为之兄弟作《崇本堂》记。

俞札：行权十五，字友闻，雅志高尚，淡于进取，喜交贤豪，游览名胜，士林推重，赠于诗卷，绛府左长史为之作《绛阳送别卷叙》。

俞缪：行衡九，字世宝，雅薄功名，寄身空谷，善吟咏，专心医道，康济斯民，著有《杏林捷径》。

俞奉琦：耆宾行荣百六七，字汝韫，乐善好施，崇祯九年大荒，解囊济民，赈谷数百石。

清朝

俞林檀：行贵十三，字萃煌，一生急公好义，捐助建留云亭、奶婆桥、兰亭、东岳庙、森草殿，砌大行岭、寨头岭、燕山岭，事迹载入宣武二县志。

俞林模：行贵二一，字萃正，不求仕进，乐善好施，建桥、铺路，施舍棺木，捐米济荒，助资兴建乌溪桥、乌溪亭，为便宣靛、苎杂货出水登筏。

俞君选：行义八二，字兴，号恒斋，同建寨头岭、东岳庙，建下杨通济桥捐银五百两，岁饥赈米济困。

俞君泰：行义九二，字国仁，号宁斋，慷慨解囊，岁歉赈米，独资建杨畈万安石虹桥，计费1200余金，修造村口通济桥捐银500两，道光十三四年疫病流行，死亡无棺椁者，施棺木数百余具。

俞大鹗：行遂十六，字礼荐，乐善好施，善继父风，莫可枚举。

俞大鷴：行遂三二，字风侣，乐善好施，善继父风，道光岁歉捐励社谷四百石。抚宪程含章题赠“急公好义”匾。

俞国器：行富百十一，字鸣玉，建庵施茶，倡捐修复广惠观，励田招黄冠住持，一生捐舍甚多。

俞志俊：行富百十九，字得瑞，号芳亭，热心公益事业。

俞步程：行遂二八六，字作丰，号绍堂，热心公益事业，民国初年授“热诚爱国”匾。

注：以上名录根据《俞氏族谱》整理而成。各人仅列举科第成就最高次或第一次。迁居外地的不列入。

注释栏 8－2

桃花源里好耕田——俞源田园文化寻踪

东晋大诗人陶渊明的《桃花源记》可谓传颂千余年的作品，该作品描述了一个“不知秦汉，无论魏晋”的世外桃源。俞源的建筑多达**395**栋。这些建筑大多数为朴实无华的民居，即便是雕栏画栋也大多以山水风光和寻常动物饰之。精深楼的装饰更为奇特。梁柱上雕的全是田里的东西：丝瓜、白菜、扁豆等。这栋楼可以看成是俞源传统文化的真实写照，是主人内心世界的真情流露。

余秋雨在《十万进士》一文中从科举制度入手将我国封建时代人的社会心态进行了十分透彻的分析和解剖。查阅宗谱不难发现，许多宗谱都会对入仕尤其是考中进士、状元等大加渲染、刻意张扬。然而俞源却不同，翻阅宗谱，我们发现的是与此完全相反的情况，我们从中得到的完全是与此相悖的悠然自得、纵情水山的社会情境。俞涞，俞氏迁居俞源的第五世祖，前四世均为单传，唯涞得四子，俞源的繁盛就是从他开始，他不仅为六百年来的后代构建了一个神秘的村落框架，而且为这世代相会的子孙奠定了一个精神基调。《宗谱》记载：“涞，行敬一，号二泉，博学宏才，志存康济。元末盗起有保障之功，监悟有为义民万户，谦让不受，以布衣终。平生往来诸缙绅间，故太史宋公濂志其墓，苏公伯衡记其祠，刘公基赞其像。”有功却谦让不受，悠闲自得地做一个平民百姓，这就是俞源田园文化的源头所在，刘伯温在为其像题诗中写道：“结庐人境而无车马，竹冠野服栖迟其下，我求其人其渊明之流亚乎，不知采菊东篱，仰见南山。悠然此中，其意能俾原善之与我言乎，吾方将歌归来之辞，以寻五柳于人间矣！”在这里，大名鼎鼎的刘国师分明是将俞涞比作了在世的陶渊明。我们再来看一看他的四个儿子。大儿子善卫，“行卫一，号西峰。好贤礼士，不惜千金曾与宋公濂、苏公伯衡友善，钟情山水，善吟诗，著有诗集”。二儿子善麟，“行卫四，号竹坡，隐居乐道，不于仕进，以布衣而终”。三儿子善诜，“行卫三，号石山，晦迹不仕，性喜吟咏，有诗集藏”。四儿子善护，“行卫七，作皆山楼以游息，因号皆山居士”，

"居士雅志清修，不求闻达。也好吟，有遗存"。四个儿子，皆能文善诗。雅志清修，不求闻达显贵，其性情何其练达也。俞涞之孙道坚、道奇、道明、道寄、道行等皆能诗善文，有诗赋传。而其中以道坚最为典型。《宗谱》称："道坚，行恭一，字文固，号江山息兴散人，通书史，善词赋，交游遍天下，财裕而能施，情逸而能制，一时宦达咸雅重之。"苏公伯衡曾在《江山息兴图卷序》中对俞道坚作了较为详尽的介绍。他写道：括苍俞文固先生曾涉江湖，浮淮泗沂河洛，北游齐鲁以至燕赵，西略秦陇达于平凉，历览天下之奇闻壮观数年之久。有一天，他似乎领悟到了什么，突然长叹一声后大声喊道：我将到哪里去寻找我的归宿呢？于是就请来画工为他画了一幅题为《江山息兴图》的山水画，用以寄托自己的情思。从这里我们可以看出，俞道坚是一位遍览天下之奇观的壮游者，待他游完全国名山大川以后，却又回到故地俞源，默默地过他的田园生活。

我在翻阅《俞氏宗谱》的时候，似乎常被这宁静、恬淡的精神人格所感动。俞氏一代一代相传，这种田园文化精神也一代一代地沿袭。请看：俞镠，行衡九，字世宝，雅薄功名，隐身空谷，唯专心医道，康济斯民。俞易，行衡廿六，字坦之，并隐者流吟咏怡情。俞逸，行像二，字伯宁，以隐为高，喜览佳山水，攻堪舆术，著地理正宗。俞札，行权十五，字友闻，雅志高尚，淡于进取，喜交贤豪，游览名胜，士林也多推重。明朝嘉靖年以后，俞氏家族中也曾出现过一些科考后入仕做官的，而他们也都无一例外遵循先祖所奠定的人格基调，淡泊名利，崇尚自然。这就更加难能可贵了。在此，我们不嫌啰嗦列举俞氏家族中几位颇有影响的代表人物，他们身为命官，心系百姓，淡泊名利，节俭如故。请看：俞大有，是俞氏家族六百年中唯一一位进士，登进士后在礼部待官，嘉靖六年，奉差役为无锡邵尚书送葬，顺道回乡却病故家中。俞世美，字汝济，号苏溪，是善护的五代孙，因文章著称为时相严讷所重，官任宜黄县令，因政绩显著，受到皇帝的敕旌表。但是他"时相入利薮而不染指，宰大邑而赋归来"。俞款，善护第六代孙，初任弋阳县丞，后升山东青州左卫经历司经历，进阶征士郎，又三任福建都司都事。但却"居官一如布素，清白不渝，始终以故"。那么，为什么俞氏家族的祖祖孙孙能够淡泊名利而如出一辙呢？我们再来看一下吴丛周先生的叙述："贾子曰，贪夫徇利，烈士徇名。史公曰，熙熙攘攘为利来往，然则名利关头真能看破者，鲜矣！乃若俞氏之先则不然。"俞氏先祖，讳德者，松阳儒学

教谕，但其独不汲汲于名利而雅爱山水，对俞源一见钟情，最后归葬于此。故俞氏“千百世不拔之业，实托始焉”。事实也确实如此，俞氏后辈的操行德义都是从其祖先开始，然后六百年而一脉相承，一如穿俞源村而过的那条涓涓溪流，源源不断，清澄朴野。余秋雨先生说：“由一代又一代中国古代政治家们好不容易构想出来的科举制度，由于开展方式的严重失度，从一开始就造成了社会心理的恶果。”这种恶果比其他恶果更关及民族的命运，因为这里包含着中国知识分子群体人格的急骤退化。

科举制度实行之后，中国的男孩从发蒙识字开始就知道要把科举考试当作自己的人生目标，除了不多的人及第外，他们都将为这种考试度过漫长的岁月。而在俞源，起码自始祖始至以后的十几代后裔中却完全是另一番风景。这里山清水秀，人杰地灵；这里风景如画，田园如诗。有那么一批俞姓知识分子，他们不为科举所束缚，即便是做了官，也都不愿被一官半职所累。他们崇尚自然雅爱山水，他们雅薄功名，保存着非常健康的精神人格。如果余秋雨先生闻知，一定会来这里走一趟，不为别的单为寻求泱泱大国如此广袤的大地上，为什么独独一个俞源在那么长的时间里竟然会是“世外桃源”。

邹伟平

第四节　古村落的民俗文化

受地域、地理环境、气候、传统思想、教育等因素的影响，俞源古村落形成了丰富多彩、富有个性和浓郁地方特色的民俗文化，主要表现在节庆活动、礼仪、风俗、习惯、饮食、服饰、戏曲、婚嫁、丧葬等方面，颇有旅游吸引力。对这些民俗文化的研究有助于我们更进一步掌握和全面认识了解村落的经济社会及历史文化变迁的脉络。

一、婚丧嫁娶[30]

婚嫁

俞源村落婚嫁，由简到繁，由节俭到阔绰。明初，刘基为俞涞写像赞这样描述俞涞节俭：“结庐人境而无车马，竹冠野服栖迟其下”，足见其穿戴俭朴，生活艰苦。后世无为子为俞涞小儿子善护写像赞说：“蔬食甘于分足，布衣勿屑于奇妍。粗菜淡饭生活。”㉛从此可断，俞姓第五、六代祖，元末明初生活俭朴，婚嫁无疑亦是从简。《俞氏宗谱》明弘治癸亥年(1503)序记载：“奈兵火之后，颇有残缺，吾辈惧其日湮废而无传也。”清康熙庚申年(1680)序：“清垒遭兵火。”特别顺治十二年(1655)，祝融之乱，三年，俞源房屋毁尽，遭杀、被害致死百余人。康熙十三年(1674)，耿精忠兴兵扰乱，踞府坐县。家囊殆尽，堂室萧条。清道光二十一年(1841)序：“明景泰初，盗寇焚掠，人各逃散。”以上记载可见在明朝前期和清初，俞源遭兵灾严重，对经济发展打击很大。因此这两个时期，婚嫁也比较简单。另以社会生产力发展观点看，社会在前进，清朝婚嫁比明朝豪华。清朝康熙后期，社会渐趋稳定，俞源人重操旧业，栽靛青，种苎麻，造粗纸，制食品，开各类商店等，经济复苏。子孙也走向两极分化，贫富更加悬殊，随之婚嫁繁简距离大大拉开。

俞源俞姓先祖为杭州人，又是汉族，与当地风俗习惯差异不大，直至20世纪40年代末，均延续“媒妁之言、父母之命”的包办婚姻，“夫权至上、三从四德”的贞节观，“早婚早育、五代同堂”的八字论，并吸收丽水、金华两地区农村一些做法，形成一套俞源婚嫁习俗。

旧时俞氏讲究完整的婚仪，如媒妁之言不可少，男女双方须交换庚帖，合八字，开礼单，议聘等。

初议亲：古时，经媒人介绍，双方父母认为家财、地位等基本对称，即所谓“门当户对”，就开始初议亲事。当地流传有“表妹嫁表兄，黄干(芒草)竹叶心”㉜，因古时有钱人家小姐，不准出房门与外界男子接触，只有表兄弟姐妹小时一起玩，有所了解，对有好感的表兄弟铭记在心，从而道出肺腑之言。到辛亥革命以后，提倡妇女解放，取消缚小脚，从此开始出现相亲。相亲即男青年去看女青年相貌，称“望大囡”。若中意，邀姑娘到男家作客，称“望侬家”，男方父母送“见面红包”。㉝至今有的仍行此俗。女方收下红包表示同意这门亲事。

下求书：由媒人将女方出生年月日时辰用红纸条交给男方父母，请算命先生或地理先生将男女双方生辰合八字。以生肖相合、相克为主，合则娶，克则散。有的将未来媳妇与公公婆婆出生时辰合八字，相克程度如何，亦影响婚姻成功与否。如果男方满意，就请来媒人拎船篮（红漆，竹编精细长方篮），内放男方出生年月日时辰与女方初合八字红帖，请女方复合，意在尊重女方父母。并在船篮内放桔饼、糖霜一对，红包银二十至三十两，当地称之为"下求书"，即男方向女方正式求婚。女方同意，回一个船篮送礼帽、布鞋，并办席酒，谢媒人、邻居。此俗解放后基本取消。

定吉日：男女双方父母同意婚事，男家就择定吉日，写成红帖，请媒人和一至亲两人，去女方送帖和聘金，亦称"定亲"，送聘人各提一只船篮，篮内放桂圆、荔枝包头，聘金六十四至一百二十两。女方同意男方择定日期，受聘后，女方备二桌酒席，请送聘人，家人和邻居相陪。酒后回篮有冬帽、鞋、绣花袋等。解放后简化。但 20 世纪 80 年代始，此俗恢复，并有发展，定亲价码大涨，女方要聘金六千至万元以上（俞源不富裕，并有讨价还价之风，而嫁妆也为彩电、冰箱、洗衣机等现代化商品）和馒头、面条、猪肉、鸡蛋、香烟、糖果、衣料等。女方受聘，请吃定亲酒，回男方礼物，同意按期结婚。

图 8－10 古时妇女抛绣球楼

送口份：男方送给女方长辈（外婆、娘、祖母）的礼物。口份包括一只鹅、八斤猪肉、八只馒头。叔、伯、表外公、娘舅、兄长、姐夫小口份：一只鸡、四斤猪肉、四只馒头。收到口份，要送回礼物，有的当场送回多于口份价款红包，并对女方说“请自办嫁妆”等客套话，有的在出嫁前数天，办成嫁妆物件送到女方家中。

扛新妇（即迎亲，又称接新娘）：结婚前二天，男方备办八担供女方宴请贺客的食物。大富之家亦是八担，其中二担肉（猪肉120斤），二担菜（鸡、白糖、海菜），二担糕（发糕四盖），二担酒（家酿黄酒四坛）。雇人装箩筐挑到女方，称为“上轿担”。送上轿担的人在女方吃一餐满堂红（肉、豆腐之类，一桌九碗菜）及酒、饭。饭后空箩筐回男方。男女距家远，二十里以上或走路费时且吃力，扛新妇队伍在头天吃晚饭前到达女方，吃嫁衣酒。若路近，扛新妇队伍天未亮吃早餐，天蒙蒙亮出发到女方，会同女方雇来抬嫁妆壮汉，吃头天特留嫁衣酒，而后启程。一般中午扛新妇到男方拜天地，有的要按吉时拜天地。解放后嫁妆不紧跟扛新娘队伍，而是在头两天抬嫁妆回男方。20世纪90年代接新媳妇用小轿车，男方贺喜亲朋好友坐车去女方接新媳妇，车辆逐年增多，现在发展到六辆至十几辆小轿车不等。

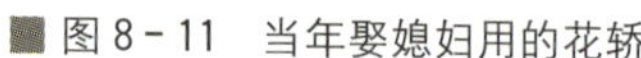
图8－11　当年娶媳妇用的花轿

吵新娘(即闹新房):拜过天地,入洞房。厨师送上索面蛋。利市嬷嬷一手拿酒壶,一手拿酒盅到新郎新娘床前,口说吉利话,斟满一盅酒,劝新郎新妇轮流各喝三口,谓之吃“和气酒”。接着宴请宾客。请新娘坐中堂,最上一桌中央交椅(俗称上横头),谓之“请新娘”,跟帐姑娘(即女傧相)及男方最亲女客人相陪。其他酒席随意坐满即可开席。中午请女客人为主,晚上请男客人为主。晚宴后,新妇归房,坐床前等待新郎。晚宴请男客,新妇位置换由大舅坐,改称“大舅席”。将近半夜,一些好玩亲友,伙同厨房帮工,串通新妇房内利市嬷嬷、帐姑娘,趁本村小孩、中青年女子看新妇、讨七子(瓜子、花生、红枣、栗子、红绿染色花生果)即喜果,满房是人,赞美声、嬉笑声热闹得不可开交之时,暗地偷出新妇的棉被枕头、头饰、花鞋、蜡台等中一物。待半夜后人散时,便要大舅赔钱,而且讨价还价,谓之“吵新妇”,亦称“闹洞房”。大舅拿出钱赎回窃物。其钱大家推选一人第二天到商店买酥糖、冻米糖。召集参与者及厨房、新妇房人员,论功分“赃”,但一般还按人头分尝。少数大宴请新妇三天三夜。第一天“贺礼酒”亲朋好友四十桌以上,中餐女,晚餐男。第二天“会族酒”亲房叔伯、母亲祖母娘家至亲,亦中女、晚男。第三天“大舅酒”本家至亲相陪。晚餐“请厨师”,所有家人、帮工、至亲均相陪。

送大舅:晚上设专席请大舅。第二天备糕、粽子、馒头等物,插香柏、万年青,馈送大舅回家。如有大宴则推至第四天送大舅。

扛新妇(即迎亲) 队伍,以扛新妇牌排场,分成六个等级。

一等:大吹,为大富或虚富(空有其名,借债娶媳)之家。队伍庞大,为五十至六十人。花轿为木制,四面雕花,外罩红绸绣花套,轿盖四面挂金丝须,锻打圆球压轿顶心。扛新妇队伍排列:大筒(类似喇叭、下半段约三寸直径圆筒,其声呜呜)一人,喇叭(俗称先锋)一人,二面大锣二人,二支唢呐(俗称仙引、梨花)二人,吉子(俗称三寸)一人,笛子(俗称声)一人,小锣一人,淌淌锣一人,镫镫锣一人,铜钹大小各一人,十景一人,一对大灯笼二人,一对小宫灯二人,二面红绸方旗二人,二根子孙竹各挂小登料灯二人,抬花轿八人,护轿二人,红色小盖伞一人,大舅轿二乘四人,拎船篮(兼放鞭炮)二人，扛嫁妆（女方雇送）二十四人。共六十多人扛新妇。远路头天到女方家，因人多只得楼上铺稻草，和衣过夜。

谱例清末，曾有俞开榜嫁女盛事。迎新队伍后面，嫁妆有家具、农具、书房用具、五金器具、衣布等八十杠，扛肩红头绳连绵十里，称之“十里红”。并加“伴丽田”（陪伴美丽女儿的良田）租谷二十担（田契）。

二等：中吹，为较富之家。扛新妇四十至五十人。红轿为竹制架，外罩红绸套，轿盖四面挂黄色丝线须，也用圆锻顶。乐队比大吹减少，有大灯笼、十景、吉子、笛子、大筒、二旗、盖伞。

三等：小吹，一般富裕之家，二十至二十五人，租用中吹之大红轿。乐队仅用二面大锣、一对唢呐。子孙竹小登科灯二支，各由持镫镫锣和铜钹之人背敲。二人拎船篮（兼放鞭炮），四人抬红轿，紧跟一顶大舅轿。

四等：小轿（过山龙或乌壳轿），贫农之家或二婚亲（女子第二次嫁夫），不足十人，小轿二人抬，无乐队，拎船篮媒人一个（兼放鞭炮），迎亲二人，大舅跟着走。

五等：无轿，主要是“童养媳”，贫农之家，重男轻女之户。至民国时期，个别聪明小伙子，因家贫就去领养五岁小女孩，善待至

图 8－12　村民当年的新婚用品

十四岁，得以自愿嫁三十多岁养哥，总算有妻。亦有自知家贫，难娶媳妇，领养童养媳，待其长大，请算命先生合八字，求族长或房长亲友吃餐满堂红。令儿子与童养媳各吃一碗索面蛋，便可同床合被成夫妻，接上香火。如上宅俞佐魁一妻生十子（后十子各成家，称十家头），且家境贫寒，常租不多，衣食无着，因为难娶媳，就先后领养童养媳九个，匹配成双。由于后来勤耕勤劳，第十子学贵，才用小吹娶媳。童养媳又叫“舍新妇”，遇着恶婆婆，其苦难言，有的命丧黄泉。这是封建社会制度下的牺牲品。

六等：典妻买妻，不坐轿，女人作商品。有的男人家本来富裕，由于不务正业，吃喝嫖赌，任意挥霍，家业败光，只得卖妻。买得者领回便可上床成夫妻。还有家庭原贫困，生有子女，加之丈夫生长病，无路可走，而另有富裕户妻无生养，就向贫困户典妻。典三至五年，以图生男孩传宗接代，族长亲房参加写契约，吃过素粉干酒，就到男方家。生下儿子才能入谱、吊红线。

新妇轿：清朝末期，俞李君根据上祖破旧花轿样品，重新制作构件，造成新的花轿、红轿各一乘，及凤冠霞帔一副，大统衣（似古戏富家小姐穿戴、红色绣花裙）一套，进行出租。从此，全村用“三吹”娶媳妇，大多向俞李君租新妇轿。富有之家均有小轿，放堂楼上备用。

20 世纪 40 年代大富之家俞晶均娶媳妇，用大吹，租李君家花轿到陈弄大富之家（李子荣之女）扛新妇。50 年代初废除包办婚姻，自由恋爱，文明结婚。1952 年，俞荣炎与岩坑廖月香行文明结婚，为俞源村第一对举行新式婚礼的新人，乡长和农会主任亲临，组织秧歌队送到男家进洞房，非常隆重。

俞源还有一个重要习俗，由于婚后生女不生男，或无生育，又不喜欢兄弟之儿为嗣子，同时宗祠又规定不准女婿改姓为子，因此，为后继有人，而且得子后能入谱、吊红线，有的就令媳妇“扮大肚”，即让媳妇常在有人地方走动，在衣内肚皮贴肉处，每天贴一张利市（卫生纸），利市逐渐增厚，衣外看就见肚子大起来。家人亦行张扬，说她会呕吐，爱吃酸，如此到所谓十月怀胎，一朝临产。而暗地已托人在物色差不多同时将生儿、且属多子、要将再生男孩出卖的，商定交钱后，秘密将新产婴儿放在长壳空（竹篾编制，长方形，有盖小箩篮），偷偷送到扮假大肚房中，将婴儿抱出放进假产妇被窝，从而大胆宣传，某媳今天产下一贵子。有的思子典妻，若典来的妻产下一女，亦令典入和典出之家人保密，封锁消息，生母女婴不出房，而放出空气已生一男孩。实际上，典妻户已暗派人寻找同月出生之男孩，且多子又贫困、愿以子换钱的，双方商定半夜后放某地方男女婴调包，典妻换得男孩后出房门，装成自己出生的男孩。上述计谋的最终目的是为传宗接代入族谱。

丧葬

生、老、病、死乃人类自然规律。对死人的处理，俞源俞姓与本地区风俗大同小异。20 世纪 90 年代改土葬为火葬，丧事简办。俞源历史悠久，办丧事类型多，本篇追述数百年，直到解放前，办丧事旧俗对研究丧葬文化史，有借鉴作用。俞源办丧有比较完整的丧仪，概括起来有如下主要程序：

送终：儿孙守床前，老人病死，全家举哀。一面给死者沐浴、含袭、更衣、正冠履，移入灵床，燃长明灯，敬香，烧纸。另一面给将死者生前席垫及纸伞拿村口焚毁，伴烧锡箔利市、香，称之为“送幽灵上路”。

报丧：母死后，儿子披麻戴孝，用红纸包一包茶叶米，先到娘舅家报丧。见娘舅，撒茶叶米，跪下说：“娘过辈，儿不孝。”娘舅家烧点心给外甥吃，此所谓“报死不空肚，报生不空手”。接着，舅母啼哭着送外甥出村口，俗称“不哭送要晦气”。到其他家报丧亦类此。

穿寿衣：给死者穿寿衣要单数，或上七件下五件，或上十一件下七件。有的将寿衣先披“孝子”肩上，称“暖衣”，然后用秤钩钩一件，众人喊一声“千斤万两”后，再给死者穿上寿衣。有的帽、鞋、袖口各缝一颗珠子，说是给死者在阴间照明。有的还给死者手握锡铂做的“金元宝”、“银元宝”，意为“金银买儿孙”。身前放黄纸做的“金牌”，写上死者姓名、出生年月日。若死者是女的则挂耳环、戴头饰。

入殓：棺内放白布包稻草枕头和踏脚，并用砖垫实，枕上放锡箔剪的月亮、星星和红纸剪的太阳，棺底垫木炭、草纸。入殓时，由亲人把死者连同灵床抬放棺材背上，谓之“上泰山”。然后由亲人捧头、抬脚，把死者放入棺内，把头、脚放正，用石灰包凑实，称“天空地实”。接着盖“寿被”，先用儿子送的蓝色布，将死者从头到脚盖严，再盖亲友送的白布红头被。最后盖一床用红纸画成的“抢花被”。入殓后进行祭奠。

出殡：一般停灵两天即出殡，称“三日撞”。而富有之家择吉日，停灵甚至多达一个月。出殡时，子、女、媳全身孝服，女媳辈跪天井两旁，每边五至七人。头顶一条白布，称“金银桥”，意为让死者灵魂过桥升天，抬棺材队伍走过后才站起来。随后请一人杀鸡并将鸡血淋于停过灵柩的中堂各柱脚。意谓“惊走摄壁鬼”。对出殡队伍有如下要求：二面大锣开道，其次孝子、孝孙，从大到小排列，个个手持哭丧棒（一尺五寸长小竹段，留柄全身缠贴白纸丝），全体躬腰走路。老大兼拎香碗，老二兼分路钱（利市条）。当队伍暂停行进时，孝子们要跪地等候。从出门到坟地不能回头看。队伍一人奉位牌（现改镜框像），一人放火炮，及亲友奠轴、白色素旗（现改花圈、绸被面）。接着是灵柩，女婿戴青（兰）色布帽扶柩，柩后女眷跟随哭送。最后为戴白帽的送殡者。到达坟地脱去孝服、白佩系上红头绳，提红灯回家。同吃“长寿饭”，亦称“利市饭”，从此守孝吃素三年。

古代俞源丧事非常看重超度。佛教“以空为主”教义。如：心经“色不异空，空不异色，色即是空，空即是色”[34]，道教“大道自然，善恶循环”[35]教义等。总之，对亡灵超度，以善空慰藉亡灵，即有神论贯穿丧事全过程，古时俞源丧事超度也不离这一宗旨。百姓称之为“装神弄鬼，活侬骗死侬”。女眷哭灵不离“来也空，去也空，来来去去一场梦，一双空拳捏捏归孔”等句子，通过对死去人的祭祀，劝告活着的人要看轻身外之物，多行善，勿为遗产争得你死我活。

俞源“丧葬”，称为办“丧事”，但以出殡之后，亡灵超度规模作为办丧标准，请和尚或道士人数、时间，分大丧、中丧、过黄、半夜黄、打清吉五等，详见注释专栏8－3。

大丧：七个或九个和尚念佛经，佛道法事做作三天四夜，称大丧或大道场，亦叫大佛事。挂佛像和十殿，和尚接神佛，敲木鱼，念佛经。因时间长，可将超度亡灵之经书多念，做作全面称之为“全黄”。由于花钱十分多，只有大富之家才能办（附俞作风办大丧）。

中丧：五个和尚念经做佛事三天三夜，也叫做“道场”，挂十殿像。也上大台和放水灯，和尚念超度亡灵之经念足，也称“全黄”。花钱也不少，宜富裕之家举办。俞源少数采用。

过黄：出殡后，当夜五个和尚念一夜经，中堂挂三帧佛像，和尚也念心经和金刚经。据说这样已能帮助亡灵过黄泉路，顺利升天了。当地称为“过黄”。多数宽裕户采用“过黄”。

半夜黄，亦称材（柩）头黄：出殡头天晚上，“观灯”改由三个和尚“过黄”，在孝堂进行，不挂佛像。即棺材（柩）头前“过黄”主要念“心经”，念不到半夜，便收场吃点心。为此，迷信者认为念经时间短，迟至的幽灵赶到没得吃，出怨鬼，还不如不要做。因而称“半夜黄”。到第二天，一个和尚打清吉。个别贫困户办此丧。

打清吉：赤贫人家死人，用薄棺，或草席卷尸，抬出葬后，请一个和尚打清吉。在死者空屋置一方桌，桌角放三至五粒小石子，三至五张灵符（和尚画），桌中心摆一小方块熟猪肉，二碗菜（豆腐、萝卜之类），桌前部摆香炉、烛台。而后主家派二人，一人在前遇门框放符一张，小石子一粒。和尚跟着念经咒，一手握惊铃，一手拿有清水碗（称“净水”），先到死人处喷净水。再到出大门各道门框，向符纸，石子喷净水，算作赶恶鬼进石子。和尚后面跟着一人，拿一桃椏将喷过物打扫，连丢桃椏进簸箕。而后三人出屋门，快步走到溪沿，和尚停步念佛，另二人将石子、符、桃椏丢到死者房里清出的稻草、垃圾堆中，用火点燃。主家焚烧利市、香，就算赶走恶鬼，送亡灵升天了。

俞源丧葬坟墓为土葬，按外形规模大略分四类：

大坟：用石柱、石板拼凑成坟面，为大富之家。规模大，工序

繁，花钱多。首先请有名望的风水先生，走遍俞源村山山水水及外乡租田周围山地，用重金买风水。买得风水先做寿坟，等待主人自身“过百（即逝世）”。主人死后，灵柩就可按时入坟。亦或圈定范围做好标志，临时做大坟。

中坟：称一般白坟。砖砌起马头，马头有二层或三层，坟面八字门，中嵌石牌，白石灰粉面，为富裕之家普遍使用。均请风水先生择吉日、盖字向（即：罗盘指南针定朝向），并在自定山地选坟地。坟地大部在主人临死时择定。也有做寿坟的，当地流传人生“三十不豪，四十不富，五十、六十办死路”之言。[36]为此，有人年过五十岁就为自己选坟地，以图使子孙富贵，做砖砌“寿坟”。

小坟：有砖砌或溪滩石砌，也请风水先生来，盖一下字向。大多是困难户，为此都是临死才做新坟。

土丘：泥土堆，贫穷之家，或乞丐、戏子病死俞源。由俞氏宗祠送薄棺，着人葬凤凰山（官山）。有的朋友帮助坟前插竹牌，写上其姓名。

古代俞源人对亡灵超度是十分虔诚的。辛亥革命后，开始淡化。解放后，移风易俗，实行文明办丧。

注释专栏 8-3

俞作丰逝世大丧

民国十一年七月初二日，俞源首富俞作丰六十三岁逝世，有四个儿子送终（均按丧葬程序，不重述），立灵床（人死拆去床上部架及蚊帐），床旁设“长明灯”，请一和尚“观灯”。在灵床前长条桌边外向椅子坐定，面对死尸念经一次。灵床三天后，进棺（将尸体放进空棺中），三过关：（一）进棺时“买水”：由大孝子缟素，一手撑伞，一手拎坭壶，走出大门，到溪边近水处，丢水中二个铜钱，勺一壶清水，转身回到灵床前，跪地将水注入脸盆，用面巾给死者洗脸、洗浴。（二）入棺中“进山”：由棺材堂（四位专业抬灵柩者，俗称“四天王”，其组长称“棺材堂”即头领），放一双草鞋在柩边，口里喊：只可上金山、银山，不可上铁钉山。（三）进棺后“丢粽”：由大孝子撑伞，大孝媳缟素，跪大路边裹稻草灰粽十只，放虚掩棺材盖背，棺材堂又喊：只可走路心，不可走路滨，碰到黄狗粽丢去！随之结孝堂，中堂中部高横一竹，中挂一片晒谷地垫，将中堂隔成前后套间，后间灵柩。柩头边为方板凳（俗称：骨子凳），放香碗及菜油碗灯称材头灯，昼夜亮着。前间置一大方桌，紧靠挂垫，挂垫中贴白纸书写作丰郡头、姓名、生卒年月日之灵位图，图两边贴白纸对联。方桌靠图处，置新制木质灵位牌，俗称“位牌”。牌前放酒盅、小饭碗，桌中摆豆腐、肉等四碗菜。桌前部放香炉、烛台。孝子点烛上香，一个和尚每夜坐在桌前，面对灵图“观灯”念经。意为：看明灯为幽灵指路，并解七彩线，亦称“解心结（音：越）”。木鱼、惊钟，二个小时。女眷在灵柩旁点香、烧利市、锡箔及心结纸钱，边烧边哭灵。每天东方发白，一女子哭灵，边哭边唱，称“拆气宽”约半小时。而后三餐送饭均哭灵，每次五分钟，似对活人敬话，请洗面，请吃饭，你是好长辈等等。白天有人拜祭也哭灵。拜祭同时鸣锣，吹唢呐。哭灵围绕“追往事”、“行善举”、“保佑子孙长命富贵”之类。拜祭开始三天，本家、亲戚、朋友奠祭，收到猪头、鹅五十多副。继之“竖（音：更）门堞”，大门外张贴通告：任何无亲不戚、过往人等，只要备三株香、三张利市，到灵堂吊孝，便可在堂前走廊吃一餐饭。如此半月，夜夜“观灯”至拆孝堂。经为死人“盖大被”、“封棺”、出殡。出殡队伍：二面大锣开路，大小鞭炮轰鸣。二支唢呐，借用宣平县政府四把大铜号奏哀曲。后面四孝子全身缟素，低头弯腰走路，手持哭丧棒。接之五十多白帽人背素联、素旗。再就十六人抬的灵柩，柩后为全身缟索女眷哭丧，哀声震天。女眷后为白帽送葬者近二百人，远观一片白。灵柩行至俞祠前小广场，停柩，柩前摆方桌，供猪头、鹅，由来迟远客烧纸、祭奠，称“路头祭”。而后队伍送到坟地。出殡灵柩出屋，一和尚及二帮工打清吉。武义县城西寺八个和尚携带乐器、经书，中午到达俞源，原打清吉本村和尚加入其队伍。吃过“长寿饭”，布置道场场面。道场为三天四夜，俗称办大丧，亦叫大佛事。

停柩过的堂楼中堂，二支大方桌从后壁正中排出，桌后板壁挂如来、文殊、普贤三帧佛像，二面板壁挂十殿佛像。二张桌中部正齐排列数十盘素食（包括糕、粽、索面、馒头），前中后三副蜡烛台及香炉。二支桌两旁四支四尺凳，可坐八个和尚（各带乐器和经书）。桌前一把交椅，为主持（俗称：

把扦和尚)坐,主持佛事。隔交椅前、阶沿后又设一支大方桌,称"天地桌",也放烛台、香炉,为主持和尚转身向天井方向念经、接天上佛、四面八方神。十殿画靠走廊板壁之一角,置大木椅放"位牌"及香炉烛台。在门口处设一方板凳亦有香炉烛台,谓之"孤魂灵位"。堂楼天井靠中堂两角,各竖一株连根有桠大毛竹,各挂一盏常用规格新制灯笼,称"天灯竹"。

道场布置好,吃晚饭。和尚可吃荤。饭后佛事开始,和尚及主家所有人开始吃素,吃素到佛送上天。佛事开始,和尚坐定位置,家人点烛、上香、烧锡箔、利市(方纸),放燃大小鞭炮。和尚吹奏乐器,敲木鱼,摇动惊铃。闹昆戏台场:喇叭、大锣、大鼓、大小铜钹、镫镫锣、淌淌锣、十景等乐器。台场结束,紧接拉胡琴、吹笛子,奏"思凡"曲。主持和尚戴莲花帽、披袈裟,转身向天地桌朝天接佛,向四方请神,动听得很。百姓称:做"和尚戏"。主持和尚一手握惊铃,一手持红帖,口念本村周围古今寺庙诸神佛,及处州府城(俞源古属处州府)至俞源大路二旁寺、庙、观、堂之神佛,宣平县城隍、东狱宫等处神佛也请到,谓之佛事"接佛"。而后主持和尚转向中堂佛像,全部乐器:一次,以示欢迎诸神佛到位。孝子孝媳不停敬香、烧接"招亡",又称"领魂",孝子手拿连根桠小竹,竹梢吊车生前穿过的旧衣,称"领魂衣"。另一副手,一手拎一只活公鸡,一手拿灯笼。二人在先,一和尚手拿惊铃紧随,出大门,过上桥,到下弄入口庆丰门,三人止步。领魂衣交由和尚,和尚脚踏竹根,一手拉竹桠一摇一摇,使领魂衣摇摆晃动。手摇惊铃,口念咒语,孝子敬香插路旁石缝中,并烧纸。在灯笼微弱灯光下,造就一种幽灵存在的气氛,和尚将惊铃传递回大路急弯处(村内中桥头),中桥头站有一持锣和尚,和尚敲响锣,家中七个和尚就敲响乐器,为之"前呼后应"。主持和尚将领魂衣小竹交由孝子背回道场,插位牌于交椅扶手内。主家派三人沿溪施食(到天亮再施一次)。道场内和尚一会儿奏乐,一会儿敲木鱼念经,共约三小时,完成一个段落,休息睡觉。场内主家有人轮流值班,上香、换烛,灯光香火昼夜不灭。

第二天,和尚吃过早餐,约八点钟进场,按原位坐定,孝子孝孙换烛、点香。女眷亦上香烧纸。和尚开始奏乐,乐后念经,仅主持和尚披袈裟,其他穿和尚衣。自此念一阵子经,奏一下乐,吃中饭和晚饭各休息一个多小时,直到前半夜。屋堂内香烟迷漫,念经声、木鱼声、鞭炮声、奏乐声,此起彼伏,引来很多看热闹观众。和尚休息,半夜至天亮主家仍派人值班,上香天亮。

第三天，上午仍奏乐、念经。下午“拜忏”，主持和尚将椅子靠边，改置仰天箩盖，盖上放垒折方形棉被，跪着念“忏悔经”一段，拜几拜，众和尚敲奏响器配合。约一小时，再将椅子还原位，继续坐着念经。吃晚饭前布置小台，在厅前大天井，用四尺凳为台脚，铺上台板，高一尺五、长一丈六、宽一丈三尺。台上设二支方桌，九个和尚坐凳。桌中亦摆数十盘素食及烛台香炉，桌后挂小罗帐，帐后为主持和尚坐椅。而原中堂撤去主持和尚坐椅，天地桌稍向天井方向移一点，清出一席之地，中心摊草席，席上铺毛毯，毯上由和尚用白米堆粗线“画灯”，地藏王佛，或福、寿等字。草席四边各叠五片坭瓦，弓背向上（注：女改各一瓷碗底向上，称“破血湖”），瓦旁放一把铜锁。锁须丝线缚合，假锁易开。准备工作就绪，晚饭后，和尚就坐，主持和尚头戴荷花帽、崭新金丝格大红袈裟，显示高僧派头。天井二旁，一旁孝子、孝孙五人，另一旁孝媳孝女五人，个个全身缟素，列队朝外，稻草枕膝跪着，长条白布连摊五人头顶，谓之搭桥，有称“金银桥”。燃放大小鞭炮，全体和尚上台奏乐，敲木鱼念经。主持和尚坐桌后，打开罗帐，捏诀头，做作一番，向台下丢几只小馒头，再奏乐、念经、捏诀头、丢馒头，如此数遍，超度亡灵。约二个小时后，完成一段落，众和尚下台，孝子们站起拆桥。八个和尚归中堂奏乐，主持和尚在前，一手拿惊铃，一手拿锡杖，口念经咒。孝子背“领魂衣”在后紧跟，围着“画灯”，快步走圈。逆时针向数圈，回头顺时针又数圈，越走越快，孝子只得跟着跑。待到慢步，和尚举起锡杖，用其叉尖，顺序蹬碎四垒瓦片，并将铜锁一脚轻踢，假锁立开，谓之“开地狱门”。“画灯”半箩米为和尚小货（即小费）。同时派二人出门施食[施食：用二尺长燥竹篾，大筷子粗，半段卷利市蔬青油（乌柏子仁油），点亮，地摊一张利市，将亮插上，纸上勺上一勺粥，每隔约十四步一根亮，谓之“施食”]。施食上至洞主庙，下至祠堂前。完成施食，和尚也已脱袈裟吃夜点心，休息。

第四天，和尚吃过早餐，又行奏乐念经。吃过中饭，九个全披袈裟，主持和尚一手摇惊铃，其他敲木鱼，向画像敬佛后，开始游行。和尚后面为缟素孝子、孝媳、孝女、孝婿、孝孙等，均双手捧燃香。接着，帮工捧瓷盘供品的队伍：金山（金首饰）、银山（银元）、珍珠、玛瑙、翡翠、白玉、聚宝盆、铜（铜板）、锡（小锡壶）等等。到达地点顺序为：洞主庙、广惠观，俞氏宗祠、六峰堂香火（生前归属），而后回归道场中堂。每到一处，都点烛、燃香、焚纸锡箔，由和尚领头做作一番，洒一些净水，谓之“行香”。家中在大厅门前

空旷处搭大台，台的面积与小台同，但台高提升至五尺。台上桌凳摆式与小台同。和尚吃过晚饭，放“水灯”（水灯：用红纸剪成小方块，四角粘拢，口大四寸见方，状似稻斗，中竖灯草摊层爅砂放些青油），共制水灯四十九盏，用七面谷筛盛着。由和尚拜过中堂佛像，带领孝子们到周德兴店门口（现供销社），桥头设一方炉，九个和尚奏乐，念“水灯经”。约半小时，主持和尚念咒摇铃，帮工点灯，将灯放进溪水中。待全部水灯浮进溪水，又上香烧纸，全体人员回道场。孝子孝媳们仍缟素，在中堂天井跪搭“金银桥”。和尚仍个个披袈裟上大台，吹喇叭，奏乐器。乐停，主持和尚摇动惊铃坐罗帐内，口中念念有词，朝三方频频捏诀头，众和尚敲木鱼。捏一次诀头丢一只小馒头于台下，一盘二十余只小馒头丢光为止，意为：边送边赶饿鬼恶鬼。而后众和尚下台，带领孝子、孝媳，到外大门里空旷地烧“库笼”（库笼：由大锡箔、小锡箔折成大元宝、小元宝，用红纸板小箱，锡箔剪成箱环箱扣）。将所谓阴间元宝装满箱。用挑到薄竹片做扁担，由十余人挑，共达数十担。由中堂挑到空旷地，其时中央已有柴火燃烧，将元宝箱（金银库笼），烧到阴间亡灵使用。燃烧时和尚从小箩篮中抓出茶叶米，边撒边绕走。绕三圈后，由众小孩圈着火堆手拉手，来回旋转，所谓不让外鬼抢走。一边烧“库笼”，另一边又派人，如上小台一样范围施食。厨房杀鸡、切肉。道场桌上搬走素食，奉上鸡肉、猪肉，再向佛像上一次香。和尚吃荤点心，大鱼大肉，宣布开斋。而后和尚清理道具，卷好佛像，收拾乐器、木鱼等装箱，道场功德完成，大丧结束。

第五天由孝子燃香纸将“位牌”送进俞氏宗祠神柜，摆到预定位置。实际这次道场确切时间为三日四夜。

讲述人：俞清藩（87 岁）　俞孝贻（83 岁）
俞耀忠（79 岁）　俞新富（73 岁）
俞发春（88 岁）　俞耀明（80 岁）　俞松海（74 岁）

俞步升整理　　2000 年 9 月 9 日

二、饮食文化

南宋末，杭州俞义从松阳扶父灵柩，路过括婺界（今俞源）葬父定住至今，已三十一代。子孙兴旺，在明朝中期已成数百户的村庄。历代婚嫁来往大都在村邻近三十里，亦有少数在宣（柳城）、武城内。俞源古时为富裕农村，经济活跃，讲究汉族饮食文化。南向处州俗，北向婺州俗，互学习俗，取长补短，造就一年十二个月，月月有饮食节。

十二月：辞岁，食更岁。为过春节办年货，切糖、起糕干以示五谷丰登，生活甜蜜；蒸发糕、春年糕以示财运年年高岁岁发；备年菜，做豆腐（泡豆腐、煎肉圆、烘豆腐干），菜卤卤菜（卤豆腐、卤芋头和芋奶、卤萝卜），炒八宝菜（原料：腌菜梗、腌萝卜丝、红腌萝卜丝、豆芽、千张、白笋、海带、泡豆腐丝等，用茶油炒），炊年饭（用饭甑蒸四天年饭，摊凉盛丝箩内，过年暖热吃），买鱼、肉、猪头，杀鸡等。岁末烧好丰盛菜肴吃团圆饭。称为食更岁。

一月：消灾，吃消灾馒头。年初一至初四，由男人上厨，意思是，女人烧吃一年该享福几天。早餐吃青菜芋羹，意为清福清健，年年有余，中晚餐均吃年饭配年菜。初八到十二日做大消灾馒头，即糯饭心馒头。

二月：灭虫，吃寓意物。十一日炒魍蚁（音艾），炒米胖，或炒黄豆均拌红糖，意谓灭虫。十二日堵老鼠洞，吃芥菜糯米饭。二月卤荠菜笃菜（晒过荠菜腌菜，盛器倒置）浸腌鸭蛋。

三月：清明，吃清明果，祭祀，扫墓，吃忌辰。户户做清明果，妇女到田野采蓬叶，采回后放进烧沸的、已过滤的稻草灰水中，待烧滚捞出，啄细捣绵，而后拌进熟米团揉匀，成绿色果皮料，捏成小碗口大的果皮，包进肉、腌菜、笋、煎豆腐作馅的为咸果，包进糖、芝麻、赤豆的为甜果。果皮对折衔合用手指绉一条密密人字摺，成二头尖似草鞋状，称“草鞋果”，意谓要下田耕作了。三月煮菜卤笋、菜卤卵（蛋），煎咸菜笋，晒干菜。

四月：立夏，吃小竹笋（意为接脚骨），吃一粒蚕豆顶一个鸡蛋，一个鸡蛋顶一只鸡。为此户户煮蚕豆饭，或蚕豆加鸡蛋肉汤，或笋蚕豆、腌菜等配饭，有的吃红枣、桂圆，意为“增补日”。

五月：端午，吃粽子，吃大蒜。裹粽，用炒米粉拌红糖煮烂作粽馅为甜粽，干菜、佛豆仁、肉作馅称肉粽；粽米拌蚕豆、赤豆、干菜、肉做馅称花粽。粽子户户裹，大蒜人人吃，当地流传有“五、

五、五，五蒲（只）大蒜过端午”的说法。也有人吃五黄：黄酒、雄黄、蛋黄、黄瓜、黄鳝或黄鱼。

六月：晒景吃肉。六月初六晒景防霉日，户户翻晒箱笼、衣物及书籍（包括家谱），称之为晒景。当地流传“六月六，要吃肉，不吃肉，生病毒”[37]的顺口溜，为此家家买肉。到六月二十六洞主老生日，要做社戏纪念，为待客户户买肉，有的制苦槠豆腐当点心。

七月：鬼节，吃千层糕。古历七月中旬初，早熟稻谷开镰，意思是新谷登场。全村互通有无，个别无新米用陈谷米也蒸“千层糕”。做法如下：将籼米用稻草灰冷汤浸胀，拌红糖磨成浆，上蒸笼用大碗勺淋一层，上盖蒸熟，开盖又淋上一层，蒸好又蒸一层，如此七层，因七在当地方言中与千谐音，因此七层盖糕，称“千层糕”。糕料不掺糯米，以灰硷触发韧性，糕切小块可一层一层剥起来吃。七月半是“鬼节”，户户设香案、案桌中放一盆千层糕，意为：列祖养育千层恩。旁边放上豆腐、肉，于是开始拜太公（即祭祖），意谓请太公、太婆尝新米。

八月：中秋蒸实地糕。吃糕赏月，现在也有买月饼赏月的。实地糕制作方法是：籼米中加30%糯米，用稻草灰清水浸胀，加打糖磨成浆，一次性倒进滚汤蒸笼，盖好加火一个多小时，蒸熟为止。

九月：重阳，裹粽、蒸糕，不祭祖，但要带糕粽上方岩、台山去游玩拜佛，称“登高”。亦有青年从俞源出发，越大黄岭、清风岭到西畈悟真寺、云华静妙寺、台山寺、清修寺、泮家扬圆明寺、陶村延福寺、西塘庆思寺、吴宅慈仁寺，历八寺敬佛赏景，走八十里路，意谓“嘻八字，图吉利”。

十月：福水，吃糯饭。十月水质特好。历史经验，以十斤糯米的饭，一斤红曲，十五斤十月水的比例，倒进缸或坛中。经二十天后一斤米出一斤酒，酿出味道醇正的上等黄酒，俗称十月酒，或福气水。十月水浸蒸糯饭，放露天冻一夜，第二天搓撒过筛晒干，称这为“冻米”。冻米为过年切糖原料。顺便吃糯饭。仙云山客家经营山林，每年什粮收成，要请俞姓男丁到山铺吃一顿饭，白米饭配毛芋，青菜豆腐肉，意为“吃福”。

十一月：冬至，吃麻糍。五谷进仓，喜气洋洋，做社戏，舂麻糍，祭祖，吃忌辰。麻糍馈赠亲戚朋友。麻糍制作方法为：糯饭蒸熟倒进石臼，捣烂成糊团，放进红糖，粘上燥熟米粉，制出圆扁软果，称麻糍。不包糖，一粒一粒小颗摘出，表面滚上芝麻粉白糖，谓麻糍摘。有“快乐麻糍辛苦果”俗语。

图 8－13　展出的部分俞源村民俗用品

三、擎台阁

擎台阁是俞源传统民俗文化活动，解放前因战乱停止，文字记载无存。1994 年元旦，随着生活水平的提高，俞源村民集资重新建造擎阁台，购买了大批道具，村老年协会对台阁原貌进行了回忆设计。通过县文化馆、乡文化站的指导，俞源台阁既保持了原来风格，又有了新的突破，做到了“新、奇、意”相结合。1995 年参加“中国武义温泉节”广场表演和踩街活动，使观众大开眼界，深受好评，被县委评为“最佳优胜单位”。

近年来，俞源对台阁活动起源进行了考察，采访了 50 年代前参加过擎台阁的知情者，60 岁以上老人 50 多位，同时考察遗迹，

查阅《俞氏宗谱》，基本澄清擎台阁确切时间为康熙末年。当时由俞源文人、家庭殷实者倡导，村民支持而始办。实为祖辈遗言：俞源，元末，刘基帮助俞源消灾致富，历时三百多年，累遭兵燹，数度兴衰，到康熙后期，仍能恢复元气，人财两旺。因此，认为俞源全赖刘基设计太极星象之功。饮水思源，将刘基神化，成为俞源人心中的保护神，举行多种方法纪念，如现存古建筑中有三处表现刘基设计太极星象村的壁画，墙上、梁上、雀替、石子路径有四百多幅太极图案等。而擎台阁最初也是为了纪念刘基而兴起的。

图 8-14　壁画中的太极图

擎台阁始于刘基好友俞涞的十二世孙秀才俞孝儒（康熙十八年生）、十三世孙拔贡俞文焕（康熙十九年生）、首富俞攀桂（康熙十五年生）、十五世孙秀才俞盛治（康熙十五年生）等四人为主，联合他人，共十二户，筹集基金（租田），用股份法成立台阁会，雅称“春彩会”。用六台台阁为一队，及旗銮驾、纸马、乐队、神亭共六队，谓之“六六顺”，意为年年顺利。会员自报一至二件銮驾（古兵器，类似戏剧道具）、旗类。其他的由村民自助。洞主老爷神亭队由村六甲负责。原为俞姓办理，至清道光年间，重修洞主庙吸收外姓参加。按人数全村六甲，其中俞姓四甲，李姓一甲，董姓一甲，六甲每年轮流负责做消灾馒头、洞主老爷神亭踩街、香烛、鞭炮等等。而后台阁队伍逐年扩大，台阁也分成二十四股。到民国三十八年(1949)正月擎台阁，俞冠群和俞良富等四户又新增二台，至此合计台阁八台。每年定正月十三日擎台阁。选定这一天作为擎台阁吉日有三种说法：一说因为刘基十三数带来俞源平安；二说沉香七岁成神，十三岁救母，在俞源古龙宫擒孽龙，得神斧，斧劈华山救母亲，古代圣贤以孝当先，为此年十三作纪念；三说纪念治水功臣李冰，为与全国十五元宵时间错开，提前二天在正月十三进行。但多数村民倾向纪念刘基，总的认为是纪念洞主老爷保安造福，而洞主老爷神像小孩佛像早在宋朝前已定位，而刘基仙逝明朝洪武八年，迟数百年。神像应延续，纪念不在外表

■ 图 8－15　存放在俞氏宗祠内的擎台阁道具

而在心中。理由是刘基在元朝至正元年(1340)为俞源设计巨型太极图、七星塘、七星井,得以消灾,丁财二旺。事隔十三年,元至正十三年(1358),刘基罢官,由杭州回青田,路过俞源,又一次献计俞涞组织民兵利用村口太极图,抗乱成功,处州守帅石末宜孙表为"义民万户",涞不受。清初,战乱中俞源受害惨重,但仍能复兴,均归功十三数带来消灾吉祥,所以确定每年正月十三擎台阁。这个吉日,历时二百三十余年。台阁是露天小戏台,戏剧性背景山花、亭楼城墙全用纸糊,见不得雨雪,就是道具和小孩也经不起雨雪。但神奇得很,十三这一天擎台阁,从古至今不会有雨雪,成为奇村俞源又一谜团。

元至正十四年,俞源组织民军抗乱。俞涞问刘基:如遇较多敌兵攻击,与其开战,民军日夜坚守难下战场,用什么野餐?刘基答说:送糯米心的麦面馒头,以壮斗志。方言糯音同烂,心是指当时朝廷,朝廷腐败已烂,盗贼(秽语)蜂起,心被包围,好似烂心馒头,将它吃掉,天下太平。果然,吃了糯米饭心馒头,打了胜仗,百姓得安。后来纪念刘基擎台阁,就吃糯米饭心馒头,亦称糯米馒头或"消灾馒头"。做消灾馒头,为赶台阁,规定每年自古历正月初八开始吃素(俗称封素),表示纪念消灾神和祖先的诚心,不准吃荤食,要持续八天之久。初十、十一、十二,这三天日夜在洞主庙和俞姓大祠,做消灾馒头,规格一律大馒头,一般每只重半斤,谓之"讲究"。做馒头户有"一年馒头三年辛苦"之说,头年种糯谷,冬天种小麦,第二年夏割小麦,第三年正月初碓好糯米,磨好麦粉,初十开始做馒头。上宅、下宅、前宅三宅轮流做馒头,三年轮一次。一般配原料标准,每只四两糯饭,三两面(麦粉水拌)。阔气户,每只用八两原料,称雄全村,称做"大消灾"。每年做馒头的师傅四至五人不等,负责落酵、和面、汗笼(生馒头放入笼,放进沸水锅,有点暖后立即端掉,使之发酵)、垒笼、执火五道工序全过程。馒头户主派人参加揉面团,印糯饭块,包面皮,所有参加人员全动手做,做多少不计较。做一户,蒸笼蒸一户。蒸好一户,将蒸笼连馒头端到观斋神(即消灾神,用红纸书写贴墙上)神位前一张八仙桌,桌面前中心香炉,炉左右蜡烛台,红烛亮堂堂。洞主庙设置下厅(俞祠放灵寝厅右边靠墙)神位前。一盖蒸笼放到八仙桌上,一人敲响小锣,口叫某户消灾。馒头做好,户主上香叩拜谢神灵,馒头摊凉装箩筐。待十二夜馒头做好,拦庙佛前,由于村庄大户数多,有上百担馒头。正月十三大清早,和尚念经,逼恶(即赶鬼怪),每担洒净水。箩担大队排队,多时百数十担,从庙门排长队至下万春堂大门口。将近早晨 9 时许,台阁相见。然后,各挑回家分发,同时发给神亭队踩街人员,每人两双,当作义务奖赏。看台阁户户吃消灾馒头。到了晚上迎龙灯(龙头一般约百朝),十二日夜试龙,十三日夜正式开迎。上宅、下宅、前宅各迎一夜,至正月十五日开斋,大年春节就算过完了。

■ 图 8 - 16　存放在俞氏宗祠内的擎台阁道具

擎台阁阵容庞大,雄壮威武。擎台阁游行队伍共分十队:

先锋队:二根长项喇叭开道,后跟八条壮汉个个身背神铳为一队。

开道队:红黄两面大旗及八面地垫大清道旗和二面大锣开道。

战旗队:十面蜈蚣旗,三十面各色三角与方形旗。

銮驾队:由寿字枪、方天戟、阴阳铛、偃月刀、猛锤、长矛、神斧、镬、枪等古代兵器队组成。

纸马队:由四匹篾扎白纸丝糊成纸马,两个少年一拉一推,四

组共八人，后跟一组乐队组成。

台阁队：原为六台，一台一出戏，每台戏剧人物二人，由八岁左右小孩子扮演。四人抬一台，每台左右各配护台亲人一名，每台后面又配乐队（由吴宅、小后陶、岩坑、下杨等邻村自助锣鼓班，插各大队之后，自觉而来，成为惯例）。

令官队：由二辆仰天竹轿，坐一小孩扮令官。令官面前置令箭，另配一黄绸包大官印。轿前头四面回避、肃静旗牌开路。

图 8－17　当年擎台阁盛况

大蜡烛队：由两座锡加工而成的大蜡烛台，直径约一米，高一米，中插一支直径 20 公分的木制假蜡烛，土漆漆成红色，看似红烛，烛身金龙缠绕。每座重百斤，两个壮汉抬一台，烛旁配一利事侬，所谓“八字好”，手拎红漆细作竹编船篮，篮内放数百五寸见方折叠成三角红纸的蜡烛帽，套在大蜡烛上，想得子的妇女争着抢。据说，抢到蜡烛帽，洞主老爷准定送她一个公子，特别抢得头帽最灵。因而思子的丈夫和亲戚也帮着抢蜡烛帽，场面非常热闹有趣。

神亭队：在木制大方桌桌面上，制成酷似缩小的皇宫金銮殿，金碧辉煌。中设四根金龙柱，柱前放原洞主老爷佛前神牌，好似抬大红花轿，由四人抬，称之为“神亭”。亭前行走二盏大行灯（即灯笼），佛像前架 50 公分直径大行灯，换上新灯壳。四名守炉各执檀香炉，二根紫金棍。一位拎盛佛香船篮（称香公）。合计神亭前九人，亭后执掌扇二人，一个背盖伞壮汉。

执香队：由近三年考中秀才（民国成立后改高小毕业）的人员每人双手捧香约五十枚左右，香根部用毛巾捆卷，排队跟在神亭后，多时达五十多人，以展示俞源人才辈出。

参加擎台阁的人，多时 340 余人。台阁队戏剧人物，由八岁左右小孩子扮演。参扮小孩原为台阁会会员家的小孩，十二户进行抓阄，每台演员二名，六台共十二个。后会员增至二十四户，扮演每台增为三人。有六户无扮演任务，到厨房负责点心及台阁进出服务。参扮小演员标准要求六至十岁，身高三尺左右。传说参扮过的小孩个个更聪明，读书好，胆大有魄力，快长快大，将来有出息。更奇的是能化险为夷。据村民回忆，40 年代初，前后有三位参扮小孩从高台上掉下来均安然无恙(至今均健在)。

■ 图 8－18　当年擎台阁在武义县表演盛况

古代扮台阁，小孩下半身用粗布包扎在制有箍腰铁箍的铁棍上，脚踏铁棍底部木制小圆盘背，盘心铁棍头打有方孔，孔套到从台底伸上的铁条尖上，尖与孔吻合，套得很紧。高台离地有五米以上，四人抬台阁，如遇抬者高矮差距大，加之力气有大小，左右晃动大，不小心就有脱套之险，因而造成俞戴雄在广惠观门口掉到油菜田；俞俊豪在下桥头供销社门口，从七米多高掉下溪滩，九岁大小的俞俊豪因受惊大哭，大人跑去抱上路，再套回高台，好似未出过事故。俞月娥(女)，在双枫巷口大路段溪埠头，亦从高台掉到溪里，下身落地，似降落伞，亦完好无损，抱起插回继续踩街。

当年的三小孩现均六十余岁，老人们都认为历次事故全靠洞主老爷托住，沉香显圣（以现代科学分析：由于台阁小演员下身缠着粗铁棍，脚盘下露一段铁棍有方孔粗重，加上小演员身穿大衫袖状古戏装似鸟翅，而高台约有六米距离，有重心垂地时间，因而安全无恙，绝不是神灵保佑）。由于擎台阁发生过以下巧事，至今人们都认为扮台阁是件喜事，每年正月十三日，家长争先恐后要求小孩参扮。为此擎台阁组织者只得规定，每人交化妆费四十元，以便控制。

擎台阁由台阁会定戏名，如三国、隋唐、西游记、刘基智破陈友谅及长命富贵、团圆、祝福等内容，并委托地方艺人设计，每台工资为五十斤稻谷。参扮小孩，正月十二早沐浴穿新衣，由家长带到洞主老爷佛像前，大人帮忙点烛烧香，大人小孩一同跪拜，祈求上台安康，下台永好。拜过佛，到扮台阁处参加试台（俗称浪台），只穿戏装衣帽不化妆。正月十三是正日，台阁到洞主庙桥前会集，地方乐队先到先奏。其他八队物件已备庙内，背物件人入庙后各负其责，背的背，扛的扛，到庙桥前排好队。洞主老爷龙亭在后，经四守炉人跪拜上香，然后将神位木牌接进龙亭。执香队紧跟亭后，咚咚丁乐器最后，为总队伍之尾。前面先锋（喇叭）起动，神铳轰鸣，鞭炮震天，按历年传统顺序列队，习惯线路游行踩街，气氛热烈非凡。前站到俞氏祠堂前广场擎一圈，进俞姓大祠中厅绕柱暂休。台阁队伍人员吃台阁酒；喜酒尽喝，一人二薄片咸豆腐干，均由大团（头年全年所生男孩户）赞助。而后擎到广惠观（凤凰山脚，现为小学）也擎一圈，再次为前宅坛（俞姓辈分最高住户），四下宅屯，五上宅坛。1994 年恢复擎台阁庙会，增擎乡政府，前宅旧全堂旁，下宅下菜园，上宅大菜园。最后仍到庙桥前起点处拆台。神事抬进洞主庙，上香神牌复位。台阁扮演小孩下台卸衣，父母将小孩领回家，拜谢祖宗，庆祝大喜。

以上讲述人：俞清藩（87 岁）、俞孝贻（83 岁）、俞耀忠（79 岁）、俞新富（73 岁）、俞发春（88 岁）、俞耀明（80 岁）、俞松海（74 岁）。俞步升整理

俞源擎台阁，自清初至 20 世纪 40 年代末，二百多年经久不衰，规模有增无减，为此誉满近县，成为农村节日亮点。笔者经过

多方查访发现其成功经验有以下四点：

第一，组织多种物会积累基金。

诸如台阁会、香会、锣鼓会、神铳会、大旗会、纸马会等等（会员投资租田，或积谷）。台阁会（雅称春彩会）开始俞姓十二户兴办，制台阁台，置戏装。为延续千秋万代，每户入股二百斤谷租田，每年收租谷二十四担，可谓租田就是基金。租谷用于正月十三擎台阁开支，如雇艺人扮台阁工资（制作剧情背景、帮助穿戴、化妆等），道具添置、革新，台阁维修和踩街购香烛、方纸锡铂、大小鞭炮及茶水招待，至十三日下午擎台阁结束。在正月二十二日至二十五日，定一吉日，二十四位股东聚餐一次，会长主持研究下年擎台阁事宜，由本届当事户清理后事，如清点行头、铠甲、铁条、扎包，小演员扮过的道具，并雇人洗晒戏装及存到戏箱，以备来年使用。

因台阁会每年开支后尚有较大盈余，所以，到清末在村内开始股分买卖，股主有所更换。其他如大旗会、黄旗会，传至 20 世纪 40 年代，由俞应宝、俞经余、俞晶均、俞洪宾、俞彭年、俞洪琰、李清宣（清末，其父从陈弄村迁住俞源）、周德兴（清末，其父挑货郎，从永康迁住俞源）共八人组成。基金每户一股，交谷五十斤，称之为“积谷”。放债收利息，共四百斤本，得年利二百斤，用于擎台阁后聚餐。而背旗踩街每股派一劳力参加，无劳力雇人资自负。另一面红色大旗，附二面三角小旗，大旗会由十六人组成，亦是每股交积谷五十斤。纸马有纸马会，亦积谷作基金，四匹纸马到民国后期，雇艺人俞经绶糊，每匹五十斤稻谷，便可交货踩街。还有神铳会也用积谷形成凝聚力，每次每铳向台阁会领火药四两，参加台阁踩街开道，形成习惯义务。

第二，继承祖训。

俞姓祖宗常田多（祭田、蒙田、儒田），台阁祖宗兴，祖宗捐助旗类，古兵器，子孙有义务扛背，不然有愧享受祖宗福禄（即常田）。如倡擎台阁四人之一的俞盛治，还捐助有寿字枪一支，传由大儿子俞丛周及子孙，因俞盛治有一百八十担租的祭田传代，为此，二百年来代代子孙接力背寿字枪踩街。

第三，吸收外姓参加，得到各方支持。

辛亥革命后，宗族开始淡化，擎台阁不分姓氏均可参加，外来

居户认为能与俞姓融为一体，参加擎台阁是一种荣幸，通过擎台阁增进村民团结。如外来人怕欺生，而俞源以礼义贤享誉四方，宗派观念不强，欢迎外来经商，清末，准于参加擎台阁。所以有周德兴随父亲迁到俞源经商，办酒坊开南货及肉店发了大财。另一户永康人徐金明，到俞源开豆腐作坊，也盈利很多。上述二户自助蜈蚣旗各十面，每年雇小孩背旗，从未间断，与俞源村民团结为一体，全家感到荣耀。

第四，造就了喜庆热烈氛围。

地方舆论认为，参加擎台阁能增福增寿，无上光荣，这就造就了天时地利人和的热烈氛围。50 年代前，农村很少有文艺活动，只有入冬和开春做几天社戏。在原宣、武二县农村，仅俞源有擎台阁，名震八方。为此，不但邻村众多锣鼓班前来助阵，亲戚朋友也特意等到正月十二日到俞源拜年，也好赶看台阁，同时评头品脚，往好的方面宣扬，使参擎者感到自豪，鼓励下年再努力。

四、闹龙灯

龙灯历史比擎台阁早。唐朝贤相魏征奉天命斩老龙，唐王圣旨接龙头等神话，流传至今。

据传，金华老龙（金华江源头、武义县白姆乡三潭之龙王），千年行雨，为民造福。到唐朝初期，有一天老龙化作老翁。须发眉毛雪白，背驼嘴歪，拄拐杖，漫步金华大街。见一店口小条桌后，随坐一位八字小胡老先生，桌角插竹棒，上垂挂白布条幅，上写"铁嘴仙"。老龙心中不服，就上前行礼坐下，请先生看相。先生略看头部天廷、印堂，微笑着说：本县已现旱情，各处本保老爷奏请天廷，玉皇大帝圣旨将到三潭，令你行雨："金华城内三分、城外七分雨。"老龙装傻，口说我一糟老头行什么雨，你乱看相要敲你招牌的。如此数语后，半信半疑回三潭。果不出先生所料，玉旨行雨。老龙心不老，雄心过了头，专顾称雄欠顾后，将分雨调个头，以便使看相不灵来羞先生。结果金华县城洪水成灾。金华城隍状告老龙。玉帝下旨，征来日午时魏斩老龙。老龙接旨吓得汗淋全身，当夜魂飞皇宫，托梦李世民说，金华老龙千年积德，因老眼晕花犯错，万请皇帝行善救老龙，设法缠住丞相魏征，误过明天行刑时辰。皇上应允，老龙放心回三潭。到了来第二日吃过早饭，皇帝请魏征弈棋。二人坐着对弈，二个太监观棋和茶水、执扇侍候，弈不多时已近中午，魏征举棋不定，困倦难耐，伏桌而睡。皇帝心中甚喜，认为魏征不会出宫去杀老龙。魏征睡得满头汗，为使魏征多睡觉，误过午时，就拿过御扇用力扇他三扇，魏征汗流立止。又过半炷香工夫，魏征醒来，合手擦双眼，大叫吃力，说还好皇上助我三阵风追斩老龙成功，及时交玉旨。皇帝这才知道帮倒忙了，悔之不及。待到夜里，皇上梦见无头老龙手提血淋淋龙头，到金銮殿评理。李世民只有下座谢罪，下圣旨为它接龙头，第二天，旨行全国，年初接龙头。京都长安的大街首先出现迎龙灯接龙头。[38]由于金华老龙居住武义三潭，三潭又与俞源邻村吴宅慈仁寺古井相通(1926年《宣平县志》载)，据说老龙祖籍俞源古龙宫，特别引起俞源百姓怀念，怜悯老龙千年功德毁于一旦。故事传至明末，俞源人认为金华老龙功大于过，罪不当诛，祈望龙头接回龙身行及时雨，于是兴起正月十三开始迎龙灯、接龙头，连迎三夜，至正月十五元宵节与全国共欢。这种活动蔓延宣武二县农村。当然，神话不可信，总之，笔者只想说明俞源有组织闹龙灯的习俗而已。

迎龙灯，俗称迎龙头接龙头。俞源村龙灯为板龙，称之为大龙头。龙头底架四片厚木板，其中三片组成三角架，中间一片稍长接龙身，架背用竹片扎成方形塔，四层佛，每层制12个戏剧人物，谓之“龙头佛”。合计龙头佛48个，每个佛前各配一盏彩纸雕花花灯。如遇头年大团多，龙头佛超出龙头限定佛数，装箩筐挑回。俞源村龙头都到下杨马山村定做(马山有祖传制作龙头佛技艺)，称为缚龙头。龙身由近百朝或数百朝龙灯朝板连成一线，前接头，后连尾。龙朝板每朝设二盏灯，龙朝板规格与龙头板同。

俞源宗祠下设龙头会，由祠堂账房先生任会长，各房长及头年大团先出生的两名户主(称龙头官)组成。祠堂里有龙头租田二百把，东坑土坐近口山脚，称“龙头丘”。租谷八百斤，用于缚龙头工资、抬龙头、擎大尾(即：龙尾)，三夜利市(即粗方纸、爆竹、十

三日台阁酒等，全由头年俞姓生大团户承担。龙灯十五夜止，然后化龙，十六日上午龙头会人员和龙头官算账，结账结束。

大团户要三夜参加擎龙头，每夜跟随头尾换红烛上香。并供应十三日台阁酒豆腐片，每户一筒碗(台阁酒在头年十月间由二位龙头官负责，到祠堂左前索面店做十斗缸酒一缸，糯米200斤，出酒30多坛)。二盏牌灯，抓阄抓到的二个大团，要各拿二条香烟钱，补贴擎大尾的大团户主，以便用香烟"收买"连接大龙尾巴段的十多朝朝灯，请邻朝合力照顾，帮助保平安。迎龙灯者全为俞姓子孙，李姓曾参加过几次，由于人少，闹龙时吃过亏，为此退出迎龙灯，改为正月十三做社戏。清末民国初期，俞源村外姓亦参加。

龙头及大尾部分头灯为大团任务，三夜都要擎，而龙身是三宅各擎一夜。20世纪40年代，前宅俞姓少，六十朝左右，下宅约九十朝左右。上宅最多，一百二十来朝。俞祠规定，虚龄16岁至50岁男丁称为"大侬"(16岁以下"舍侬"，50岁以上为老侬)，每人要擎一朝。祠堂发红票，红票1.5寸×6寸大小，上面印有"红灯一朝"黑色字样，合格男丁一人一张，如丧失劳动力者须雇人擎，成为硬任务。不参加者，祠堂祭祀时不能享受常产，而且被人鄙视为跛落松。为此家中老少都催促，从而形成了高度重视迎龙灯的氛围。

参擎朝灯，早时灯清一色都是红色，大小规格基本相同，上下四角，胖胸八角(传说，因迎龙灯、擎抬阁等，全村人都吃素食，不迎花灯)。到了民国中期，灯规格式样与前一样。先用竹篾折架，糊上白絮，每朝两盏灯，用热羊油画到灯壳纸上，画出各式各样花卉、鸟兽类，还有戏剧中人物，也有名人诗句等，其艺术有的可与名画家相媲美。有的两灯间缚上红绿硬纸作风轮，随风转动以增风采，有的灯间插上纸扎鲜花以增美丽。由于各显神通，灯彩多姿，常引来观众喝彩声。

龙灯走向流传数百年，已成规律。龙头正月十一日从马山村(距俞源13里)上香，迎进俞源俞祠上厅灵寝(即中堂，俗称神柜)告祖，安放待用，十二日试龙。龙灯排列顺序为：龙灯分三段，连接头一段10余朝称"头灯"；中段朝数不限，尾巴段10多朝，后面紧接一朝称"替劳灯"，最后称"大尾"。大尾朝板竖一段锄柄粗一尺5寸高的硬木棍，棍端平铺一尺五寸的厚木板与朝板平行，上装置两盏花灯(同龙头佛前灯样式)，在夜晚远看大尾，龙尾上翘，很是威武。在正月十二日晚，将龙头、大尾红烛点亮，扛到洞主庙朝拜，拜毕后抬回俞氏宗祠，意为拜请洞主老爷，预示俞源将要闹龙灯，保佑消灾平安。

正月十三日龙灯正式开迎。龙头、龙尾、背牌灯、喇叭、大锣、小锣、铜钹都由大囝户主负责擎，抬龙头最前一个是头年最早生的男孩户主。左右二人是第二第三出生男孩户主。以后出生的其他大囝抓阄执龙尾，放火炮，敲响器、喇叭、大锣、小锣、铜钹、背牌灯等。大囝头灯多少，以一年出生大囝多少而定。头灯后为轮到各宅的子孙朝。快到夜晚急行敲锣，一人持锣到轮到宅敲，口叫"接龙头、接龙头"，每隔十分钟敲一次，如此三次。参擎者吃饱晚餐，头包汤布(白色粗洋布，宽一尺五寸，长五尺)，腰缚扎包，足捆裹脚，武士装扮，肩背朝灯涌向祠堂接灯。刚满16岁的少年身体欠壮，提早进祠堂接到大囝头灯之后，谓之"抢头灯"。抢到头灯后在闹灯时好擎。而尾巴段十多朝，常由意气相投的壮汉串连组成，为了使擎大尾的人送香烟给他们，不然就算计大尾，使其头破血流。所以尾巴段往往临时约好地点另行集中，最后接灯。全条龙接好，大尾相邻一朝，实是贴身保镖，称为"替劳灯"。每次接龙，大尾与"替劳灯"事先接好(这是历史上龙头会对大尾的保护措施之一)。然后放炮起灯，在俞氏宗祠内天井开擎并萨旋圈，龙头在中心连旋三圈后，龙头向反方向回头向外旋转，待大尾旋进圈心，再旋三圈。龙头拆开，抬上上厅(即灵寝)，龙灯全落肩换烛，再由参擎者跪拜祖先后，放炮起灯接龙头，全龙到上厅绞屋柱。龙灯路线似蝴蝶形，再绞廊厅而后到下厅，又绞屋柱似交剪形。最后出祠到门前小广场(称祠堂坛)。龙头进坛心，旋转圈，整条龙向四方扩，人人用肩外挑，尾部人员急跑还很难跟上，有时大尾人员甩出去数丈，头破血流(立即换人)，"替劳灯"也拽倒(大尾似重伤，睡后实感轻伤，第二天继续参擎，这也是俞源擎龙头奇事之一)。擎三圈大尾向前拉龙上庙，待龙拉直，龙灯身头拆开。由龙头预备人替拆龙头。全条龙灯，龙尾在前，龙向后退向洞主

庙方向。龙头单独在后跟着，龙尾连身迅速进入洞主庙，龙头停庙门口。至此，喝令全龙灯落肩休息。休息一会后，换点红烛，全体人员朝拜洞主老爷，跪拜三叩首，而后放鞭炮起灯，由于洞主庙屋宇矮窄，龙朝板用手抓起，只能趁地拖着绞屋柱。龙身龙尾绕过屋柱，出庙门口上肩。龙头先走，龙身紧跟，喇叭响器，牌灯开路，龙灯从头到尾远观成一直线，向俞祠方向运行。依次为下宅、前宅坛，最后是上宅坛。总之，按习俗，进坛接龙头，出坛拆龙头。

到第三夜正月十五散龙，龙头抬回俞姓宗祠，当夜拆龙头佛。一面检查修理龙头佛灯，同时将佛、灯搭配好。分佛依次序，先是龙头官而后是大尾、龙头左右手、龙头后，其余大囝通过抓阄参与分佛。龙头佛塔(竹架)抬到洞主庙前纸库旁，上香拜谢洞主老爷，将塔点燃，俗称“化龙骨”。然后大放鞭炮宣告全村开斋。其时，大囝户在祠堂，将各自龙头佛花灯点亮，放大小鞭炮，争先恐后出祠堂。大囝家中已摆香案守候，龙头佛到家，急行燃放鞭炮庆喜，拜见家祖。将龙头佛送进生大囝的卧室，插在大囝床头，以示大吉大利。

迎龙灯，俞姓以年龄规定硬任务。如年龄合格但体力不支，经济困难，无钱雇人代劳的，允许单朝跟擎，不接进整体内，独自跟在整条龙灯后，谓之“挑私盐”。进坛后放旗杆石上，或借长凳置放。整条龙灯出坛，又背起朝灯紧跟其后。龙头二盏眼睛灯及大尾灯，不准熄灭，如熄灭要罚放鞭炮。

以上讲述人：俞清藩(87 岁)、俞孝贻(83 岁)、俞耀忠(79 岁)、俞新富(73 岁)、俞发春(88 岁)、俞耀明(80 岁)、俞松海(74 岁)。

20 世纪 40 年代末，迎龙灯因战乱停止。1985 年正月十五日，同乡凡岭脚村组织龙灯擎到俞源村。村民触景生情，追忆历史上俞源擎龙头风光日子，纷纷要求村领导恢复迎龙灯活动。为此，俞源村两委会经研究，决定恢复，砍大松树锯板制龙朝板。至古历十二月派人到下杨马山村艺人家预付定金缚龙头。1986 年正月十二，由老年协会具体负责，组织分宅擎龙灯活动。只要是俞源村民，不分姓氏，自愿报名，一律欢迎参加，擎了三夜，得到村民好评。同时，激发青壮年妇女亦组织了一夜擎龙灯活动。对迎龙灯场地进行扩大，新增上菜园、下菜园、李祠广场、丛蓬乡政府。

由于没有基金组织为后盾，迎龙灯活动，参擎者逐年减少，三年后(1989年)，停止擎龙灯活动。至1998年，为开发旅游，村两委又重做龙朝板，全村发动村民举行了一次擎龙灯活动，仍分宅进行，但规模小。从而两年没有擎大龙头活动。2000年，村老年协会组织了老年妇女为主也有青年妇女参加的迎龙灯活动。龙灯采用的是两条布龙，布龙参照擎大龙时间，夜间活动。灯光改用冲电式电灯照明，每条龙二十多人。龙灯统由老年协会成员外出参观学习后自制而成。但愿俞源龙灯传人不断，发扬光大。

第五节　古村落的艺术

古村落的建置很讲究景观美的营造，通过自然环境的美、建筑物、构筑物的美、生活的美，构置了和谐、淡雅、宁静、淳朴的农村意象，建筑、雕刻、绘画、书法、工艺制作等有很高的艺术价值。

一、雕刻

俞源村古建筑浩瀚的雕刻，由木雕、石雕、砖雕组成，广泛分布于各类古建筑上，如：门窗、雀替、牛腿、横梁上的木雕；门楼、照壁、窗楣、屋脊上的砖雕；门框、柱础、天井构栏板上的石雕等。这些雕刻内容大致分为传统戏曲、人物故事、神话仙佛、城门星宇、山水楼阁、飞禽走兽、花鸟虫鱼、四季花卉、瓜果蔬菜、吉祥图案等，神态、造型、内容各不相同，人物、动物、植物、静物俱全。

■ 图8-19　“六峰堂”正面门楣匾额

现以俞源"六峰堂"古建筑一部分群雕为例作比较详细的赏析。六峰堂由牌楼、正厅、后进、东西围廊组成。牌楼整座为砖雕，正面门楣上砖雕匾额"丕振家声"四个大字，苍劲有力，气势非凡。匾额两边有"天马行空"和"天禄避邪"雕刻。"天马行空"是居室主人超群的才气、奔放豪迈的气势的表现，暗示人中豪杰春风得意。"天禄避邪"则寓意此宅有天神护佑，处处可以逢凶化吉。进入正厅，仰视屋檐上的三根大梁，木雕大师以其奇巧的构思、自然写实的手法，充分利用了浮雕、圆雕、斗圆雕、镂空雕等多种刀法，雕刻出海、陆、空三个空间。雕刻作品表现上为"鱼跃龙门"、"百瑞朝圣"、"百鸟朝凤"，蕴含太平盛世、科场中举、幸福生活三种不同内涵。左边第一根梁是"鱼跃龙门"，惊涛骇浪、水花翻卷中九尾鲤鱼正向中间游去，正中有一条看来已跃过了龙门的

■ 图 8-20 "鱼跃龙门"

■ 图 8-21 "百瑞朝圣"

鱼，已变成了鱼龙，正等待同伴奋力跳进龙门。九尾鲤鱼和中间鱼龙的鳞甲、神态、大小、种类皆不相同。“鱼跃龙门”正应了房主科场中举的夙愿。中间第二根是“百瑞朝圣”大梁。雕刻空间内一只麒麟居中，其余分别有鹿、马、羊、狮、虎等瑞兽分居左右。麒麟全身鳞甲、牛尾、猪蹄、龙头鹿角。古代圣迹图谓：“孔子生，见麟吐玉书。”[39]意即太平盛世降临。而鹿、马、牛、羊、狮、虎等皆为瑞兽，所以“百瑞朝圣”寓太平盛世之意。第三根为“百鸟朝凤”梁，一只凤鸟居中正在接受众鸟朝拜。相传凤原是一种普通的小鸟，它终年累月不辞辛劳，在大旱之年，曾以辛勤劳动的果实拯救了濒于饿死的各种鸟类，众鸟为感谢它救命之恩，从各自的身上拔下一根最漂亮的羽毛献给它，凤也就成了一只极其美丽、高尚、圣洁的神鸟，被尊为百鸟之王，每逢它生日之时受到众鸟的朝拜和祝贺。民间借此象征吉祥和喜庆，歌颂幸福生活。“百鸟朝凤”梁上，每一只鸟大小、动作、羽毛等各不相同。无论雕刻图、章法、布局、深浅，皆主次分明，栩栩如生，使人得到性情和情操的陶冶。

■ 图 8－22 “百鸟朝凤”

再如卧“九重门”之内的“精深楼”，整组门窗雕刻分别表现古代士大夫生活场面的故事，“临流鼓琴”、“庭院观鱼”、“携琴访友”、“松下对弈”、“柱杖看山”等内容的雕刻细腻圆润，毛发毕现，如不细观，许多“藏”起来的景观，极易被人疏忽。这正是古代艺术大师们在“如痴如醉”中创造出来的经典杰作。“精深楼”的冬

瓜梁、雀替和方形小构件上的雕刻题材与众不同，有雕丝瓜、黄瓜、野兔偷吃豆角的，有雕蜜蜂、蚂蚁、蝈蝈、蛐蛐之类的，还有海里的虾、蟹的，别出心裁，情趣盎然，充满浓厚的农家乡土气息，楼出面栅、眠梁、角梁、雀替有木雕人物，缩小老者之头部仅筷子头状，尚将眉毛胡子刻出，真细似头发，精美之极。

■ 图 8－23　栩栩如生的人物雕刻

■ 图 8－24　寓意为吉祥的“马上报喜”、“喜上眉梢”和“书香门第、平平安安”等雕刻

■ 图 8－25　描述“送子赴考”、“中举回乡”情景的雕刻

■ 图 8－26　形态各异的动物雕刻

二、壁画

在俞源古村落与建筑雕刻相媲美的是壁画，一幅幅由古代工匠、画家精心绘制成的壁画，或水墨、或工笔、或白描，墨彩交融，浓淡相宜，给人以强烈的视觉刺激。这些明清壁画数以万计，数量相当于世界艺术宝库——西方“罗浮宫”的藏画总和。

在俞源的“高坐楼”，从第一道门外的照壁开始，一直进入大门、正厅至后进，所有适宜绘画的地方，照壁、围廊、门楣、门楼、山墙，到处画满了以各种历史人物故事、四季花卉、文房博古、山水佳境、吉祥图等为内容的壁画。如第一道堂门楼两边墙上所绘的

两幅人物故事水墨，一幅为“石壁题诗”，画面上一高士正执笔在一突兀巨石上题诗，有童子手捧墨砚傍立侍候，一人悠闲地执扇注目欣赏。作品用笔轻松，落落大方，将古诗“林间暖酒烧红叶，

■ 图 8－27 “石壁题诗”

■ 图 8－28 “羲之爱鹅”

石上题诗扫绿苔"的意境表现得淋漓尽致。古代文人隐士游览山林泉石，无忧无虑悠然生活的情景跃然画面。另一幅是"羲之爱鹅"，取材于中国东晋时期伟大的书法家王羲之与山阴道士以书换鹅的故事。人物造型准确，章法分明，且线条流畅，浓淡相宜，整幅图画极有生命力。且画家为了使作品更具趣味，除了用红色"加盖"印章外，更巧妙利用手中的画笔，把作品进行"装裱"，用"钉子"将整幅作品"固定"。从而使作品的内容，与"装裱艺术"形式有机结合，真是妙不可言。

■ 图 8－29　位于"六基楼"的"福禄寿"壁图

■ 图 8－30　"谷仓楼"照壁上的"刘伯温画太极图"

清代“谷仓楼”内的壁画神采纷呈。如明代的古建筑照壁上，刘伯温设计俞源太极星象村四幅连环壁画，有一幅水墨与东汉马王堆古墓出土的帛画内容极其相似，画面记叙了大地主奢侈生活的整个过程。在有九重门的“精深楼”，围墙上分真、草、篆、隶四体书法写的诗文，“老子骑牛图”、“松鹤延年图”等水墨，笔法丰润，水平之高如宋元古画。在书法家俞丽霞的故居，草体书写的作品气势飞动，飘逸洒脱。更有一幢建于清朝嘉庆年间的古建筑

■ 图 8－31 “老子骑牛图”

“六基楼”，门楣上巨幅“双狮滚绣球图”色彩鲜艳、亮丽，宛如明官窑“釉里红”瓷器。

■ 图 8－32 “双狮滚绣球”壁图

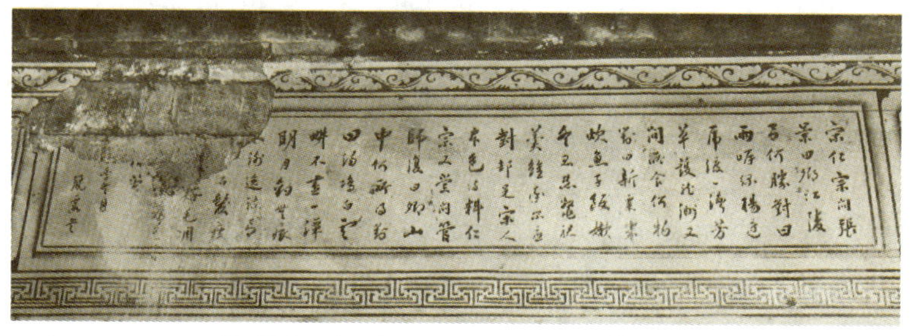

■ 图 8－33　俞丽霞“草书”

三、文艺活动

明朝弘治十七年(1504)，吴桓为俞源俞涓写像赞说：“日用行乐，随所追从。”[40]此处“行乐”应指“琴、棋、书、画”，琴代表各种古代乐器。同代俞缪，在俞川“十咏”中的“松楼玉笛”中，描述了西山皆山楼秋天夜静玉笛演奏的情景，“月照高楼十二层，谁吹玉笛暗飞声，怕传岭外梅花曲，散入秋空韵转清”。[41]明初，俞涞长子善卫建十二间“迎玩堂”，欢迎四方游乐名士。至第六代的后三代，俞姓家族已达一千二百余人。由于俞源是古代处州（丽水）至婺州（金华）的必经之路，商贸繁荣，多代经营积累资金，俞源已成为富裕名村，延续数百年，富而思乐。俞源村历代文艺活动均为原宣平、武义二县边区最活跃的村落。擎台阁、迎龙灯等文艺活动前篇已有详细介绍，在此仅以采风锣鼓班（又称坐唱班）、办剧团为主。经数十位老人追忆，20 世纪初至 40 年代末，俞源有二组锣鼓班。大略可分为后宅（上宅、下宅）的昆曲锣鼓班，经济实力雄厚；前宅的徽曲锣鼓班，经济实力不及前者，规模也较小。

昆曲锣鼓班

九十多岁老人俞叔昌说：“我青年时参加锣鼓班唱戏，唱小生角色。听上辈人说，我们昆曲班是明末与闹龙灯活动同时产生的。”准确年月无法考查，因历经三百多年，俞源数遭劫难，已无文艺活动史料可查。仅从村外发现的文艺资料可知，光绪三十二年俞源永乐会锣鼓班由俞泽茂（小生）、俞洪柏、俞寅、俞维宜、俞经继、俞经绶(正吹)等人组成,详情不得而知。到了20世纪20年代昆曲锣鼓班改称"韶成会",由俞金和、俞碧联(小生)、俞叔初(花旦)、俞洪宾(正生)、俞兴林(正旦)、俞晶均(大花)、俞洪词(小丑)、俞洪栏(副净)、俞天德(老外)、李有堂(老旦)、俞彩文(副末)、俞经传(正吹)、俞清高(副吹)等组成。戏先生毛舍定、祝斋。主要剧本有:《追桃八仙》、《套头八仙》、《九曲珠》、《通天河》、《火焰山》、《金棋盘》、《长生殿》等。折子戏:《牡丹对课》、《赏桂调情》、《打肚产子》、《游台古苏》、《吴王采莲》、《伍员寄子》、《柴荣见姑》、《现龙成亲》等。30年代初,昆曲锣鼓班改称"继承会"由俞叔昌(小生小锣)、俞金连(花旦)、俞经荣(正生、副吹)、俞良涛(正旦)、俞友海(大花、正吹)、俞友法(副净)、俞成品(小丑)、俞法宾(老外)、俞洪如(老旦)、俞经岳(作旦、鼓板)、金益祥(副末)、俞章全(三弦)及戏先生祝斋等组成。

锣鼓班历来采用股份制,每股50斤稻谷,集体研究同意,交股后成为正式会员。古历每年正月十九日会餐一次,会址俞洪如家小厅。由于坐唱锣鼓班属业余性质,仅限农闲季节活动,活动时间短,活动时请人指点,称"戏先生"。祝斋是位老演员,而且后台也很精通,为此在当地是位有一定影响"戏先生"。学戏均在秋收后,农闲的冬季,学习地点放在俞洪如家。时间一个月,戏先生工资由二十多位正式会员平均摊,先生工资每天一元银洋,饭餐会员轮流供奉,以贵宾礼相待。锣鼓班主要为寂静山村添热闹,增欢乐,常年参加红白喜事,演奏、唱戏,而会员家中需要则不请自到。参加每年正月擎台阁踩街活动,自正月初一至正月十六开斋为止,被邀轮流到各堂楼厅演奏,唱八仙及其他戏本。

锣鼓班出屋游大街小巷,演奏行路调(思凡片段),锣鼓琴笛配合,煞是悦耳动听。春节过后,也出村赶庙会,特别是在八月十三日,永康胡公老爷生日,"继承会"会员自带乐器,步行一百五十里,上永康方岩赶庙会。永康人闻老客俞源锣鼓班到达,就派人从老远迎接,热情接待。庙封后,永康县城大店争相邀唱。由永康唱戏后返乡时,路过泉溪、宏阁等村又被知情大户请到家唱戏,接待排场,气氛热烈,喜气满堂。昆曲锣鼓班去一趟永康,就得唱十来天戏，才能回俞源家中。

到1941年，日本侵华已历四年，国家危难，险及家门，国民党79师进驻俞源。“继承会”锣鼓班为了配合抗日，做了很多宣传工作。

徽曲锣鼓班

经多方采访，只查得三十年代的徽曲锣鼓班“同乐会”，而原会全体会员至今全过世。组成人员大部分是前宅人，亦有少数后宅人，以俞姓为主。如前者用参股法组成锣鼓班，每股40斤谷，共20股。其中六股之人入会，从会员成分看，经济条件较前者稍差，文化程度也不如前者高。坐唱人：俞孝芝（小生）、俞其望（花旦）、俞风刚（正生）、俞其茂（正旦）、俞风鸣（老外）、俞君清（老旦、鼓板）、俞良寿（大花）、俞森木（正吹）、俞良富（副吹）、俞良福、楼方（后台）、戏先生舍娜。会址俞良富家中。40年代仍是这班人马，数次研究渴望培养接班人，但仅收得俞孝文、李法德、董银贞三人。而三人只听戏几次，时间短未入门。40年代末，国家进入战乱时期，社会混乱，国民党抓壮丁，恶势力横行乡里，因而停止活动。

“矮子班”

民国十三年（1924），俞洪词、俞经余、俞品均三人合股，接办“胡庆聚班”（昆曲剧团），共同办一年，后二人退股，由俞洪词一人独办。当时俞洪词二十余岁，个子矮小，身高一米五，家财万贯，财富全村排列第二。由于金华地区观众开始偏好徽戏，因徽戏语言通俗，剧情干脆激昂。为此洪词昆曲班经营不到二年，就改办以徽曲为主的“金莲玉班”，又称三合班（能演徽戏、叶扬、昆曲三个剧种）。戏班演员向外地招收，学戏、写戏（即联系演出剧场）、演员出演等一切业务，均由洪词负责。

暑期，前台演员、后台乐队全体人员，都在俞源俞洪词家休养，供饭餐。加上当时社会穷困，票价低，观众少，剧团开支大，亏空多，洪词只得卖田、卖地、卖屋等维持办剧团。承办剧团七年，加之挥霍，将大富之家亏成贫穷之户，因而“败子洪词”远近出名。但洪词对当时活跃农村文化起到重要作用。

戏班演员金锁(花旦)、德金(大花)、元清(小丑)等,后台由肖玉(正吹)等组成。其他剧团成员,由于俞源知情者均谢世,无从查考。

剧目:《金棋盘》、《地藏王扫秦》、《九曲珠》、《通天河》、《火焰山》、《平顶山》、《哑口背疯》等。

演出地点:由于胡庆聚班、金莲玉班当时均属上档次的专业剧团,大部在金华、兰溪、武义、永康、东阳、义乌等县城上演。当然也常在本村演出。以上三演员,解放后曾被武义县婺剧团聘为编导。

春蕾剧社

1949 年古历正月,俞源村俞耀忠创办了春雷剧社。俞耀忠,师范毕业,教过书,喜爱戏曲。受新潮流影响,30 年代,绍兴地区出现戏剧,女扮男装,女子上戏台,打破封建社会妇女不准上台的禁令。出现了绍兴女子戏,以文戏、情戏见长,后发展为越剧。其创新亦波及山城宣平。1939 年,俞葆初随父迁宣城,共创"醒民剧团"。王昌明亦于 1947 年 10 月独创"菲菲越剧团"。对耀忠影响很大,对此感兴趣,于是动员叔伯妹妹、众多姑娘学演戏,耀忠自任戏先生,充当导演。同时向热心戏曲者筹资置乐器,借台阁会扮台阁小演员戏装,创办越剧团,取名"春蕾剧社",百姓称耀忠班。

演员有:俞香荷(小生)、俞香琼(花旦)、俞掌珠(正生)、俞掌芝(彩旦)、俞佳珠(老外)、李叔银(老旦、小生)、俞生菊(小丑)、俞耀忠(大花、副末、鼓板、导演)、汤养棋(琴师)、俞章全(三弦)。

剧目:《蜜蜂计》、《琵琶记》、《临江驿》、《莲花庵》。现代戏有:《血泪仇》。折子戏有:《送花楼台》、《送花八仙》、《打金枝》、《十八相送》。自编自演现代戏有:《肉债》。

地址:上万春堂。

演出地:以本村娱乐为主,同时外出表演,内至西南向陶村、上坦、柳城、马口,外至东北向梁宅、白姆等大村,演了二冬一春。到宣平县城演出,得到观众好评。1950 年底,耀忠班归属宣平县文化馆,耀忠被国家聘为戏改干部,剧社随之解散。

农余剧团

解放后,俞源村成立农会。1951 年,由农会组织俞源农村业余剧团，由会长俞加茂兼管，团长由俞春法任一年，后由俞文清担任。实际业务安排、戏剧导演均由俞耀忠全权负责。剧团办至1953年2月，俞文清报名抗美援朝入伍，俞加茂任团长。前宅另创剧团，称俱乐部（徽曲）。1956年，俞源三宅分别组织三个农业高级社，第三社即前宅，继续支持办俱乐部。农余剧团延续到1957年，仍由后宅二个高级社联办，改名称"文工团"。团长由村党支部书记俞国英兼任。当年春节后执行中央"百花齐放"的文艺方针，统一由县文工团安排管理，陶村班、俞源班、杂技团组成巡回演出队。1966年"文化大革命"开始，随着批"四旧"的发展，文工团自行解散。

农余剧团演员有俞香荷、周宝菊（小生）、章秀荷、李金花（花旦）、俞火文（正生）、俞舍芝（正旦）、俞掌芝（彩旦），俞舍振（副净）、俞生菊（小丑）、俞舍宝（舍振之兄、老外）、李根法（老旦）、俞美娇（作旦）等。候补演员有俞寿仁、俞金火、俞章珠、俞良畴、俞国荣等。

导演：俞耀忠。1954年，耀忠改入所在农业合作社，管理前宅俱乐部。农余剧团改聘徐五连担任，教昆曲。

后台：俞友海（正吹）、俞章贵（副吹）、俞风刚（三弦）、俞增良（鼓板）、俞彭年（戏箱、煤气灯）。

戏种：先越剧后昆剧。

剧目：《梁祝化蝶》、《信陵公子》、《琵琶记》、《拾玉镯》、《莲花庵》。

现代戏：《肉债》、《渔夫恨》。

1951年，首次参加宣平县会演，参演剧目《渔夫恨》获二等奖。从此年年参加县级和区级会演，均得好评。

农余剧团的主要目的是丰富本村文化生活，配合革命运动，故不计报酬，义务演出。为此经常在本村演出，亦被邀出村演出。演出范围，南向柳城曹门、凡井岭头、马口、内河洋、河涧、郑回、上坦、赵村、上周、南源、白岩、大黄岭头、九龙山等村；北向任家坞、项山头、东阳门、石井里、上四保、岩宅、陶宅、下杨等村。

1986年，武义县文化局为搜集全县民族文化遗产，在县城召开陶村、吴宅、俞源三村艺人座谈会，共六位代表参加。俞源由俞叔昌、俞金火二人参加，会上呈献珍藏手抄本戏簿，现由武义档案馆保存。

注　释：

①《俞氏宗谱》，民国三十四年(1945)修，《河间俞氏重修宗谱序》，第6页。

② 俞步升：《中国古村俞源》，内部文献资料，第237页。

③《宣平县志》(第二卷)，《送铁砚先生司教邵武序》，第624页。

④《俞氏宗谱》，2005年修，第108页。

⑤《俞氏宗谱》，2005年修，第109页。

⑥《俞氏宗谱》，2005年修，第109页。

⑦《俞氏宗谱》，民国三十四年(1945)修，第579页。明招文化是1600多年前吕祖谦在明招山讲学以后出现在武义大地上的一朵文化奇葩。它的出现是古代武义从单纯农耕文化向耕读文化发展的一个历史转折点，标志着武义儒家文化新的起点的开始。它涵盖了古代隐逸文化、禅宗文化、儒学文化以及酒文化。南宋，吕祖谦进入明招山，创立了集上述文化精华的"婺学"，明招山也因此在当时理学阵营中成了一面鲜艳的旗帜，从而奠定和完成了明招文化形成的全过程，使明招文化更具生命力，也更具有鲜明的地方文化特色。详见武义县政协文史资料室编《吕祖谦与浙东明招文化》，社会科学文献出版社2006年版。

⑧http://www.wenbifeng.com/bbs1/dispbbs.asp。

⑨《俞氏宗谱》，2005年修，第102页。

⑩ 何德润(1838—1911)，字君慎，号芰亭，武义南湖人，他18岁补博士弟子员，36岁考取拔贡，49岁考取八旗官教习，未仕，终生从事教学和著述，著作甚丰。其中，最有价值的是光绪二十六年(1900)成书的《武川备考》，积二十年辛劳，填补了武义近百年历史记载的空白。

⑪ 俞松发：《松楼笛韵》，内部文献资料，第135页。

⑫《俞氏宗谱》，2005年修，第44页。

⑬ 俞松发：《松楼笛韵》，内部文献资料，第6页。

⑭《俞氏宗谱》，2005年修，第46页。

⑮《俞氏宗谱》,2005年修,第46页

⑯《俞氏宗谱》,2005年修,第46页。

⑰《俞氏宗谱》,2005年修,第47页。

⑱ http://zhidao.baidu.com/question/13970945.html。

⑲《俞氏宗谱》,2005年修,第474页。

⑳《俞氏宗谱》,2005年修,第49页。

㉑ 俞松发:《松楼笛韵》,内部文献资料,第108页。

㉒《俞氏宗谱》,2005年修,第49页。

㉓《俞氏宗谱》,2005年修,第49页。

㉔《俞氏宗谱》,2005年修,第50页。

㉕ 俞松发:《松楼笛韵》,内部文献资料,第69页。

㉖ 俞道坚归故里后,在村边兴建了静学斋,用以招待文友,吟诗作赋,颐养天年。苏公伯衡又为之著《静学斋》一文,作为《江山息兴图卷序》的姐妹篇,"参互而观之"。

㉗《俞氏宗谱》,2005年修,第52页。

㉘ 同上。

㉙ 同上。

㉚ 同上。

㉛ 以下根据俞步升提供的史料整理而成。

㉜ 俞步升:《中国古村俞源》,内部文献资料,第136页。

㉝ 同上。

㉞ 黄老《心经》略说,http://www.fosss.org/basic/ks.htm。

㉟《九阴真经》,http://post.baidu.com/f? kz=52440635。

㊱ 俞步升:《中国古村俞源》,第152页。

㊲ 俞步升:《中国古村俞源》,第100页。

㊳ 此故事在俞源民间流传,无据可考。

㊴ 黄伟林:《孔子的魅力:重温孔子圣迹图》,广西师范大学出版社2006年版,第9页。

㊵ 俞松发:《松楼笛韵》,内部文献资料,第104页。

㊶ 同上引用,第91页。

第九章　总结与反思

王仁宇先生曾说：村落是民族文化的源头和根基，保护古村落就是保护荷载各种历史信息的真实遗存，是保护一段看得见摸得着的老百姓自己的历史。[①] 古村落不仅是传统文化的载体，而且是当时代社会的缩影。随着历史的前进，古村落也在不断变革以适应社会发展的需求，但其变革往往具有迟滞性。就现代社会而言，古村落发展的迟滞性更多地体现为传统居住环境与现代化生活方式之间的不和谐性。因此，从文化视角探讨古村落的保护与发展，是一种和谐的、可持续发展的观点。本章以俞源古村落为例，着力于俞源古村落的价值分析及可持续发展的保护与发展研究，从文化视角剖析古村落开发中的各种问题，探讨古村落资源开发与利用的基本对策。

第一节　俞源古村落的历史与现代遭遇

“村落是聚落的一种基本类型，是指长期生活、聚居、繁衍在一个边缘清楚的固定地域的农业人群所组成的空间单元，是农村政治、经济、文化生活的宽广舞台。”[②] 尽管中国的传统乡土聚落在过去一个多世纪中屡次遭受严重冲击，但具有百年以上历史的俞源古村落未受到毁灭性打击。俞源古村落至今保留着完整的、具有地域与民族特色的村落风貌，包括建筑结构形制与布局、传统生活方式以及文化风俗、习惯等极其丰富的历史文化与艺术信息。

从20世纪80年代开始，俞源古村落所具有的历史、文化以及艺术价值逐渐被人们所发现、认同与挖掘出来。俞源古村落凭

图9-1 深厚的文化积淀吸引了大学生来俞源写生

图9-2 古老的俞源小巷

借其独特的建筑风貌、重要的历史价值、深厚的文化积淀、特有的古韵氛围，逐渐成为我国旅游业中独具魅力的新市场。但与其他旅游点的开发一样，由于大多数人只重视古村落开发中的“经济”价值，过度的不合理旅游开发不可避免地给古村落带来了诸多负面的影响，因而使俞源古村落的进一步开发面临种种问题。

1. 旅游开发与古建筑保护之间的矛盾。1998 年 10 月，俞源村正式对外开放，游客猛增，如何避免因受经济效益驱动而破坏原有古村落文化，日益成为俞源人亟待解决的新课题。首先，由于人力、财力及能力等原因，俞源村对旅游开发的力度不大，层次不高。到目前为止，仅仅停留在对部分史料和传说的搜集和整理方面；旅游项目单一，旅游点偏少，主要只是古建筑参观，游人的参与性较差，旅游产品的吸引力总体偏低。旅游管理能力与旅游发展不平衡，造成了游览面积过小与游客量过大的矛盾，使游客在旅游旺季过于饱和，旅游压力明显。其次，俞源古村的管理制

图 9-3　仍有不少村民生活在古建筑中

度不统一。民居开放缺乏统一管理，只要征得住户同意，便可进院参观。旅游资源开发缺乏统一规划，主要表现为旅游点少且分布零散，不成系统，旅游产品单一，配套设施跟不上，没有明确的旅游项目建设内容及分期规划，管理、经营组织不明确，旅游开发的随意性较大。这样，容易导致旅游业发展陷入方向不清、重心不明、目标不定的被动状态之中。再次，未能处理好保护与开发的关系。古村落是一个活的有机体，仍居住着一定量的居民，保持着一定的社会生活。由于生活方式的改变，人们生活水平的逐步提高，对传统建筑的使用有许多不满意之处，古民居面临着拆毁和改造的压力，遗产的真实性受到严重威胁。少数居民缺乏保护意识，新建、改建、扩建或使用新材料、采用现代风格、改变原有结构等现象突出；少数古民居改变用途，破墙开窗用作旅游商业用房，破坏古村落原有风貌，与传统风貌显得很不协调。

2. 旅游开发与环境保护及基础设施建设之间的矛盾。近年来，俞源村的公共设施得到很大改善，村内道路、电视、通讯等基础设施基本到位，以旅游开发为中心的商业服务业和运输业得到一定发展。部分巷道青石板年久失修、排水不畅、垃圾侵袭、生活

图 9-4　俞源旅游公司

污水自由排放等问题已基本解决。2004 年，浙江省开始了“乡村康庄工程”建设，在武义县和俞源乡的关怀支持下，俞源村对通村公路进行了扩建，目前 2 公里通村公路完全成为沥青路，村庄内主要通道也由原来的泥石路改成水泥路。村内的卫生环境也得到了全面整治，“三清三改”(清垃圾、清污泥、清路障，改水、改厕、改路)极大地改善了村容村貌和农民生活。同时，对贯穿全村的两条溪流进行了清污，组织专人负责垃圾处理和环境卫生管理，居住环境实行了亮化、绿化、美化。结合“千万农民饮水”工程，俞源村还对修建于 20 世纪 80 年代的村民饮水工程进行了扩建维修，现在全村用上了卫生安全的自来水。但必须看到，随着旅游业的进一步发展，俞源村面临着突出的环境保护问题。旅游业发展导致商业网点大幅度增加，特别是在主要旅游线上开设的各类商店及装修，与古村落的整体环境相比显然是不和谐的。建筑用途的改变，既破坏了原有民居的格局，更破坏了整个古村风貌。

游客增多带来经济效益的同时，也不可避免地带来一些旅游公害。同时，由于古建筑绝大部分属私人所有，游客和居民的矛盾也在所难免。特别应该重视的是现代化防灾设施建设问题。由于古建筑均为木结构，建筑密度很高，道路狭窄，防火能力薄弱，而且古村落供电线路老化现象严重，极易引发火灾，对古民居

图 9－5　整洁的村道及生态公厕

产生极大危害。古建筑内部木质材料受白蚁侵蚀较为严重，部分古建筑因此而倒塌、毁坏。在 1984 年至 1995 年间的十余年时间里，俞源共发生了 12 次火灾，烧毁古屋 54 间。③

图 9-6　改善中的生活环境

第二节　俞源古村落资源开发与保护的文化基础

对地方文化资源的挖掘、整理与保护加大力度、提升水平，是提炼地方文化特色、进一步扩大旅游市场，从而使这一文化得以保存、传播与传承的有效途径。俞氏先辈们在历史上创造了灿烂文明，其建筑结构形制与布局、传统生活方式以及风俗习惯等等，内涵丰富，底蕴深厚。所有这些，都为俞源古村落的保护与开发提供了坚实的文化基础。

1. 以“耕读”文化为主的、淳厚的民风民俗展示了俞源古村的文化渊源。科举文化是俞源古村文化中不可或缺的一部分。俞源俞族素有读书风气，一致崇尚教育，历代书香不绝。“在宗法制的传统农村里，根深蒂固的生活理想是‘耕读传家’。耕是生活之本，读是农民攀登社会阶梯的唯一道路，科举的道路。教子弟读书，是宗族共同的大事。”④据谱载，明清两朝，俞源俞姓考中秀才以上功名者达293人；出过尚书、大夫、进士、抚台、知县、举人等260人。区区俞源，弹丸之地，能出如此多的人才，从中不难看出俞源人对读书受教育的重视。此外，俞源民俗文化也十分丰富，涉及古建、饮食、文学、台阁、龙灯、戏剧、婚嫁、丧葬等民俗文化。据不完全统计，俞源至今流传着70多种民间传说故事，如琳宫春梦、一风飞走、二龙戏水等。

2. 和谐的自然景观和人文景观展示了俞源古村富有魅力的旅游资源。俞源古村落布局奇异，充满神奇。据考证俞源村是明朝开国帝师刘伯温“按天体星象排列”设置的村落，村口设有直径320米、面积120亩的巨型太极图，村庄内主要的二十八幢古建筑是按天空中的星座排布的，村中还有防火、镇邪用的“七星塘”、“七星井”，体现了人与自然和谐相处“天人合一”的理想境界。

图9-7 七星楼远眺

图 9-8 精深楼远眺

俞源保存了大量完整的明清古建筑，以多、全、精、奇著称。据初步统计，俞源村古代民居 395 栋，构成了 50 多座较为完整的古民居建筑群，占地约 34000 平方米。从单体看，许多建筑结构合理、科学，且大多具有较高的艺术价值。俞源名胜古迹甚多，有始建于南宋的圆梦胜地"洞主庙"，建于元代的"利涉桥"；全村共有明代古建筑 1072 间，包括民居、宗祠、店铺、庙宇、书馆等。古建筑体量大，做工精致，墙上壁画保存完好，木雕、砖雕、石雕精细，巧夺天工，将实用性与艺术性完美地结合在一起，并与建筑主体结构完美融合，独具江南风格。有"处州第一祠"之称的俞氏宗祠，柱粗础大，真砖铺地，阴阳栋梁，祠前旗杆排列。神奇的是俞氏祠堂自建造以来，从未见有白蚁侵蚀，也没有蜘蛛结网；洞主庙更是充满传奇色彩，对其由来虽众说纷纭，但却始终是古代俞源人祈神保平安的处所。

3. 璀璨的名人文化展示了俞源古村深厚的人文底蕴。俞源历史名人荟萃，流传着许多文人的故事。今天俞源人津津乐道地传诵着诸多俞源与刘伯温的传奇故事，说明刘伯温曾与俞源有过密切的交往。宋濂、章溢、苏平仲、冯梦龙、凌濛初等名家与俞源有着不解之缘，其中明翰林院士苏平仲撰写的俞源《皆山楼记》被载入《四库

全书》,有关俞源的许多故事被编入《二刻拍案惊奇》和《中国情史》。现存写俞源的古诗百余首;俞源曾出过画家、书法家、医术家。起源于明末清初的大型民间文化活动"擎台阁"流传至今。

■ 图9-9　俞源下桥

■ 图9-10　村景一瞥

第三节　俞源古村落资源开发与保护的基本对策

1. 以文献资料的进一步整理为核心，大力挖掘传统文化资源，加快文化资源向文化资本的转化。

文化资源“是一种特殊资源，指的是特定时代、地域人群的文化资料的天然来源，它包括历史资源、民俗资源、知识资源、信息资源等。文化资源蕴藏在历史文化传统之中，存在于社会文化现

■ 图 9-11　修缮中的六峰堂

状之中，弥漫在整个物质生产、精神生产的创造过程之中”⑤。在文化资源的整理及由文化资源向文化资本转变的过程中，政府要逐步建立古村落文化遗产保护档案，对古村落、古建筑实行分级保护，对不同价值的古村落、古建筑制定详细的保护档案，分等定级，运用微机进行管理，跟踪其变化情况，及时采取相应的保护措施。同时做好对古村落文化的研究和展示工作，对具有历史文化价值的古建筑采取相应的保护措施，并通过相应的鼓励政策，大力推进文化资源转化为文化资本。从俞姓始祖迁入俞源，俞氏先辈们在这里创造了灿烂的村落文明。它的一砖一石都极富人文色彩，每一条古巷、每一幢古宅都有讲不完的故事。神秘奇特的村落布局，巨型太极图，按星座排布的二十八幢古建筑，防火镇邪用的“七星塘”、“七星井”等所体现的“天人合一”的理想境界；完整的古民居建筑群，俞氏宗祠、洞主庙、古建筑壁画等文化遗迹，独具江南风格，富有独特的历史人文价值；浓郁“耕读文化”色彩，更体现了俞源古村丰厚的人文积淀。所有这些说明：俞氏祖先为俞源人留下的丰富的文化资源，内涵深、品位高。如何将这些文化资源转变为文化资本，是摆在俞源人面前的现实课题。贾松青

图 9-12　七里塘

先生在《论文化资源转变为文化资本的现实途径》一文中提出的原则和途径给人们提供了许多有益的启示：一是要遵循效益、优先、创新、持续等基本原则；二是将文化以思想资源、智力资源的形式直接渗透、融入到经济活动之中，以增加和体现文化附加值的形式将文化思想和智力智慧转变为经济价值；通过管理来体现文化，通过管理来提升效益、来铸造品牌，把经济文化化、人文化、科学化、管理化。

2. 找准切入点，在保护与传承的有机统一中更好地弘扬俞源文化。

俞源古村落文化的保护和传承需要找到一个切入点，这种切入点对文化的弘扬和传承具有根本性的意义。如 1988 年，北京大学的谢凝高教授在《楠溪江风景区规划》报告中，从历史文化地理的角度，探讨了“楠溪江风景区的农村耕读文化”和“永嘉农村文化研究——历史、演变与时代背景”，这就揭示了以“耕读文化”为主体的楠溪江一带古村落的特有的乡土文化气质。再如刘沛林在《宋明文化村落比较研究》、《传统村落选址的意象研究》、《论中国历史文化村落的“精神空间”》、《古村落：和谐的人聚空间》等论著中，也揭示了乡土文化的形成、特点及景观构成。我们认为，挖掘出俞源的古村落特质，是今后俞源古村落文化保护和传承的基础。俞源既可以打浙江的牌，也可以打吴越文化的牌。在此基础上，建立有效保护与合理开发的机制，有效地整合利用俞源文化资源，开发并打响一个在市场上具有竞争力的文化旅游品牌，最大限度地盘活文化与旅游市场，使文化与旅游业达到共赢。

3. 依法管理，制定、完善和健全古村落的开发规划和保护制度。

依照国家和浙江省所颁布的古村落、古民居保护管理办法等法律规章，对俞源古村落严格进行科学管理，明确俞源古村落保护范围内所有建设活动均要求按法定程序办理报批手续。及时编制古村落历史文化保护区的控制性详细规划，具体明确保护、整治、更新的区域和范围，明确具体实施的政策和措施，如核心保护区，要严格限制室外装修和改扩建，严格限制其功能转变；建设控制区要严格限定改造区域，严格保存古村落原有的肌理，严格限定拆迁范围，严格建筑高度、风格、建筑色彩、建筑密度、容积率等控制指标，严格控制改造速度；加强古村落的活力，保持社区的稳定等。将古村落的规划管理纳入县一级规划管理范围，对古村落的主要建设活动须经过县级规划行政主管部门会同文物等部门组织专门小组审查，并报古村落保护委员会备案。制订乡规民约，约束村民无序的建设行为，提高村民保护的意识、热爱遗产的意识。保护古村落并不意味着拒绝发展。现代化建设是经济社会发展的需要，但是不能以牺牲环境为代价，更不能等到经济发展到一定程度后，再反过来对因经济建设破坏了的东西进行重新修复。在调查中我们发现，俞源村到现在还没有一个完整的村落发展规划，这对即将开始的新农村建设中古文物的保护将是很不利的。所以，当务之急是尽快制定一部村落发展的长期规划。

■ 图 9－13　明代建筑

5. 多元投入，提升素质，理顺关系，确保古村落开发保护工作的正常运作。

保护开发古村落必然要投入巨资，并非一家一户力所能及。首先要广开投资渠道。当地政府、村级组织及个人、外来投资者多元化的投资一起来开发保护古村落。其次，政府可以建立古村落保护专项基金，接受各种捐款、拨款、集资、管理税费，保证

■ 图 9－14　居住在新老建筑中的俞源村民

古村落保护的正常运作,各级财政每年安排一定比例的资金。第三,成立各级保护协会,由古村落各产权所有者、管理部门、文化团体和热心古村落保护事业的人士等参加,同时聘请有关专家、学者担任顾问,指导保护和发展。第四,要培育稳定的古村落保护管理人员和古建筑修缮队伍。对古村落保护管理人员实施定期培训制度,培养稳定的技术管理队伍,保证古村落的保护性建设按照规划要求进行。同时对参与古建筑修缮维修的设计施工队伍进行资格审查,确保古建筑的维修在专家指导下进行。

在调查中我们发现,村民对发展旅游积极性不高,主要是因为管理体制不顺。目前,俞源的旅游开发直接由乡政府成立的旅游公司管理,村民自己没有管理权,乡政府每年只补给村里两万元资源费。所以,当前要着力改变由乡政府经营管理的体制,将权力交还给村民。村民可根据村民代表大会的选举成立村民股份旅游公司,让村民持有资源股,年底分红。可按市场经济的公司运作方式,旅游公司可委托或通过招标的形式选取自己的经营管理者。让村民感到保护古村落与自身利益息息相关,从而真正认真、自觉地保护好古村落的旅游资源。古村落保护不能仅仅依靠政府,也不能为了保护而保护,这就必须把当地人的利益纳入保护开发计划中,而不是把他们视为被动的制约对象。

总而言之,古村落必须抓住机遇,充分利用其村落环境优美、文化底蕴深厚、文物遗迹众多等特点,以创文化特色和文化品牌为目标,正确处理好开发与保护、经济效益与社会效益、当前利益与长远利益等关系,从而促进经济和社会的全面、协调和可持续发展。

第四节　俞源古村落的可持续发展之路

在过去的几十年中,不论是发展中国家还是发达国家同样面临一个严峻的挑战,即如何来有效缓解或者遏制乡村地区不断衰退的社会经济。是否仅仅通过古村落的乡村旅游才能有效促进乡村经济增长并成为创造就业的源泉？我们如何处理好发展俞源古村落的经济与古村落保护的关系？我们认为，俞源古村落经济发展具有后发优势。通过这些后发优势的挖掘发挥，俞源古村可以实现可持续发展。

一、区位优势

在“都市圈”背景下，村落不再是独立的单元，而是处于区域循环的交流圈甚至更大的范围之中。俞源古村落要从区域经济、交流地位分析发展策略，认识自身发展的区位优势和制约因素。在“都市圈”背景下的发展战略，应该是以区域发展为前提，以接受核心城市辐射为途径，以创优区位环境为手段，吸引周边地区生产要素，增强综合实力和发展后劲。俞源古村落区位优势是明显的。如其所在的地区是金华，是物流中心，沿重要公路干线、铁路干线，还有义乌小商品城，有利于古村落周边城镇空间规模的扩张，对人口、经济要素的集聚能力强，从而带来人口、建筑、商业的集聚和人流、物流、商流、信息流、资金流的频繁交汇，使村落经济得以有益的发展。

二、地域文化优势

受自然因素和人文因素影响，我国形成了丰富多彩、风格迥异的地域文化，如“山水清佳、风气朴茂”的吴越文化，“地域辽阔、热情奔放”的草原文化等，历史遗迹、历史人物、历史典故等都是小城镇最珍贵的历史文化遗产。俞源古村落蕴含着有别于其他地区的自然地理风貌和社会民俗风情，构成了村落的地域文化特色。俞源古村落的文化优势没有得到充分发挥，主要原因就在于扩张的媒介。一旦与经济的发展接轨，其文化价值就会体现出来。俞源古村落要善于发展城镇文化的开放、兼容、集约、重商、冒险、开拓等性质，城镇文化越开放，人们就容易吸收新事物、新知识、新观念，敢于实践和创新，经济也更容易与国际接轨。

三、生态优势

俞源古村落有比较好的生态优势。按生物学边缘效应的说法，在“某一生态系统的边缘，或两个或多个不同的生态系统或景观元素的边缘带，有比某一生态系统内部更活跃的能流和物流，具有丰富的物种和更高的生产力”。⑥同时，现代生态学许多有关研究表明：“一个森林生态系统，其边缘（林缘带）往往分布着比森林内部更为丰富的动植物种类，具有更高的生产力和更丰富的景观；许多鸟类在乡村、居民点、城郊、校园等自然和人工生态系统邻接处，其种类、密度和活跃程度都远比在人迹罕至的荒野、草原或单种森林更多更大”⑦，再如“海陆之交的盐沼是地球上产量最高植物群落之一。森林边缘、农田边缘、水体边缘以及村庄、建筑物的边缘，在自然状态下往往是生物群落最丰富、生态效益最高的地段”⑧。后发地区的边缘环境能提供最丰富的生存所必需的物质、能量和信息，人和许多动物都需要在多种生态系统中寻求食物和庇护，所以，多个生态系统的交界地带，往往是其生存和发展的最佳环境。俞源古村落要保护好生态系统所体现的为人类提供服务的能力。村落生态力就是村落的发展力、竞争力，它直接影响村落在未来空间能否永续存在和发展。要保护好自然生态环境和历史人文环境，对已经破坏了的要采取措施，逐步恢复其活力。

图 9－15　浓密的山林、优良的生态

图 9-16　梦山亭远眺

注　释：

① 姚静：《走近世遗会：寻访苏州历史遗存——古村落》，http://news.sina.com.cn/o/2004-06-21/14192866192s.shtml。

② 詹静：《古村落及其土地制度变迁研究》，http://economy.guoxue.com/article.php/10463。

③ 俞松发：《松楼笛韵》，内部文献资料，第 148—149 页。

④ 陈志华：《乡土中国：南溪江中游古村落》，三联书店 2003 年版。

⑤ 贾松青：《论文化资源转变为文化资本的现实途径》，http://www.sss.net.cn/ReadNews.asp?NewsID=5000&BigClassID=10&SmallClassID=27&belong=sky。

⑥ 俞孔坚：《从〈易经〉看生态系统的边缘效应》，徐道一、段长山主编：《周易与现代自然科学》，中国社会科学出版社 1990 年版，第 320—331 页。

⑦ 陈敏豪：《生态文化与文明前景》，武汉出版社 1995 年版。

⑧ 俞孔坚、李迪华、吉庆萍：《景观与城市的生态设计概念与原理》，中国园林出版社 2001 年版。

附录：俞源文献选

一、古诗

据俞源俞氏宗谱统计，多位知名人士在俞源活动过，与俞源有密切关系的外地名人，除明朝一代人豪刘伯温、开国文臣之首宋濂外，章溢、严讷、冯梦龙、凌濛初、罗伦、曹宏勋、于敏中等名家也曾涉俞源与当地文人吟诗作对，纵情修禊。如《俞氏宗谱》、《武义县志》所载，明代俞源名士俞文固所藏名画《江山息兴图》，便有包括文学家苏平仲在内的几十位名人在画上题过诗。可惜此作下落不明。明朝文学家苏平仲所写的《皆山楼记》等文章，被载入清乾隆皇家编纂的《四库全书》。明代著名小说家冯梦龙、凌濛初等，将俞源有关人物写成脍炙人口的传奇故事，编入其所著《二刻拍案惊奇》、《情史》等名著。民国至"文革"前，有关俞源的古代诗词，据资料统计总数已达一千多首，如明代俞源俞涞与其四子善卫、善麟、善诜、善护，孙子俞道坚等皆有诗集著述留世。至今从残本道光版(《俞氏宗谱》)载录出文人墨客们咏写俞源的"十咏"、"八景"和其他事物的古诗就达一百多首。这些古代名人诗词一直束之高阁，从未在民间广泛流传，而一旦面世，则如凝固的音乐，清纯的美酒，散发着中华古老文明的光彩。

古村俞源先人遗下的古诗词有200余首，从形式上看可分为咏景、题赠衣赞、序传、祝寿、哀挽六类。内容主要涉及俞源的自然风光、耕读文化、公益事业以及田园生活。时间包括明、清、民国三个时期，作者有官员、名士、本村的书香学子以及亲朋故旧等。

俞源的文人们和与俞源有密切关系的文人雅士们的诗作，有的放纵如李白，有的忧国忧民若杜甫，更有的回归自然似王摩诘。明代尚书俞俊《咏俞源八景》写道："有客何处来，示我俞川图，俞川之图谁所摹，笔花墨汁犹模糊。双溪九陇环而抱，云可耕兮月可钓。翠草凝香黄犊肥，银波弄影金鱼跳。何以豁凝眸，暮雨西山罩。龙宫瀑挂玉虹寒，雪峰日射金鸡晓。何以洗清耳，秋岭孤猿啸，一泓激溜涌潮音，几杵疏钟振林杪，俞君自是人中龙，早从此处巢云松，诰气英风出尘表，峨冠博带承恩隆。为爱家园好风景，遂弃功名乐天命。山山水水尽登临，笑椅栏干自题咏。我亦烟霞林下客，失脚红尘归未得。每忆当年读书处，对此丹青空叹息。括岭苍苍云树深，括川渺渺烟波碧。个中八景实堪夸，我欲寻之杳无迹。不如吸饮松花酒，啖以蟠桃实醉来。袒跣一挥毫，蛟龙奔腾神鬼泣。尚待风清月白时，借我仙人鹤八只，飞上君家八咏搂，笛声吹裂苍崖石。"

又如明代名士俞世美咏俞源"仙云秋猿"，诗写道："凉风萧飒寒云静，嗷嗷哀猿报早秋。引臂倒悬山木杪，呼儿又过水西沟。征夫落日三声泪，思妇深闺五夜愁。岂识尔曹原自得，不随人世共离忧。"又如俞源地理名家俞缪的《俞川十咏》之"虹桥柳色"诗："虹桥春色东西渡，杨柳千川一望新。弱态不禁疏雨醉，柔枝轻染暮烟匀。影垂清昼移朱户，翠倚东风指画轮。袅袅偏临行别道，离人错认古园春。"状元罗伦《题俞源团峰主人图卷》诗："主人风节比峰高，峰下幽亭乱着茅，石塌卧龙含暮雨，瓦盆留客簇山淆。松围茶灶烟垂荫，竹压柴门露滴梢。误向红尘问消息，归来林壑莫相嘲。"

又如钱塘名士夏时《题俞文固〈江山息兴图卷〉》诗："十年足迹半天下，万里风霜两鬓秋。元亮归来三径菊，鸱夷老去五湖秋。江风山月不须买，金马玉堂非所求。客至抛书共谈笑，取鱼沽酒足诚游。"

又如表现隐士生活的俞源名士俞凤鸣《六峰馆消夏睡起》诗："何用纱厨避赫曦，藤床竹簟恰相宜。窗前莫问初庚伏，枕畔还吟

末了诗。鸟被树迷当户唤，云如人懒出山迟。陶然自领曦皇意，蝴蝶庄周两不知。”

再如晚清武义名宿何德润咏俞源藏书楼《桂林轩·志感》诗："频年向此借荆州，风雨晦明读未休。三万牙签依旧在，无人更上曝书楼。邺架无签劳我检，曹仓不钥任人开。只今转忆当时事，花影斜阳落碧苔。”

俞源大量的古诗充分说明：古代的俞源村，读书之风盛行，文化繁荣。

古诗词选辑

据谱载，清顺治、康熙二次兵燹，原收藏的诗词一部分已遭损失。现留存下来的 200 余首诗词是清康熙十九年和民国十四年两次葺谱、收拾整理而成。这里择要选辑，作扼要介绍。

咏景篇

俞源八景和十咏最为有名，有专节“古村落人文景观”已经详细表述，这里不再赘述。

题赠篇

明洪武年间，俞源游子俞道坚，在外游历十载后由陕西返回家乡俞源，这里辑录的是各地官员、名人学士的题赠的部分诗作。又建静学斋和给息兴图的题赠。

飒飒西风陇树秋，又骑归马向东游，
半生志气冯谖铗，万里风云季子裘。
漠漠青烟林下店，潇潇红叶驿边楼，
相思一别知何处，遥望龙光射斗牛。

金华贡士　马复

琪树潇潇似近秋，天涯游子赋归休，
咸阳渡口移桡过，华岳山前策蹇游。
夜雨射庭芳草合，西风亲舍暮云愁，
莫忘分袂恰吟处，修竹青青渭水头。

凤翔教授　季原美

昔日峡山彩凤鸣，今从此地送君行，
秦原漠漠烟光远，汉陇迢迢云树平。
百二山河俱在望，六千道路总关情，
遥思此去归家日，堂上春风戏彩荣。

眉邑邑令　刘道铭

江海波涛日夜生，扁舟一棹好归耕，
石田茅屋依然在，明月无边谁与争。

永嘉进士　刘永章

黄粱一觉便知休，何用长怀千岁忧，
宠辱不干良自得，养鸡种树自优游。

翰林院校书同郡　吴廷桓

劳生扰扰几时休，万顷江波驾小舟，
□芥功名终有累，浮云富贵底须求。
放翁诗酒谁能似，元亮襟期孰与俦，
举世桔槔何足美，且将吾道付沧州。

国子监助教江右　张干

十年足迹半天下，万里风霜两鬓秋，
元亮归来三径菊，鸱夷老去五湖舟。
江风山月不须买，金马玉堂非所求，
客至抛书共谈笑，取鱼沽酒足优游。

河南布政使钱塘　夏　时

绛阳送别卷

按：俞友闻，俞氏十世孙，名札，字友闻。读史通经，才学出众，时遇不举，改研阴阳术数，接交贤豪，走遍天下。其舅金华魏廷仪曾与绿府长史谢森同官王室，咸化十五年俞友闻北抵山西，拜谒谢森，经谢森举荐晋见贤王。贤王探问江南风情，友闻对答如流。当贤王得知友闻家世后(即浙之括苍贤达俞涞的后代),倍加赞赏,欲留其辅佐。友闻以父老推辞,在绛三月余告归。贤王为表达对江南括苍贤达俞涞的厚爱与赞赏,置酒赠诗惜别并命谢森作《绛阳送别卷叙》,王室官员也都作诗赠行。共留存赠诗十二首。现辑四首。

车骑纷纷远送君,俪驹声迭岂堪闻,
一杯饯别河东酒,千里相思浙右云。
旆返金华添喜色,人从绝郡念离群,
临歧莫厌重留恋,为惜情多不惜分。

刑部尚书　何文渊

浙江东渡指西陵,万迭天开紫翠屏,
棹得轻舟归旧隐,夜深光动少微星。

长山迂叟五

水绕山环壮霸图,越王渐渐已平吴,
个中贤相先知退,早挂征帆出五湖。

四明进士　郑　真

群山迭迭接西陵,水色山光一片凝,
绿树微含青嶂雨,翠香半出白云层。
菊松偶动陶潜兴,花脸犹关张翰思,
此去莫忘鸡黍约,来年期在早秋时。

工部侍郎瑞安　卓　敬

皆山图卷

按:俞氏六世祖俞善卫,号皆山,曾在村西山上建造了皆山楼。皆山居士谙文墨喜交游,雅志清修,不求闻达,当时士大夫赠诗很多,大多已毁于兵火,现留存的仅三首。

盘谷不知何处山,君家真是万山环,
百杯春复酒怡老,一枕日高天趣闲,

水墨残巾藏措大，江湖前梦说邯郸，
技图一笑逢摩诘，北畔南宅欲往还。

江右状元　罗　伦

山拥云门锁翠烟，西陵潮落夕阳边，
风帆一片归何处，定是当年范蠡船。

黄岩终修　王叔英

重重围紫翠，翼翼松楼新，
池小还容月，峰高不碍云。
敲棋惊宿鸟，扶菊倒芳樽，
但得个中趣，从他秋复春。

义乌都给事　龚　泰

团峰图卷

按：俞源七世孙处士俞胜宗，号团峰，通文墨，隐德重于公卿，明永乐年间在村南傍山造了团峰亭，交游四方游玩之士，赠诗多佚散，仅存三首。

四合青山喜结茅，乾坤都在此中包，
日披着老萝阴薄，不怕风高秋气号。
阶下草香炎帝药，窗前梅影伏羲爻，
朱甍大厦虽深厚，得似南阳此老高。

江右解元　刘子钦

团峰风景四时兼，峰下草亭三尺格。
中有佳人不知姓，乾坤千古作清廉。

江右状元　罗　伦

主人气节比峰高，峰下幽亭乱着茅，
石榻卧龙含暮雨，瓦盆留客簇山肴。
松围茶灶烟垂荫，竹压柴门露滴梢，

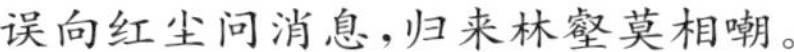

误向红尘问消息，归来林壑莫相嘲。

江右状元　罗　伦

送苏溪尹宜黄

按：苏溪即俞世美，明隆庆任江西宜黄县令，赠诗颇多，毁于兵火留存的仅一首。

长安新雨霁，草色漫芊芊，
为惜郎官别，时开伐木筵。
颂声蜚泽国，剑气薄星躔，
宁候双凫鸟，何时觐日边。

诚意伯（刘基）同郡刘世贤

像赞篇

按：古时俞源较为富裕的人家，长者年届四五十岁就请人画像题诗留作纪念，赞诗的作者一般都有一定的身份。现辑八首。

（始祖俞德）行二十二府君，字处约，南来教谕

貌古而壮，神清而彻，颖脱于乡，教孚于越，通尔不污，和而有节，宅心宽平，敦厚清洁，克开后昆，丕承前烈，噫喜，若人惟时之杰，余为之赞，惟以补丹青之缺。

元统元年金华　许　谦

（四世祖俞仍）行元八，元朝处士

状貌疏鄙，浊中之清，衣冠粗陋，简中之精。身体贤杰而患不足，心研经史而忧匆明。知之者以为朴直之资，不知者以为耿介之形。语焉，惟默交而寡伦，斯人也，唯迂叟以识其情。

至正二年进士永嘉进士　王承颜

（五世祖俞深）行敬一，字巨川，号二泉，元朝处士

结庐人境而无车马，竹冠野服栖迟其下，我求其人其渊明之流亚乎！不知采菊东篱，仰见南山，悠然此中，其意能俾原善之与

我言乎，吾方将歌归来之辞，以寻五柳于人间矣。

青田　刘　基

（六世祖俞善卫）行卫一，字原善，号西峰，元朝处士

冰霜操行，风月过游，积而不累，爱而能周，布衣蔬食，愈励愈修，锦修过梁，不愿不求，鼓华山之风咏，挹丽水之清流，噫，不有先哲孰开我俦。

无为子

（六世祖俞善护）行卫七，字原吉，号皆山，元朝处士

历阅尘世之事，笃亲高迈之贤，咏风雅而乐矣，视浮利以昭然。蔬食每甘放分足，布衣匆屑提奇研，似华山之俊逸，播东岭之芬联，伟哉！君子振振其德，扪扪其传。

无为子

（七世祖俞胜宗）行恭十二，字文献，号团峰，明永乐处士

昂然其躬，蔼然其容，退而不止，嗅雪哦松，其处众也，以宽其持己也，以恭澳妄嫉其固，善类悦其公，们似兹硕士诚无添文献之家风。

成化十年　翰林博士吴从善

俞孔皆　行荣四五十，讳锡范，康熙廪生，从教

貌美如冠玉，人淡如秋菊。肝肠如雪之清贞，咳唾如兰之馥郁。趋诗礼之庭，行成名立。承管缨之后伦，敦族睦一门内。遵道尊路，公赋蚤输，三世间寖炽寖昌，书香相续；作善者天降百祥，源远者泉流万斛。

候选儒学　林瑞凤

俞采臣　行华二三四，讳亮，康熙廪生，从教

犄欤先生仪状魁梧，钦奇磊落龙种凤雏，双溪郁秀文章楷模，六峰蜚英名登帝都。鸣鹤在阴其子来和，辽东之节原宪之贫。壮

志未展光掩微星，享漠远贻双桂植庭，云鹏联用王国为帧，允矣！令范后进典型。

西安 周 雯

序传篇

按：俞源俞氏每届葺谱，亲朋故旧对有建树的至亲先辈先贤作序作传，前事不忘，后人之师，继往开来，启示后人。篇幅短的二三百字，一般五六百字，长的洋洋千言。文章中概括地穿插有诗赞。此选录二首。

俞孔皆（锡范） 行荣四五〇，清康熙廪生（桃李满枝）

春风桃李秀翩翩，别业新开对故园。
六出奇峰通帝座，九环曲涧达龙门。
祖宗德泽当年厚，子弟文章此日繁。
绛帐自惭非绿野，一庭松月照留痕。

俞名通 行富六十四，清康熙二十四年云林为炜书（以农为乐）

田家乐事最值真，时向河干赋且论。
荷笠被蓑荆地老，耕田凿井葛天民。
烹葵剥枣羔豚养，驱犊放牛蟋蟀辰。
野受衣冠敦古处，村翁气象动今人。
田庐可藉非矜富，丝粟能生不患贫。
未累黄金传万镒，曾收白□积千钧。
肯堂肯构谋贻子，谁学惟敬守此身。
厚道传家为善乐，坦怀接物想风淳。
叠桥修路捐千鎰，蔬食费羹赛八珍。
顾复诸孙劳鞠育，提携故旧费兹仁。
经商泽国鸿音杳，作客天涯鹤发新。
花甲年逾增寿算，康强七秩有六春。

同里李文高拜题

祝寿篇

按：俞源俞氏祝寿词由主家提供，历届葺谱由绅衿负责择要选人宗谱。此摘录的是祝寿词中的诗赞，计三首。

俞大赉　行遂十八，道光国学生，享寿七七。

克勤克俭福寿双缘，明公曼寿纯嘏膺兮，福缘善庆箕裘承兮，家业绵绵祖武绳兮，子孙蛰蛰螽斯兴兮，享年之永致坚凝兮，介福之报益恢宠兮，天保定尔莫不增兮。

道光廿一年廪膳生　李文高拜撰

俞绍堂（作丰）　行遂二八六，光绪贡元，民国首富，六旬双庆

深山太泽生龙蛇，中有隐人乘仙槎。月空今古无魏晋，境开泉石招烟霞。早岁依母吞熊胆，壮年娱亲挽鹿车。学古有获登黉序，成君入贡愿非奢。槐黄不务举子业，但求白璧无微瑕。拥资耻为守财虏，遇有急难相咨嗟。侨存乡校意独远，黯赈粟□史可嘉。

民国武义金真堂拜撰

按：俞绍堂，光绪俞源首富，为办学、育婴、修缮道路、宗祠加祭，热心捐资。民国初期选为县参议员，民国四年知事金真诚题赠“热诚爱国”匾，誉冠一乡。他建造的堂楼花厅（又称“红杏楼”）1942年遭日寇烧毁。

哀挽篇

哀挽词也是由主家提供，葺谱时由绅衿择要选录，此摘录二首。

挽同治拔贡俞石庭（行遂百五五）同年，直隶州判

春雨垂垂泪盈盈，讣音未审我先惊。
岂将乡贡终韩愈，偏厄韶年叹贾生。
双涧云迷溪水涩，六峰月落屋梁倾。
丹抚别有伤心处，草树凄寒鸟不鸣。

清光绪二年小弟何德润

按：俞石庭与何德润同庆，同年至交。据《武义县志》人物传记载，何德润（1838—1911），字君慎，号芰亭，南湖人。18岁补博

士弟子员，30岁为廪生，36岁考取拔贡，49岁考取八旗官学教习，未仕。终生从事教学和著述。一生编著甚多，最有价值者为光绪二十六年(1900)成书的《武川备考》，积二十年辛劳才撰修成书，填补了近百年武义历史记载的空白。

挽俞绍堂(行遂二八六)

人生同百年，迟早同一死。几见富家翁，有谷贻子孙。
俞川耸六峰，其中有佳士。花簇红杏楼，音清双涧水。
广厦千万间，境胜桃源星。人称地行仙，科第何足喜。
海屋添寿祝，南山比谁知。二年余病魔，忧床第遗命。
五常赛马氏，兰玉满阶庭。何求于愿足，五福今完全。

民国十一年武义教育局局长徐丙炎拜撰

二、谱序

俞氏族谱序

古先王之所以明上治下以达乎，尊尊亲亲之义者，有宗法以统之，所以明天伦，彰教原，敦政本也。宗法既废，而图谱之学兴犹有局；而领于太史。自局废，而士大夫家始自为谱。其所以尊其本之所自出，详其支之所由分，则犹尊尊亲亲之义也。尊尊亲亲之义，立其种古宗法之意不遗矣。君子之所以尊祖敬宗。而重放人道，其可舍图谱而弗访铁。括之宣平俞氏，其宗孙原善既重修其家谱，乃因其教授叶琼来京师征序后子，子闻俞氏出好姬姓之后，其始封分土在河涧。入春秋八十年，周襄王八年，鲁信公之十有七年，公有淮之会，未返而师灭。齐桓虽有讨放鲁，而不果复其国。其后子孙多在鲁，而因封以为姓。历世相传皆有显者。今原善录示其祖谱序，余得观其略，则知其先世，放五季东始迁浙东。而俞源之族，则又处约府君卜此地而居也。盖宋元以前世远，时清局散逸，虽间得姓之同者录焉，然承传之样，不可得而悉矣。今叙以俞源始迁者为一世祖，盖亦作谱者严从承系之法也。夫谱为亲作也，所以辨同异，别亲疏，非独取夸于门第者。故昔黄文节公之为谱，自七世以上疑不能通。远不可系者皆各而不录，其谨放族氏也严矣。今俞氏之谱，始作于守学，而守学所述，则曰派自钱塘，盖毁于兵火，而始迁祖处约以上不知其几世矣。守学之子元八处士之序，则曰徙自义乌，然以疑传疑，而世系不可考矣。处士之子，敬一公则欲追系破周大夫方之后，其间比附缺绝者其多，至原善而克成之，呜呼！自洪武乙亥，而上胜之元统百有余年，而谱碟始成，世之事功难乎。成者类如此，其不乎后之贤子孙哉。传曰：源之深者其流长，德之厚者其泽光，余于是益有以知俞氏之世，其德远矣。若原善者，可不谓之贤子孙乎，可谓之善继述乎。自今而后为原善之继者，亦合力于自树，庶俞氏世德，以震耀于图籍，非但如谱之所书而已也。此则士君子之所望焉。

按：洪武乙亥秦府纪善江夏黄池伯生撰。

俞氏重修族谱序

宗谱之作，所以明等卑之等，而使之循其分辨亲疏之属，而俾之尽其情，大要不越乎，是而已矣。俞源俞氏派自武林，居于是者凡十一世矣。其居家也往往循其尊卑而相接，有灿然之文，视其亲疏而相爱有欢然之义，盖宣邑之巨族也。是固余之所尝闻者。余今年以宪副赵先生命来游兹邑，而与邑庠弟子员，俞生大有及昭者有斯文之过。既而延至其门盘桓诸公间，若惟宝惟时惟甫者成厚契焉。坐语从容之暇，出其宗谱一帙示余，且告之曰，是谱之传有自来矣。奈兵火之后颇有残缺，吾辈惧其日湮废而无传也欲重修之。公其出一言以叙之乎，余阅之，见其原委之长，流派之远，而凡尊卑之等，亲疏之属，嘹然在目，乃知向之所以克振家声于远近者，虽其后人继述之，善而是谱之助亦居多焉，诚可嘉也。虽然愚则以为所助于后人者，不但是耳，盖其先世具载放谱者，代不乏人。今固未暇远举，近而若崇本，惟甫以诗书与斯文于傍邑。文固、文献二公以礼义隆善誉于一乡，皆表表之传人也。今其贤子姓，固皆无忝，放是然能不自瞒假，而益加奋迅焉，则是谱之助之也，又岂有既耶。夫谱犹史也，史之在国，其所系至隆重矣，尚懋之哉。余爱知故诸公，且于二生有责善之义，故放健羡之余，书此以相之云。

按：弘治癸亥年永康孝廉范震撰。

隆庆俞氏族谱序

门下士宣平俞款者，手一编而稽首曰家乘，款辑之者敢告成于先生，予日世族之家乘之诬也久矣，将夸诩门第，而系圣贤之胄乎，抑亦征所征而成之者乎？日款不敏，古谱所录，疑不敢废，自十代氏以上可见可征者甫详系而列之也，曰是谱也。乃若之心法也，心实者言实，言实者事无不实，若正谱系其可知者详之，其不可知者阙之，是祖其祖也，亲其亲也，族其族也，事盖无不实矣。事无不实然后言之无不实，言实而心之真实著矣。祖字非系之孙，孙承非系之祖，可谓孝乎，祖不信，人不信，天不信，己亦不自信也。可谓实乎，天之所以为天，一而已矣。圣人之所以为圣，诚而已矣，人之所以为人，实其心而已矣。实其心以全人道，岂直齐家而已乎。已信之祖，信之人，信之天地，信之是之谓圣学，是之谓希天。俞友勖诸。

按：隆庆丁卯左给事中兰溪陆凤仪撰。

俞氏族谱后序

曩俞氏诸耆彦，猥以谱事属予，既竭其愚矣。及其竣，子姓鳞集，腆洗一堂，有古行苇，既醉风始，知人生成有不死，其亲之心，有其行之，无不效者。噫！祖德在望，羡墙一心，吾人欲修身以尊祖，莫若取祖德为景行，其轨迹夷易可不遵哉，姑概撮其要。贾子曰：贪夫徇利，烈士徇名，史公曰：熙熙攘攘为利来往，然则名利关头真能勘破者鲜矣。乃若俞氏之先则不然，盖其始祖处约府君德者，生当宋季文明之世，以儒业文章为时所推，擢为松阳县儒学教谕。此正际可之仕，足以展厥生平，行需大用耳。乃府君独不汲汲于是，而雅爱山水之奇，数游览括婺间，见婺界有所谓九龙山者，其下溪山秀丽，风气回环，欣然有卜居之想矣。仕无几何，辄尔脱却名利关创此安乐境，则今俞氏千百世不拔之业实托始焉。嗣是隐其德，不仕者三业，至第五世敬一处士涞者，因地利籍世资业，擅素封者存康济。时元政衰乱盗贼蜂起，因命四子纠集民兵保卫郡邑，又尽出其所积以飨卫士，卒赖保全。守栝城石末公宜孙表为义民万户，而处士欿然竟不居之，宁终韦布。故太史宋公濂，苏公伯衡志其墓，记其祠，咸以处士称焉，盖亦有以知其志者之所在耳。然四子诸孙各谱文墨，善吟咏接贤豪，行高事。若诚意伯刘公基，大中丞章公溢，与夫一时名公硕士咸相与，为布衣

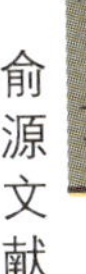

交，则其人品可知矣。自此门户翘然，向大甲郡邑云：

逮我太祖高皇帝兵下江南，刘公基以处士保障之功，高尚之志为上言之。吴元年擢其孙继祖为锦衣卫镇抚，奉职循理不屈不挠。

成祖文皇帝靖难兵起，诸诩戴者忌之，谪调山西晋府典仗，膺世袭焉。其从子冲行仪九者，经明行修，首膺成祖征辟之典，授丽水儒学训导，迁邵武府教授，所至谆谆，严义利之辨，视利蔑如故。门下士俞氏，讳俊小藉熏聘以举进士。深加叹服。至张其义，以壮其行。又二十世有讳昭者，贡人成均宁为藩相，名利何居。讳大有者既登进士，奉差役卒毙于家。世美以文词见重时相，人利渡而不染，指宰大邑而赋归来。讳款者佐政弋阳，参幕青卫，居官一如布素清白，不渝始终，以故宠沐。

恩纶光荣，考妣之数公者，其于名利果何如耶。诸如贤淑传良，有司总之雅志清修，忘怀得失而已。第祖祖孙孙前后一辙，岂非精神之默运，要亦世德之相承哉。其他博古通今，墨庄有示蹈绳，履矩组修有则，于世德均无忝者，岂止一人而已乎。是皆后人之斗极也，望斗极而趋，何迷之云有，吁！此非夏虫为也。盖餐霞吸露，孰与舀菽服浆之为真，希姚步姒，孰与宪祖蹈宗之为实。惟吾人自淑仰前修以作则，斯根器厚，进而希贤希圣希天，可旦暮遇之，此诚葺谱第一义也。若道老于戴晋人之前，不难于一诀而已。予承三笔札之役，故俞氏有责善之义，因僦僭显简末如此。

按：文章出自万历甲寅夏月古董吴从周顿首拜墓并书。从明洪武开始的文字记载（包括此文），都说俞德任松阳县教谕期间，经常往返途经此地，深爱九龙山水胜景，认为这里是一块风水宝地，故而迁居此地，逐渐发展成村。这是俞氏迁居到此的说法之二。

新修河间俞氏宗谱序

俞氏括人也，曰河涧者系于始也。夫俞始于俞侯之后也，曷称河涧乎，系俞河涧断自其所封始也。昔先王赐姓命氏，所以昭祖考，系宗属，别嫌疑，定亲疏，而人道于此繇焉。故夫远者不敢以冒续也，疑者不敢以强附也，是谓慎之至也。粤自上古世民无乱族，而礼有定，宗由是仁，睦行而民不悖，季世浇丧夷夏，胥乱民多流亡，以故世碟毁，而氏族淆错亦已甚矣。至有宗人相夷，若秦人视越人，而不知恤者何也，纪籍湮而仁义之道塞也。今天下晏谧二三百年，给绅之家颇尚彝礼，考姓系以昭本，始辑谱牒以教淳睦，岂非盛世之遐轨哉。俞自河涧流派东鲁，继入武林，至五季而蔓延栝、婺、明、越诸郡，即今余姚之江南，勤邑之湖田，义乌之孝顺，金华之浦口，以及永康邱头。栝宣本族咸称武林世胄，是或一本之所衍耳，猗欤盛哉。夫本盛则末繁，枝披则叶散，滋蔓永久则纠错，纷纭而不可绪焉，此恩义之所由薄也。故述者因宗纪究旁属，崇本以定始叙，疏迩以别亲亲，所以防其流也，其闻见之未征载籍之，所缺断而刊之，慎其本也。诗曰：绵绵瓜瓞。此言循其本也。将使来者寻始知末，合异反同，虽服尽而泽未夷，则厥初之念兴，角弓之怨，释此述谱之志也。或曰谱何始乎，始从史也，史以述往，故革命而史作谱，以明祖考故。自我不书，夫乃谓之子姓之道乎。曰圣哲作易，以明天道，非为天道设也。所以示乎人也，述史以彰往，非以为绳往也，所以戒乎今也，夫使宗属芬错，礼教废弛，子姓不检，祖庙乏祀，坟墓荒秽而不修，此皆孝子仁人之所隐也。故准史以述，谱亦将明乎人伦焉耳。人伦叙，则孝悌兴，孝悌兴，则礼乐作。古者，明王所以崇姓氏，而谨昭穆者也。传曰：明乎谛尝之义，其如示诸斯乎，此之谓也。是为叙。

按：万历四十二年岁在甲寅春月赐进士第文林耶巡按四川监察御史前、钦差河南道监察御史、古鄞通家侍生瀛海吴礼嘉撰。本文所撰与洪武乙亥年江夏黄池伯撰俞氏宗谱序："予闻俞氏出于姬姓之后，其始封分土在河涧，入春秋八十年，周襄王八年，鲁僖公十有七年，公有淮之会，未返而师灭。齐桓虽有讨于鲁，而不果，复其国。其后子孙多在鲁，而因封以为姓，历世相传，皆有显者"，相符，故俞源俞氏宗祠堂号为河涧郡流水堂。

重修谱序

古人立谱言简理至，虽曰用意深厚，亦曰气运淳庞，留所未尽以待后人之增饰耳。此又造化全副本领，合数百年操融染翰之人共为一谱文字。如使后人之言竟非前人之言，此数百年之中，无限之人遂有无限道理，不令人无所适从也哉。尝观朱子之前无朱子，以周程、张子偌儒至朱子而集其成也。朱子之后无朱子，以宋元明三代之士，学朱子而未领其要也。然朱子主敬以立其体，敬之一字是千圣心印，由是士庶莫大乎主敬。主敬莫先乎敬祖，敬祖而不敬其始乎祖者则非敬也。敬其始乎祖，而不敬其始祖之所自来者尤非敬也，是故兢兢焉。主敬以存其要，反躬以践其实，而后知朱子，绍道统，立人极为百世宗师，只在立行不在空言也。今诸君曰某某辈协力经营共成谱事，拒不可媲美眉山族谱亭乎，爰是而有序。我家自始祖讳德公者松阳学谕，创俞源而居之，已三百余年矣。姓字号为系多书香颇称绵衍云扔，相承顾为世家大族。自宋元明迄清，叠遭兵火惟今为甚。即顺治岁在乙未，祝融司晨旱寇为虐，民罹奇困，及丙申盗锋四起，老幼逃窜，屋房毁烬，或毙放锋搞，或陷员饥饿，约计不下百余。掺刻情形不胜殚述。逮三年甫平，人民渐聚焉，田莱复辟焉，土宇亦渐兴焉，幸皇上康熙登极复睹升平。不意十三年岁际甲寅，闽间分藩姓耿讳精忠者，一旦兴兵扰乱，遍地若狂，踞府坐县民不堪命，抑乌合之众利玉帛耳，奚能为之第。家囊为之殆尽，堂堂萧条，谱胖为之散乱，支系纷繁，约计三十余载未遑修举。迄今日家谱不可废也，众曰唯唯，速宜修举也。众亦曰然。然本藉支以传支，藉本以荣叶，相传善承先业，阛贵之持筹既多，胜算缥缃之力，学尤擅贤声。惟是谱事一举，春秋岁时孙子千亿，跄跄济跃罗拜阶庭，班班有序，敢曰越轶前人。仅以补辑云尔。

按：文章是康熙庚申年八月新授吏部候选儒学云孙捷拜撰。时因明末清初，近半个世纪战乱不止，社会动荡，至康熙庚申年社会稳定，百业复兴，八月家谱得以重修。

甲辰增修宗谱序

且论古必贵知人，而缔谱尤当得间古来谱碟传矣。苟其文不浑，雅事非实典，缙绅先生难言之。乃若合宗族为一谱，虽传信晰疑之事，一考，镜宗祧之林，盖自始祖讳德公者，原籍杭城，授官于松邑教谕，在任辞世，而行柩以回经宿于斯，昼夜之顷，柩遂陷地，紫藤结络，次日柩不果行即庐墓之。虽不敢云所居成聚，爰处数

载家业渐兴，而人丁亦渐盛焉。岂非天地之眷顾有在山川之秀气所钟。设族立业数百年于兹矣，窃思，物本乎天，人根乎祖，水源木本，上下同情，报本追远，古今一理。然世远年湮，所恃以承箕裘，绍世业寻系绪于不坠者，惟此谱牒之留贻而已。是谱者，正所以率祖率亲，述先人之旧泽，纪出处之大节，将丰功伟烈，忠贞孝廉，常昭灼于后世，俾孙子有所观感焉。欣之慕之。愤发以向往，步趋而接踵，有不足以耀邦家之光，增庙廊之色哉。然且不特此也，当夫支分派别而后螽斯日盛，无以联其情则薄于本支，即不肃其分，亦适以淆尊卑。自捷公于康熙庚申整修后，虽其中继承不一，尤藉后之引，长于弗替焉。至辛巳一修，迄今又二十有四龄矣，缘集耆秀以调鉴，谨慎详明，经始于甲辰之春，告成效麦秋之后。逆而溯之，绵绵瓜瓞，上及于从生，顺而达之，振振绳绳，下逮于孙子。于是设苡芬以辑放其庙，一以著仁孝之深心，报功德于不衰，一以定昭穆之各分，知天演之有属，则衣冠币帛宁元流辉于庙宇间也。诗曰：徂赍惟诚。肃雍显相昭哉，嗣服申锡无疆。

按：文章是龙飞乾隆四十九年岁在甲辰孟夏望日二十二世孙廪生大章百拜敬撰。迁到这里来的源由据俞族家谱记载，有两种：说法之一首出于此，说因他父亲俞德任松阳县教谕，病逝任上，俞义扶家父灵柩回故里夜宿此地，想不到停在草坪上的灵柩一夜之间被紫藤缠绕。俞义想，这是个奇迹，内中必有其缘，可能是天赐的一块风水宝地。他左思右想，打定主意，决定在此置穴葬父。于是，次日便改变了回故里安葬的计划，商得当地人同意，买地安葬了父亲。事后，他留下守墓，就长住下来，并与当地女子结婚，繁衍后代。

三、俞源志、记、铭、序

孝思庵志

孝思庵者，俞川隐君子二泉公祠也，其规为创建皆原善与其弟原瑞原礼原吉为之。原善以至正丁酉十有二月葬其父二泉处士于此山之麓，仲父巨渊丧在浅土亦迁而附焉。后有十七年乃创庵，以为岁时祭享之所，曰“孝思庵”。馈奠之物买四百亩肆祠中，而取具于其岁人，既而命其犹子坚来请文，将刻石庑下昭示后人。余曾过俞川，知俞氏大族自高曾以来世业诗书以积善称于乡，处士兼有才智，原善兄弟恂恂若儒生，而慷慨尚义其于所以奉先者，又如此虽欲无志得乎！乃书曰：子之于亲也，方其生存，终日不见且犹不能不思，况于死且亡乎？历其阶思亲当拾掇也，行其庭思亲尝布武也。人其奥思亲当寝处也，见其物器传藏之不废，气泽之犹存者，目触心接，凡可寓其思者，无所不思，不自知其亲之死且亡也，夫是以亲虽死亡而其色容声音与，夫嗜欲志，意无往不存也。然思吾亲不可不敬吾身，吾之身亲之身也，产然若亲之临乎前，肃然若侍乎亲之侧，言焉而不敢悖乎义，行焉而不敢逾乎道，未尝顷刻违乎亲也，此之谓敬身。敬身则吾在是，而亲之精神亦在是，陈滏爵笾豆之器，荐酒醴牺牲梁盛之品，焉有不享之者乎？是以圣人之于易，涣萃二卦皆以庙言。盖庙，祭祖之地也，祭祖之足以感人心者，亦敬而已矣，莫大于天下，亦莫众于人民。人各有心若未易感也，惟敬则无不涣萃焉，而异心者可萃也，死而同气者当何如哉？是故，致其敬非惟足以昭格祖祢之神，尤足以式乎曾孙之心，孙而又子子而又孙，会精聚神竟其孝，虽千百人犹一人可也，千百世犹一世可也，此余辄以敬而广孝思之义也。俞氏之后人尚有考于斯祠，去墓以南一里许，水绕于震，山负于兑，墓与坎离相望，若天造而地设。然屋以间计总十有一堂，居其五门，如堂之若两居，庑其六而限之以缭垣。始工于甲寅岁在丙子，迄乙卯春三月庚辰望后三日而讫。

按：洪武乙卯苏伯衡撰。明洪武七年(1374)俞涞之子善卫、善麟、善诜、善护四兄弟建“孝思庵”，作岁时祭祀之处所。当时建庵，因是俞涞的声誉，得到各界的支持。善卫的长子道坚曾去金华苏孟村，请乡贡苏伯衡作记。苏伯衡与道坚是布衣交，也是俞源的常客，所以热诚支持，“孝思庵”的取名，可能也是苏公的主意。

竹坡俞处士原瑞墓志铭

洪武甲子春，予游永嘉还丽水。俞子道坚使人持状来求制父竹坡处士墓铭。五年，予友李参议之季子景中客处士所，予过之，景中为永言处士之美，且自其兄弟虽别，异籍异居，而通有无，同休戚。卮酒脔肉不集不食，恰恰然略不见其有间。州里之间称处士为有德之人，童孺无异辞而学，士大夫过门无不见礼者。为之叹曰：嗟夫处士不嗜仕进，自放山林而力行乎，孝友慈让重然诺，好施与赈人之乏，绝不计家之有无。交于人不以其得时失时疏戚缓急，扣门未尝计利害祸福为避，就非所谓有所不为而可以有为者乎！越三年，又过之，馆于其新堂，觞豆在列，子姓奔走将事，处士时感疾一年，犹衣冠出，相舆揖让，酬醉殊洽，又未尝不欢其精爽有余也。去之永嘉一月而处士竟卒，则壬戌之岁十二月二十有八日，距所生甲戌之岁得年四十九。道坚等以明年癸亥十二月三日葬将里马博原之山，至是以铭为请，于雅重处士，而道坚又好学有文，何敢爱于言乎？按状，处士姓俞氏，丽水之俞源人。其先系系出周姬姓。周封支子为俞侯，乃卒氏之来季，有讳德者为松阳学谕，创俞源而居之。德生义，义生至刚，至刚生仍，仍生涞，世业诗书而以积善称。涞生善麟，字原瑞，是为处士也。妣颜氏。处士内刚外柔，而持以恭敬养亲。寒懊食饮之宜，常足以得其欢心。父殁，择北山以葬。谒铭于宋濂，刻诸墓上之石，庶其有闻于来世。外门之务，身任其劳，而以逸遣兄弟无终始一也。至正甲午，栝盗四起，剽掠压境，乡民不知所为。处士曰："此乌合之众，利子女玉帛耳，何能为之有？团结以抗之，可保也。"众唯唯。少壮扶携老幼者四至，处士部署而申之以约，要联络内外，声震傍近。盗却，而乡民以安岁。戊戌婺安将举城颖附国朝。而栝民不下，俞源介乎其间，两军狎至不能居，处士乃率家之城居焉。会越国公兵入城，举家骇散，独母后，处士负母而逃免放难。兵火后家业荡然，遗田数亩而已。岁饥，市粟赈其里人，至熟偿之，处士不受。尝东过齐鲁，西略秦陇，南游闽越，北抵幽蓟，所至问其名士而礼于其庐。遇同州之人不能自归者，辄归之以资。后有贾于杭而蒙诬于官者，赖处士贷之钱不累死。其人三年后怀所贷来偿，息倍费焉。处士曰："亟反而偿，非我所望也。"其于教子尤刻意焉，故诸咸克肖。而坚遂以文学名，其为人大概如此。呜呼！在上而贵显者未必皆贤，在下而隐约者未必皆不贤。故君子之于人也，不

观其用从世，惟观其无愧放世。处士检身慎行，而美名令闻表欣乡间，亦既生顺而死安矣。而可使无传乎。配潘氏，温厚勤俭，家索而复裕，其次助之力居多，子四，长坚、次珍、次奇、次希，女一人，孙男二，曰景夔、景权。铭曰：我观所在，大家相望。孰无小民，聚庐其乡。概彼小民，于厥大家。面誉背詈，靡间遗迹，君在桑捧，何修何施。方其生存，小大环归。及其沦逝，会哭如市，久而益悲。是孰之使人亦有言，君子仁人，退焉林邱，泽流乡邻，既周我急，亦拯我厄。克任克恤，自孝友出。奄其亡矣，哀哉人斯。载饥载寒，畴拊畴绥。采彼舆言，刻此贞石。尚俾樵牧，善视松柏。

按：洪武甲子岁翰林院修撰眉山苏伯衡撰。善麟，字原瑞，俞源处士，一生检身慎行，拒盗、赈灾，美名传颂于乡间。

皆山楼记

武义西南行四十里至俞源。俞源隶括之丽水，其在治之东百有九十里。介于群山之中，其地方广数里，山联络无间断，其溪折行山罅间，首尾皆自高趋下，初于山隙处遥望，见是为瀑布。其田皆垦辟山丘为之，垒石以为畔，岸高高百丈，秩若阶级。其路皆侧径，绿崖悬磴，临流如曳练，隐见本末。其民居多负山而因山以为垣墉，散处凡数百家。族大而望于乡者，曰俞氏。其居地之址于众中夸以衍然。其四面之山若望云、雪峰、九龙之属，亦高出屋危而俯窥几席也。

余尝出其途，山之雄尊、深秀、婉丽、端重、杰特、峭拔，不知何方终南、王屋、五台、峨嵋、三峡、赤城、云门、五老、罗浮与否？观其高薄霄汉者，润含雨露者、蛟龙翔者、狡猊群者、旗帜舒者、屏幛矗者、剑朝攒者、茫角露者、腾欲上者、俯似窥者、环若卫者、拱而揖者、驰而赴者、接而集者、离而分者、属而合者、将仆压者、欲樱噬者、立者、担者、仰者、椭者、洼者、突者、翘者、幽者，使人神骇目眩，不暇应接，亦奇矣哉！而往来之人弗之奇也，况乎土著者乎！

少则矜之，多则厌之，频见则轻之，倏遇则贵之，此人之常情也。俞氏之彦，原吉生乎长其间，朝幕起居饮食，接乎目者无非山也，意其轻且厌之矣，顾乃若未尝见山者，至破作楼以临以观，是何其情与常人殊也。盖天下之乐无穷，而君子之所乐贵乎自得。使其中无得极下之尤物方其快意。无物与易忽焉，情迁未有不厌者也。使其中有得极天下之微物以适，无所不可。虽至没齿，又何厌之有哉？原吉之效山也，其得诸心者乎？不然，何以能不轻且厌耶？若夫朝阳夕阴，春雨秋露，风雪冰霜，烟霏云霞，变化不同，而岩姿壑态亦不同，虽穷天地不能尽其妙地。又岂一览而能发其秘哉！然则，原吉亦将溯乎有物之初而求于一气之始。以余观夫千古之变也，如见则审与常人殊矣。原吉与其孟原善、原瑞、原礼，皆高尚其志无慕乎外欲，知其人尚于其所，乐观之。

按：洪武丙辰苏伯衡撰。皆山，名善护，号皆山，俞涞第四子。明洪武年间建此皆山楼，以接待四方游玩之十。早毁于战火。此文虽记"皆山楼"，实写俞源之美景。

江山息兴图卷序

括苍俞文固曾涉江湖，浮淮泗沂河洛，北游齐鲁以至燕赵，西略秦陇达于平凉，历览天下之奇闻壮观数年矣。一旦喟然叹曰：吾将安所归宿哉，盍反而自休焉。于是属画工为《江山息兴图》而谒余曰：愿序之。呜呼，子不见乎时乎？冬也，木归其根，草敛其华，雷收其声，虹藏其形，此天地之息也。不息不生，惟其息于春是以生于春。天地之大也，且犹以息为发育之地，而况于人乎？人之有是身也，形之谓也。人之有是心也，神之谓也。而皆不可不息也，身不息则形疲，心不息则神耗，外劳其形内耗其神，则何以主宰万物而酬酢万变哉！是故君子观乎雷，人地以晌晦晏息焉，今子之息，子之自有所以取于尔，则可谓善学矣。苟徒避喧而息烦，是境息也，非吾所谓息也。吾之所谓息者，非外而求诸内也。天下无性外之物，亦无性外之学，察之视听言动之间，慎之喜怒爱乐之际测息也几矣。子如知之，虽驰骋之外，犹夫息也。子如不知，则一俯仰之顷抚四海，终日齐居危坐名可得乎？孔子有云：仁者静焉。有仁而不群者乎？焉有静而不息者乎？焉有息而放其心而役于物者乎？余当为子著《静学斋记》，试参互而观之。文固曰：此固吾之所事焉者也。送书以为叙云。

按：苏伯衡撰。《静学斋记》与《江山息兴图卷序》均是苏伯衡

为俞文固所撰。俞文固名上坚，号江山息兴，俞康长孙，善月长子。通书史，善词赋，交游遍天下，财裕而能施，情逸而能制，一时宦达咸雅重。游列十载而归，建静学斋颐养天年，绘《息兴图卷》遗留后世。

静学斋记

夫学须静，亦曰主静之为务也云耳。如将颓然丧其形，泊然无所用其心，则亦槁木死灰而已矣！何贵于静而学何以成哉。盖静有本仁之谓也，静有要敬之谓也。其本立者，无动而不静，其要得者，虽动而亦静。圣人瞬有存息，有养岂外夫仁与敬哉。是故，藏于渊默之域，立乎万有之表，虽鬼神不能窥其际，况事变之错出，曾足以樱拂之。常思而常无思也，常为而常无为也，或而常不用也，又庸讵知其动也乎哉，又庸讵知其静也乎哉。动而无静众人也，静而无动二氏也。故惟无所不动，而无所动，斯足以见静之妙。惟其无动而无所不动，斯足以验动之神，此吾之所谓静而有动圣人也。寂然不动，感而遂通，此之谓也。夫人苟得其所，以静则不求静而静矣。不求静而静者，当天下之大，任决天下之大，疑履天下之至危。处天下之大变，人之所怵，吾有所不怵，人之所阻，吾有所不阻，人之所惑，吾有所不惑，人之所挠，吾有所不挠，而几于圣人也已。岂惟足以成学而已哉。俞氏子坚以静学名斋，闲因其师示余斋记，求申其说，余嘉其有志，辄以是广静学之义焉。

按：眉山苏伯衡撰。此斋由恭一处士俞道坚明永乐年间所建，计十二间，颐养天年之所，也供游人欣赏。

崇本堂记

丽水俞源，故族也。俞生胜安，字文献者，其尊人皆山居士，隐德不仕。有伟男子四人，长胜宗、次胜安即文献、又次胜密、幼胜窦，俱好学知大义。文献尝语诸兄弟曰：吾父往矣，生不能尽其养，没当以致其思。感泣曰：允唯是命。永乐乙未十二月，遂构庐放墓侧，为岁时祀奠之所。其为宇也，不朱其楹，不雕其甍，昭其朴也。限以缭垣，严其封橘，昭其敬也。工讫而请名于余，余闻孝者德之本也，教之所由生也。榜曰“崇本堂”。

夫源之深者流必长，根之深者末必盛，君子事亲之道独不然乎！矧君之先世积厚流光，则引而弗替，以昭示后人，又当自君作则也。一出言而不敢逾于法，一举足而不敢越于矩者。循而守之，崇而大之。恋恋而不敢忘本，斯亲矣。征之百年有不益，笃其庆者哉。诗曰："孝子不匮，永锡尔类。"公其有焉，慎毋自怠，以永休声。

按：永乐乙未眉山苏平仲撰。崇本堂在村西山，是恭六处士俞胜安兄弟四人为祀父，于明永乐年间所建，早毁。现在村西山有遗址尚存。

绛阳送别卷序

括苍乃斯之名郡，而友闻俞先生又括之巨族也。予常与其舅金华魏廷仪同官王室辅导有年，出入未尝斯须违也。每于公暇较议浙之人物世家，具道友间家世之详厥。先生二泉翁涞者在元元统间生四子善卫、善麟、善诜、善护，遭元至正兵乱，乃令四子募集义民保卫郡邑卒赖安全。时守括城石末公宜孙表为义民万户，不听命者便宜措置。适我太祖高皇帝兵下江南，同青田刘公基谒见，首陈大义，给赐招安榜文，仍俾保障。后，上嘉其仗义，吴元年遣使行取擢其孙继祖为锦衣卫镇抚，居官奉职，循理不亢不阿。文皇帝靖难，师至，诸翊戴者忌其梗事，谪调山西晋府典仗，膺世袭焉。

善护字原吉，生胜安字文定、胜宗字文献、胜窦字文靖、胜宝字文圭，偕从兄道坚字文固者，俱读书明经隐德不耀，与刘公伯温、宋公景濂、苏公平仲、交游不倦。文献生冲、岳、容、銮兄弟四人，惟冲字公翔者，膺永乐初徽辟，仕终邵武府学。教授生瀚、涧，瀚字志仁即友闻先生父也。先生名札，其字友闻，偕弟植资颇敏，励志功名，遭正统戊辰寇乱，移流废学，业不克就。于是广博阴阳术数之技，历览天下名山大川以壮其气，经游绛省谒予。予舆其舅甚雅，始迎之而神若孚也，不言而意若契也，及与言之而志曰合。遂引见我主贤王，殿下访问江南风俗，应对节奏循循有序，自是连日召见，讲论或赓诗吟咏，王甚爱之，即欲延而荐诸辅翼，友闻以父老恳辞，留绛二月余而归，志不可遏矣。王惜其去，乃命工装轴集饯赠诸作以华其行，命予叙之。予遐想先生之归也，经太行而趋古汴，历淮西而达江浙，寻幽访秘，见所未见闻所未闻，襟怀为之益雄，记问为之益裕，苟归而精修之，咀之而无形，吞之而无声，视之而无色，则王公不足语其贵，猗顿不足语其富矣，友闻其勖诸。

按：成化己亥年春月上浣之吉绎府左长史谢森撰。俞友闻，俞涞曾孙，十冲长子，家资颇丰。因明正统寇乱废学不举，专司阴阳术数，周游南北名山大川，其舅魏廷仪与谢森同官王室有年，有此故交。

送铁砚先生司教邵武序

义利本一也，而未二焉。易曰：利者义之和。又曰：利物足以和义。子思答孟子治民之道曰：先利之。孟子曰：不有仁义乎？子思曰：仁义所以利之也，是则义之所在即利耳，然人或见利而不见义也，故孟子曰：何必曰利，亦有仁义而已矣。董子曰：仁人者正其谊不谋其利，人或昧于义利之别也。故朱子曰：仁义根于人心之固有，天理之公也。利心生放物，我之相形，人欲之私也。张子曰：无所为而为者，义也。有所为而为者，利也。圣贤义利之说至是明且彻矣，然世犹有认利以为义与趋利而忘义者矣。然认利为义，但不昭之过耳，趋利为义则不淑之罪也。市井之夫争刀锥之末，无足怪者，若夫给绅君子或沦于昭或陷于不淑，噫，可惜哉！师生以义合者也。师之道莫大乎义，而其说莫先放义利之辨。然今之师于郡县者，或道之不讲艺之不淑，而惟屑屑于相见之贽，时节之馈者，岂其不昭也，耶抑其不淑也，耶惟铁砚先生之训吾辈也。既三载于兹矣，早夜惟谆谆种讲授，而于贽与馈之厚薄有无，漠然不计于衷。诸生有窘者，过其赞馈辄辞之，而窘甚者且周之，疾病者药之，死亡者恤之，弥久而益笃，可谓昭且淑矣。今迁邵武府之教授，咸思爱焉。而悲其去，书是以饯之。先生家世宣阳，其族之擢科第绾银黄者，后先相望，而先生由征辟历今官。故人门生多在显要者，行且推毂，尔得溥其义乎。

按：永乐门下宗生尚书俞俊拜撰。俞俊，明永乐进士尚书，浙江丽水人，俞冲门生。冲卒，感其恩而作此文。

赠俞宜黄序

国家于州县之吏多从布衣诸生选任，寄之以百里之命，未及

三载辄迁去，而课其贤不肖，悉德于监司。凡监司之所奏，罢者故不谕，至其所荐举，必极其褒美，虽古之龚黄卓鲁无以过，夫龚黄卓鲁未必一岁而成。则今之荐者，过龚黄卓鲁远矣。然及其迁以去也，其为州县犹故也，而未有称治者，如此则吏之贤否，果皆其实乎。抑其为名者之多耶，而上亦以名求之而已，其于民果何益也。子识宣平俞君，君为抚之宜黄，独其志汲汲于民，而无意于为名，而名亦归之。至考，其实则以平恕为心，而未尝刻以求一切。宜黄在山中数毁于兵，君为草创而能视如家事，自神祠、学舍、县廨、桥梁之政，无不悉举。凡此，皆非今之所以为吏课者，君独汲汲为之无不办治。至其为政，又持平恕则今之吏，吾于宜黄推贤矣。虽然君亦有遇焉，夫县之士大夫为士民之望，其知吾政尤明于有司。然苟非其人未有不以私故挠法者，其求于有司者无已也。稍不如其欲，而毁随之矣。宜黄之仕者，盖少而今少。司马谭公独戢其家，而一听于吏之治，其于有司无求也。故无怨焉，且又加敬而为之延誉。君于是曰：司马公如此，吾于监司自今无得罪者矣。至于比县之吏亦娼嫉倾排者多，以故毁誉不明。而监司亦无以得其实。吾友蒋子徵在临川，与君相爱雅，故推我之，君以此益得展其志。谷梁子曰：志行既通，而名誉不著，友之过也。余以是仰少司马之盛德，与吾友之贤，非独宜黄之吏治独善于今世云。戊辰春与君同人觐还，共舟因得熟语而备知之。渡江将别，书以为赠。

按：明隆庆戊辰太仆寺丞归有光撰。此序收集《归震川集》。归有光，明散文家，字熙甫，江苏昆山人，人称震川先生，嘉靖进士，官南京太仆寺丞。隆庆二年朝觐返回，与俞世美同舟，赞俞复任宜黄县令有感，渡江将别，书以为赠。

四、敕命录

敕命一

江西抚州府宜黄县知县俞世美应朝奉，敕复任。

皇帝敕谕天下朝见官员。

朕荷。

皇天眷命缵承鸿业，托于亿兆之上，深惟辑区宁宇，以答天心。即位之初，已函下诏，蠲征免役，荡涤烦苛，有不便放民者悉与更始。犹欲得循理之吏，平心毕力，各务究宣恩泽，以登于至治。顾在位者，多因循之弊鲜，任职之心，口习空言而不求其实，政尚苟且，而惟便于私，欲民之安于田里，而无愁怨叹苦之声不可得也，朕甚悯之。兹当来朝，特命所司审覆黜其不职甚者。尔等获被简留，盖宽之也。自今其翻然永思善道，励精自新，务在廉以律己，仁以抚民。公以存心，勤以莅事，率是四者而行之，自然政平讼理，民咸乐业，治可庶几于古矣。朕岂无爵禄以为劝乎！假使狃于旧习，或削民财以自丰，或残害不辜以为快，或以己私拂公理，或以宴安废官事，有一于此皆足以蠹政伤民，是从事不格而守，官无状也。朝廷之上，凛然宪典在焉，尔等曾不怀怵惕而戒勉，譬犹践薄冰以待白日也，岂不谬哉。尚相与钦承之，毋替朕命。故谕

敬天勤。

隆庆二年二月初七日

按：俞世美，江西抚州府宜黄县知县。隆庆二年二月进京面圣述职，因在任期间，政绩卓著，百姓拥护。故皇帝下旨，续任宜黄县知县。

敕命二

青州左卫经历司经历受阶征士郎

皇帝敕曰：淄青海岱间一都会也，置卫卫之，而选用儒流司其案牍，此亦文武相资之义已。尔山东青州左卫经历司经历俞款毓才黉序，充赋大廷仕佐，邑符抡参戎幕，敏明集事，廉属持躬，以岁满授尔阶征士郎锡之敕命。夫士才贵通方，安得倭于军旅，未学尔尚懋集以祇，厥叙陟明有典，朕不尔遗焉。

万历十三年七月十四日

按：俞款，明嘉靖贡生，山东青州左卫经历。万历十三年七月，敕命阶征士郎。

主要参考文献

1.《武义县俞源村农村经济年报表》(1950年、1956年、1959年、1965年、1975年、1978年、1979年、1981年、1985年、1990年、1995年、2000年、2005年)。

2.《俞源村集体资产统计表》(1959年,1965年、1970年、1978年、2000年、2005年)。

3.《武义县县志》。

4.《宣平县县志》。

5.《俞源俞氏族谱》(2005年修订)。

6.《俞源俞氏族谱》(清乾隆二十六年修订)。

7.《俞源俞氏族谱》(民国十三年修订)。

8. 张兴茂著:《中国现阶段的基本经济制度》,中国经济出版社2003年版。

9. 陈志华编著:《古镇碛口》,中国建筑出版社2004年版。

10. 周銮书主编:《千古一村——流坑历史文化的考察》,江西人民出版社1997年版。

11. 苑利、顾军著:《中国民俗学》,光明日报出版社2003年版。

12.《武义县村务公开民主管理工作文件汇编》。

13. 史清华著:《农户经济活动及行为研究》,中国农业出版社2001年版。

14. 王景新著:《村域经济转轨与发展》,中国经济出版社2005年版。

15. 陈志华著：《乡土中国——楠溪江中游古村落》，三联书店 1999 年版。

16. 王春光著：《中国农村社会变迁》，云南人民出版社 1996 年版。

17. 徐杨杰：《宗族制度与前期封建社会》，湖北人民出版社 1999 年版。

18. 胡必亮著：《中国村落的制度变迁与权力分配》，山西经济出版社 1996 年版。

19. 王沪宁著：《当代中国村落家族文化——对中国现代化的一项探索》，上海人民出版社 1991 年版。

20. 俞步升编：《中国古村俞源》，内部刊印资料。

21. 俞松发：《松楼笛韵》，内部刊印资料。

22. 刘沛林：《古村落和谐的人聚空间》（第一版），三联书店 1998 年版。

23. 彭一刚：《传统村镇聚落景观分析》（第一版），中国建筑出版社 1994 年版。

24.《国外历史城镇与地段保护法规选编》，中国城市规划设计研究院 1999 年版。

25. 陆志刚：《江南水乡历史城镇保护与发展》，东南大学出版社 2001 年版。

其他：

1. 村文书、会计等每年统计上报材料和各类财务账（复印）。

2. 国家统计局系统设在样本村落的农户观察点、农业不固定观察点设在样本村落的历年调查上报材料底单（复印）。

3. 村志以及乡（镇）志、县志等地方志中关于样本村落的历史材料（摘录或复印）。

4. 政府、科研部门等及国内外的先前研究者对样本村落已有的调查数据和研究报告或专著（购买或复制）。

5. 样本村落名门望族的家谱（复制）。

6. 其他历史文献资料。

后　记

《俞源——神奇的太极星象村》一书是我主持承担的浙江省历史文化研究工程项目“俞源古村落经济社会变迁研究”的最终成果。

本课题的研究从选题至写作完成，经历了近两年的时间，得到了许多同志的支持和帮助。值此课题完成之际，我对他们表示衷心的感谢。

首先感谢我的导师——浙江师范大学农村研究中心主任王景新教授。他是我学业的领路人，他渊博的知识和严谨的治学态度使我在浙江师范大学农村研究中心二年的访学历程中受益匪浅，他勇于创新、善于钻研的精神将使我一生受益。他在本课题的研究方向、研究方法、结构布局以及研究结论的得出等各个方面都给予我悉心的指导和严格的要求，这是本课题能够完成的关键。

其次要感谢俞源村的俞松发老人，他无私提供了自己精心保存的俞源宗谱和近年收集的古诗文等许多有价值的历史资料给课题组成员参阅；他不顾年高体弱，经常对课题组成员不吝赐教，使课题组成员深受启发，为本课题研究的顺利进行提供了有力的帮助。

再次还要感谢武义县档案馆、俞源乡党委、乡人民政府的支持与配合；感谢俞源村党支部书记潘洪满、村主任俞森鑫、副书记李振海热情接待；感谢村民的合作与支持。

最后还要感谢课题组的全体成员，他们在课题资料的调查整理、课题文稿的撰写修正方面付出了辛勤劳动。

本课题的完成仅是初步的研究成果，因能力水平的局限，肯定存在不少的问题和不足，希望得到广大同仁和读者的批评指正。

周志雄

2007 年 4 月